水工钢筋、模板施工技术

（活页式）

主　编　佟　欣　孙友良
副主编　孙玲玉　高宏伟

·北京·

内 容 提 要

本书秉承成果导向教学理念，从引导学生知晓做一名合格的工程师与技术员所必备的条件，到知晓如何去做事和自主学习，再到辅助教师如何关注学生全面发展、引导学生逐步形成核心能力。本教材内容分别从钢筋基础知识、钢筋加工技术、钢筋连接技术、模板、模板工岗位操作技能、岗位安全知识和相关法律法规及务工常识几大部分来辅助教学，每部分由指导活页、附件资料和数字资源组成，是融合教材、指导书和数字资源为一体的活页式立体教材。

本书可作为高职高专水利类专业教材，可为行业施工人员的技术培训提供学习参考，亦可为成果导向教学改革类教材提供模式参考。

图书在版编目（CIP）数据

水工钢筋、模板施工技术 / 佟欣，孙友良主编.
北京：中国水利水电出版社，2024.12.
-- ISBN 978-7-5226-2908-7

Ⅰ．TV332

中国国家版本馆CIP数据核字第2024R08Y85号

书　　名	水工钢筋、模板施工技术（活页式） SHUIGONG GANGJIN MOBAN SHIGONG JISHU
作　　者	主　编　佟　欣　孙友良 副主编　孙玲玉　高宏伟
出版发行	中国水利水电出版社 （北京市海淀区玉渊潭南路1号D座　100038） 网址：www.waterpub.com.cn E-mail：sales@mwr.gov.cn 电话：（010）68545888（营销中心）
经　　售	北京科水图书销售有限公司 电话：（010）68545874、63202643 全国各地新华书店和相关出版物销售网点
排　　版	中国水利水电出版社微机排版中心
印　　刷	清淞永业（天津）印刷有限公司
规　　格	185mm×260mm　16开本　16.5印张　402千字
版　　次	2024年12月第1版　2024年12月第1次印刷
印　　数	0001—1000册
定　　价	65.00元

凡购买我社图书，如有缺页、倒页、脱页的，本社营销中心负责调换

版权所有·侵权必究

前 言

目前职业教育教材改革项目类型林立，教材版本更新速度快、利用率低、内容对接行业不精准等成为教材改革的新问题，如何打造一本符合本校改革思路、拥有较高教材利用率、体现行业企业标准的教材是各院校亟须解决的基本问题。

本书是在专业群改革背景下服务于专业课程体系调整的活页教材，专业课程体系改革是以强化技术技能为思路进行的改革创新。水工钢筋施工技术是水利工程施工技术的一部分，钢筋模板施工流程在混凝土施工中，工时占据较大比重，工艺的革新等效于混凝土施工的技术革新，单元工程完成的质量直接影响混凝土的品质，对于某些项目化教材将混凝土施工作为一个项目来实施，从内容编排上较为复杂，钢筋模板本身即可成为一个个项目，在单元验收上，也有着分别的程序和标准，因此有必要在课程和教材上做出大胆创新，区别于混凝土其他流程进行独立编排。

本书基于省级精品在线开放课《水利工程施工技术》（智慧职教网，孙友良主讲），以及虚拟仿真软件、工种实习基地作为软硬件支撑，以期实现课程立体化、方法灵活化，最终实现课堂革命的效果。

本书服务于成果导向课程改革。成果导向教育是借助科学方法分析教育的成果，即把分析培养什么样的人作为顶层设计工作，把大量调研和科学的分析方法作为成果导向改革的前期工作重点。调研对象包含一线教师、职业教育专家、企业专家、企业一线骨干技术工作者、学生、兄弟院校等，在分析上采用层次分析法、专家会议、综合主客观评价方法，在表述标准上对接国际工程认证方法、国家专业教学标准和本校多年的特色传统。表1是专业层次的成果导向人才培养的目标蓝图，本课程将围绕这些目标开展教材建设。

表 1　　　　　　　　　　　　人才培养目标蓝图

培养目标	核心能力	核心能力内涵	能力指标	能力指标内涵
1. 能担当社会责任和生态水利使命，具有较好的人文素养和道德履行能力	A. 责任担当	A. 遵守道德准则和行为规范，尊重和维护生态环境，自觉履行社会责任	道德规范	260101A1. 能践行社会主义核心价值观，遵守公民道德和职业道德规范准则
			责任使命	260101A2. 具有强烈的国家认同感，自觉履行社会责任，尊重和维护生态环境
	B. 人文素养	B. 具备人文科学素养，保持身心健康和绿色文明的生活方式	人文底蕴	260101B1. 具备一定的人文科学积淀、人文情怀、审美品位和健康的兴趣
			身心健康	260101B2. 有健康的体魄，能自我情绪管理和调适，有绿色文明的生活方式
2. 能积累实务的水利水电建筑工程知识，具有较好的专业素养和自主学习能力	C. 水电工程专业知识	C. 能应用水利水电建筑工程实务知识，拥有运用专业设计基本原理和方法的能力	实务知识	260102C1. 能够应用水利水电建筑工程设计、施工管理、运行管理等需要的实务知识
			数理知识	260102C2. 能够理解和应用水利水电建筑工程设计所需要的数理计算原理和方法
	D. 学习创新	D. 能认知终身学习重要性并有持续学习习惯，有一定的专业方法创意和创新能力	终身学习	260102D1. 有良好的学习意愿、方法、习惯，并具备持续学习的能力
			创意创新	260102D2. 有一定的创新意识、创新思维和创新能力，并能将工程创意转化为实施方案
3. 能精进水利水电建筑工程技术技能，具有较好的职业素养和践行匠心能力	E. 水电工程专业技能	E. 能够熟用水利水电工程技术、技能和现代工具，能有效管理项目的施工与运营	技术技能	260103E1. 能善用建筑工程的设计、施工所需的技术、技能和现代工具
			施工管理	260103E2. 能有效管控投资、进度、质量、安全、合同、信息等水利水电工程项目
	F. 水电工程职业操守	F. 能践行水利行业精神和水利工匠精神，自觉执行水利水电相关行业规范、标准和安全规程	工匠精神	260103F1. 工匠精神：能践行水利行业和水利工匠精神，有吃苦耐劳的行业品格和良好的劳动习惯
			行业规范	260103F2. 行业规范：自觉、严格执行水利水电工程相关的规范、规程、标准和其他标准化要求
4. 能独立解决水利水电建筑工程综合事务问题，具有较好职场素养和沟通合作能力	G. 问题解决	G. 能确认、分析、解决水利水电建筑工程实务技术问题，有效应对危机和处理事件	问题解决	260104G1. 问题解决：能够独立确认、分析、解决水利水电工程实务问题
			应对处理	260104G2. 能够冷静应对危机，客观有效处理生活和工作中的突发事件
	H. 沟通合作	H. 尊重多元观点，能够跨界有效沟通，在多样性团队中有效发挥作用	有效沟通	260104H1. 能运用书面、报告、口头、图形、形体等方法与多个项目建设方有效沟通
			团队协作	260104H2. 团队协作：具备集体意识和合作精神，作为多样化团队成员具备有效运作能力

在课程教学过程中，每个项目内容包含两个部分：一是操作步骤，需要学生和老师共同完成，学生根据流程表提示，总结学生成果，可以是感受、经验、照片等，教师对照表1的人才培养目标分类，根据学生在项目过程中的表现给予学生肯定式的评价，在能力指标内涵栏目评价每一位学生对应的能力代码（如A或A1），如不能体现任何能力则需要及时纠正或指导；二是参考资料，用于详细指导项目过程，引导学生查阅资料实现主动式学习。

本书由辽宁生态工程职业学院佟欣、孙友良担任主编，辽宁生态工程职业学院孙玲玉、高宏伟担任副主编，辽宁生态工程职业学院贺威担任主审，具体任务安排如下：辽宁生态工程职业学院孙玲玉完成第1篇钢筋基础知识附件部分；辽宁生态工程职业学院崔瑞、沈阳工学院柏青、辽宁永翔检测技术有限公司李力男完成第2篇钢筋加工技术附件部分；辽宁生态工程职业学院李成明完成第3篇钢筋连接技术附件部分；辽宁生态工程职业学院高宏伟完成第4篇模板附件部分；辽宁生态工程职业学院孙友良完成第5篇模板工岗位操作技能，以及全书成果导向课程实施流程表格的设计和数字化资源建设；辽宁生态工程职业学院邹飞、佟欣完成第6篇岗位安全知识附件部分；辽宁生态工程职业学院赫文秀、佟欣完成第7篇相关法律法规及务工常识。

在本书编写过程中，得到了相关企业和兄弟院校在操作标准和信息化资源方面的大力支持，在此表示诚挚谢意！由于编者水平有限，书中如有不妥之处敬请广大读者批评指正（意见可发送至电子邮箱：734277175@qq.com）。

编者

2024年6月

目 录

前言

第1篇 钢筋基础知识

1 学习活页——钢筋规格及品种 1
   【课程信息】 1
   【项目背景】 1
   【课前活动】 2
   【必备知识】 2
   【课程实施】 3
   【检查与记录】 4
   【课后反思】 4
   【参考资料】 5
  附件1.1 钢筋的规格及品种 5
    1.1.1 按钢筋在构件中的作用分类 5
    1.1.2 按钢筋外形分类 5
    1.1.3 按生产工艺分类 5

2 学习活页——钢筋性能 9
   【课程信息】 9
   【项目背景】 9
   【课前活动】 9
   【必备知识】 9
   【课程实施】 10
   【检查与记录】 12
   【课后反思】 12
   【参考资料】 12
  附件2.1 钢筋性能 12
    2.1.1 钢筋的技术性能 12

3 学习活页——钢筋验收及储存 20
   【课程信息】 20
   【项目背景】 20
   【课前活动】 20

【必备知识】 ··· 21
　　　【课程实施】 ··· 21
　　　【检查与记录】 ··· 25
　　　【课后反思】 ··· 25
　　　【参考资料】 ··· 25
　　附件 3.1　钢筋验收及储存 ·· 25
　　　3.1.1　钢筋的检验 ··· 25
　　　3.1.2　钢筋的保管 ··· 26
　　附件 3.2　钢筋代换 ·· 27
　　　3.2.1　钢筋代换原则 ··· 27
　　　3.2.2　钢筋代换计算 ··· 28
　　附件 3.3　钢筋下料 ·· 29
　　　3.3.1　钢筋下料的注意事项 ··· 29
　　　3.3.2　钢筋优化下料 ··· 30

第 2 篇　钢 筋 加 工 技 术

4　学习活页——钢筋加工技术 ··· 34
　　【课程信息】 ·· 34
　　【项目背景】 ·· 34
　　【课前活动】 ·· 34
　　【必备知识】 ·· 35
　　【课程实施】 ·· 35
　　【检查与记录】 ··· 37
　　【课后反思】 ·· 37
　　【参考资料】 ·· 37
　　附件 4.1　钢筋加工技术 ·· 37
　　　4.1.1　钢筋加工方法 ··· 37
　　　4.1.2　钢筋施工机械工具 ·· 39
　　　4.1.3　钢筋冷加工工艺 ··· 41
　　　4.1.4　调直 ··· 48
　　　4.1.5　切断 ··· 50
　　　4.1.6　除锈 ··· 52
　　　4.1.7　弯曲 ··· 53

第 3 篇　钢 筋 连 接 技 术

5　学习活页——钢筋连接技术 ··· 60
　　【课程信息】 ·· 60
　　【项目背景】 ·· 60

【课前活动】 61
　　【必备知识】 61
　　【课程实施】 62
　　【检查与记录】 67
　　【课后反思】 67
　　【参考资料】 67
　附件 5.1　钢筋套筒连接 67
　　5.1.1　带肋钢筋套筒挤压连接 68
　　5.1.2　钢筋镦粗直螺纹套筒连接 71
　　5.1.3　钢筋锥螺纹套筒连接 72
　　5.1.4　钢筋直接滚轧（压）直螺纹连接 75
　附件 5.2　钢筋焊接 79
　　5.2.1　钢筋闪光对焊连接 79
　　5.2.2　钢筋电弧焊连接 81
　　5.2.3　电渣压力焊连接 85
　　5.2.4　钢筋气压焊连接 86
　　5.2.5　钢筋电阻点焊连接 87
　　5.2.6　钢筋埋弧压力焊连接 89
　附件 5.3　钢筋绑扎连接 91
　　5.3.1　钢筋绑扎的准备工作 91
　　5.3.2　钢筋绑扎操作方法和工艺要点 92
　　5.3.3　基础钢筋绑扎操作 94
　　5.3.4　现浇框架结构钢筋绑扎操作 99
　　5.3.5　现浇剪力墙钢筋绑扎操作 104
　　5.3.6　其他混凝土构件钢筋绑扎操作 107
　附件 5.4　钢筋安装与验收 109
　　5.4.1　钢筋工程质量验收一般标准 109
　　5.4.2　建筑隐蔽工程钢筋安装质量检验一般要求 110

第 4 篇　模　　板

6　学习活页——模板 111
　　【课程信息】 111
　　【项目背景】 111
　　【课前活动】 112
　　【必备知识】 112
　　【课程实施】 112
　　【检查与记录】 114
　　【课后反思】 114

【参考资料】 ………………………………………………………………… 115
　附件 6.1　模板的作用、基本要求及分类 ……………………………………… 115
　　6.1.1　模板的作用及重要性 ………………………………………………… 115
　　6.1.2　模板的基本要求 ……………………………………………………… 115
　　6.1.3　模板的分类 …………………………………………………………… 115
　附件 6.2　模板施工机械机具 …………………………………………………… 117
　　6.2.1　量具、画线工具及画线要求 ………………………………………… 117
　　6.2.2　模板配制用手工工具及机械 ………………………………………… 118
　　6.2.3　模板安装施工机械机具 ……………………………………………… 131
　附件 6.3　模板工程施工质量及验收要求 ……………………………………… 136
　　6.3.1　大体规定 ……………………………………………………………… 136
　　6.3.2　模板安装 ……………………………………………………………… 136
　　6.3.3　模板拆除 ……………………………………………………………… 139
　　6.3.4　相关标准 ……………………………………………………………… 140

第 5 篇　模板工岗位操作技能

7　学习活页——坝面模板 ……………………………………………………… 141
　【课程信息】 ………………………………………………………………… 141
　【项目背景】 ………………………………………………………………… 141
　【课前活动】 ………………………………………………………………… 142
　【必备知识】 ………………………………………………………………… 142
　【课程实施】 ………………………………………………………………… 142
　【检查与记录】 ……………………………………………………………… 144
　【课后反思】 ………………………………………………………………… 144
　【参考资料】 ………………………………………………………………… 144
　附件 7.1　坝面模板 ……………………………………………………………… 144
　　7.1.1　定型组合钢模板类型 ………………………………………………… 144
　　7.1.2　组合钢模板的连接配件 ……………………………………………… 145
　　7.1.3　组合钢模板的支承工具 ……………………………………………… 146
　附件 7.2　悬臂模板 ……………………………………………………………… 149
　　7.2.1　模板尺寸 ……………………………………………………………… 149
　　7.2.2　悬臂模板安装 ………………………………………………………… 149
　附件 7.3　溢流面模板 …………………………………………………………… 152
　　7.3.1　现支模板施工 ………………………………………………………… 153
　　7.3.2　滑动模板 ……………………………………………………………… 155
　附件 7.4　廊道模板 ……………………………………………………………… 156
　　7.4.1　廊道直墙模板 ………………………………………………………… 156
　　7.4.2　廊道顶拱模板 ………………………………………………………… 156

  7.4.3 混凝土预制模板 ……………………………………………………… 156

 附件 7.5 闸墩模板 …………………………………………………………… 157

  7.5.1 墩头模板 …………………………………………………………… 157

  7.5.2 门槽模板 …………………………………………………………… 158

8 学习活页——隧洞模板 …………………………………………………… 159

 【课程信息】 …………………………………………………………………… 159

 【项目背景】 …………………………………………………………………… 159

 【课前活动】 …………………………………………………………………… 159

 【必备知识】 …………………………………………………………………… 159

 【课程实施】 …………………………………………………………………… 160

 【检查与记录】 ………………………………………………………………… 162

 【课后反思】 …………………………………………………………………… 162

 【参考资料】 …………………………………………………………………… 163

 附件 8.1 隧洞模板 …………………………………………………………… 163

  8.1.1 进口段模板 ………………………………………………………… 163

  8.1.2 渐变段模板 ………………………………………………………… 163

  8.1.3 圆形隧洞模板 ……………………………………………………… 166

  8.1.4 隧洞分缝模板 ……………………………………………………… 169

9 学习活页——滑动模板 …………………………………………………… 172

 【课程信息】 …………………………………………………………………… 172

 【项目背景】 …………………………………………………………………… 172

 【课前活动】 …………………………………………………………………… 172

 【必备知识】 …………………………………………………………………… 173

 【课程实施】 …………………………………………………………………… 173

 【检查与记录】 ………………………………………………………………… 176

 【课后反思】 …………………………………………………………………… 176

 【参考资料】 …………………………………………………………………… 176

 附件 9.1 滑动模板施工技术 ………………………………………………… 176

  9.1.1 竖直液压滑模 ……………………………………………………… 177

  9.1.2 混凝土面板堆石坝面板滑模 ……………………………………… 178

  9.1.3 溢流面滑模 ………………………………………………………… 179

  9.1.4 拱坝滑模 …………………………………………………………… 179

 附件 9.2 大坝模板的安装技术 ……………………………………………… 180

  9.2.1 一般要求和准备条件 ……………………………………………… 180

  9.2.2 涂刷脱模剂 ………………………………………………………… 180

  9.2.3 安装固定 …………………………………………………………… 181

  9.2.4 安装允许偏差 ……………………………………………………… 185

  附件 9.3 模板拆除作业技术 ·········· 188
   9.3.1 拆模顺序 ·········· 188
   9.3.2 拆模时间 ·········· 188
   9.3.3 拆模注意事项 ·········· 189
  【参考资料】 ·········· 190

第6篇　岗位安全知识

10　学习活页——岗位安全知识 ·········· 191
  【课程信息】 ·········· 191
  【项目背景】 ·········· 191
  【课前活动】 ·········· 192
  【必备知识】 ·········· 192
  【课程实施】 ·········· 193
  【检查与记录】 ·········· 195
  【课后反思】 ·········· 195
  【参考资料】 ·········· 196
  附件 10.1 钢筋工岗位安全知识 ·········· 196
   10.1.1 钢筋工现场施工操作基本安全知识 ·········· 196
   10.1.2 钢筋工岗位安全操作知识 ·········· 203
  附件 10.2 模板工岗位安全知识 ·········· 206
   10.2.1 模板工施工安全基本知识 ·········· 206
   10.2.2 现场安全操作基本规定 ·········· 211
   10.2.3 高处作业安全知识 ·········· 211
   10.2.4 脚手架作业安全技术常识 ·········· 211
   10.2.5 施工现场临时用电安全知识 ·········· 213
   10.2.6 起重吊装机械安全操作常识 ·········· 218
   10.2.7 中小型施工机械安全操作常识 ·········· 221

第7篇　相关法律法规及务工常识

11　相关法律法规 ·········· 226
 11.1 《中华人民共和国建筑法》（摘录） ·········· 226
 11.2 《中华人民共和国劳动法》（摘录） ·········· 226
 11.3 《中华人民共和国安全生产法》（摘录） ·········· 227
 11.4 《建设工程安全生产管理条例》（摘录） ·········· 228
 11.5 《工伤保险条例》（摘录） ·········· 229

12　务工就业及社会保险 ·········· 231
 12.1 劳动合同 ·········· 231
 12.2 工资 ·········· 234

12.3　社会保险……………………………………………………… 236
13　工人健康卫生知识…………………………………………………… 239
　　13.1　常见疾病的预防和治疗……………………………………… 239
　　13.2　职业病的预防和治疗………………………………………… 241
14　工地施工现场急救知识……………………………………………… 246
　　14.1　应急救援基本常识…………………………………………… 246
　　14.2　触电急救知识………………………………………………… 246
　　14.3　创伤救护知识………………………………………………… 247
　　14.4　火灾急救知识………………………………………………… 248
　　14.5　中毒及中暑急救知识………………………………………… 249
　　14.6　传染病急救措施……………………………………………… 250

第1篇

钢 筋 基 础 知 识

1 学习活页——钢筋规格及品种

【课程信息】

1. 基本信息

学生姓名		课程地点		课程时间	
指导教师		哪些同学对我起到帮助？	1.	2.	3.
课程项目	（1）认识钢筋规格型号； （2）认识钢筋在构件中的作用				

2. 学习目标

知识目标	（1）了解钢筋各类规格型号及应用； （2）了解钢筋在构件中的作用及应用
能力目标	（1）能区分钢筋分类； （2）能辨识构件中的钢筋作用
素质与思政目标	（1）养成学习积累习惯和不断进取、严谨求实的工作态度； （2）能够进行有效的沟通和交流，具备团队合作意识； （3）培养学生工程质量意识，坚守职业道德，增强学生的使命感、责任感和爱国主义情怀

【项目背景】

随着钢筋产品标准不断修改，《混凝土结构设计规范》（GB 50010—2010）不再限制钢筋化学成分和制作工艺，而按性能确定钢筋的牌号和强度级别。随着我国综合国力不断提升，根据工程建设经验和市场成本经验逐渐增加强度500MPa级的热轧带肋钢筋，推广400MPa、500MPa级的热轧带肋钢筋作为纵向受力的主导钢筋，限制并逐步淘汰335MPa级热轧带肋钢筋的应用。在《水工混凝土施工规范》（SL 677—2014）中明确不采用冷拉技术对钢筋除锈和增强节省的处理，水利工程仍沿用"老四级"的标注方法于工程图纸的绘制表达。

某小型水利工程项目设计图纸中出现大量 335MPa 热轧带肋钢筋作为消力池双层配筋，施工企业将前一项目所剩钢筋大量代换应用，在钢筋连接、钢筋除锈等加工环节多处敷衍低质量施工，对原材料检测结果造假，对监理环节公关躲避检查，通过造假与贿赂方式完成验收与过程检查，实现违规操作获利达到 80 万元。

【课前活动】

讨论：查阅《水工混凝土施工规范》(SL 677—2014)，谈一下水工混凝土用钢筋有哪些牌号及都有什么含义。_____

_____

_____

1.1 SL 677—2014

【必备知识】

1. 有关概念、术语

术语名称	概　　念	考核结果
热轧光圆钢筋	经热轧成型，横截面为圆形，表面光滑的成品钢筋。词条来源于 DL/T 5169—2013 2.1 术语	
热轧带肋钢筋	经热轧成型，横截面为圆形，表面带肋的成品钢筋，其金相组织主要是铁素体加珠光体，不得有影响使用性能的其他组织存在。词条来源于 DL/T 5169—2013 2.1 术语	
屈服强度	当金属材料呈现屈服现象时，在实验期间金属材料产生塑性变形而力不增加时的应力点。词条来源于 GB/T 228.1—2021 3 术语和定义	

2. 使用规范

序号	规　范　名　称	对规范熟悉情况	考核结果
1	《水工混凝土施工规范》(SL 677—2014)	1. 是/否准备好规范手机/纸质 2. 是/否提前预习规范能准确说出，还是能大致说出	
2	《钢筋混凝土用钢 第 1 部分：热轧光圆钢筋》(GB 1499.1—2024)		
3	《钢筋混凝土用钢 第 2 部分：热轧带肋钢筋》(GB 1499.2—2024)		
4	《水工混凝土钢筋施工规范》(DL/T 5169—2013)		

【课程实施】

钢筋的规格及品种

教学阶段	教学流程	学习成果	教师核查	能力指标
（一）课前准备	1. 查看样品，说说钢筋规格		查阅的规范是否正确	D1
阶段性小结	列举与本课相关规范			C1
（二）课中实施	2. 演示构建的不同受荷载时，内力的作用效果。演示钢筋在构建中的作用			C1
	3. 列举教室房梁内钢筋的作用分类		学会表达阐述自己的工作过程和想法	G1
	4. 思政：HPB235 钢筋在 2011 年 9 月 1 日就已经被取消了，而代替这种钢筋的则是 HPB300 钢筋。为了提高 400MPa 以上高强钢筋的用量，新标准取消了 HRB335 钢筋。 目前，国内的多数大中型钢铁企业均已实现了负能炼钢，标杆企业的炼钢工序能耗已降至 －30kg 标准煤/吨钢，达到国际领先水平，通俗来说，相当于炼 1t 钢不仅没有消耗能源，还赚了 30kg 煤。什么是负能炼钢？ 负能炼钢是一个工程概念，是指合格产品在冶炼时所回收的能量大于所消耗的各种能量，也就是炼钢工序能耗为负数。查一查，炼钢附属品有什么？为什么国家逐步取缔了部分老四级钢筋牌号？			A2 B1

续表

教学阶段	教学流程	学习成果	教师核查	能力指标
（二）课中实施	5. 预应力钢筋应用 (1) 钢筋预应力施工方法； (2) 预应力钢筋特性； (3) 预应力应用举例			A1
	6. 查阅钢筋价格			D1
阶段性小结	钢筋在构建中的作用； 钢筋的分类			
（三）课后拓展	7. 查阅什么是钢筋的公称直径，与钢筋在测量上的直径有什么区别			D1

【检查与记录】

课程核心能力权重	课程侧重								合计
	A. 责任担当	B. 人文素养	C. 工程知识	D. 学习创新	E. 专业技能	F. 职业操守	G. 问题解决	H. 沟通合作	
	5%	5%	35%	10%	10%	15%	15%	5%	100%
课程能力指标权重	A1	A2	B1	B2	C1	C2	D1	D2	E1	E2	F1	F2	G1	G2	H1	H2	合计

【课后反思】

反思内容	实际效果	改进设想
课程思政情况		
成果导向应用情况		
本课评分		

【参考资料】

[1] 孙友良. 水利工程施工技术 [M]. 北京：中国水利水电出版社，2022.
[2] 水工混凝土施工规范：SL 677—2014 [S]. 北京：中国水利水电出版社，2014.
[3] 钢筋混凝土用钢 第1部分：热轧光圆钢筋：GB 1499.1—2024 [S]. 北京：中国质检出版社，2024.
[4] 钢筋混凝土用钢 第2部分：热轧带肋钢筋：GB 1499.2—2024 [S]. 北京：中国质检出版社，2024.
[5] 水工混凝土钢筋施工规范：DL/T 5169—2013 [S]. 北京：中国电力出版社，2013.

附件1.1　钢筋的规格及品种

钢筋种类很多，一般把直径为3~5mm的称为钢丝，直径为6~12mm的称为细钢筋，直径大于12mm的称为粗钢筋。钢筋通常按化学成分、在结构中的用途、轧制外形、生产工艺、力学性能以及直径大小进行分类。

1.1.1　按钢筋在构件中的作用分类

1. 受力钢筋

受力钢筋是指在外部荷载作用下，通过计算得出的构件所需配置的钢筋，包括受拉钢筋、受压钢筋等。

2. 构造钢筋

因构造的构件要求或施工安装需要配置的钢筋，架立筋、分布筋、箍筋等都属于构造钢筋。

(1) 箍筋：承受一部分斜拉应力，并固定受力筋的位置，多用于梁和柱内，如图1-1、图1-2所示。

(2) 架立筋：用以固定梁内钢箍的位置，构成梁内的钢筋骨架。

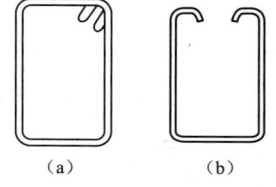

图1-1　箍筋的形式
(a) 封闭式；(b) 开口式

(3) 分布筋：用于屋面板、楼板内，与板的受力筋垂直布置，将承受的质量均匀传给受力筋，并固定受力筋的位置，以及抵抗热胀冷缩所引起的温度变形。

(4) 其他：因构件构造要求或施工安装需要而配置的构造筋，如腰筋、预埋锚固筋、环等。

1.1.2　按钢筋外形分类

我国常见钢筋的形状如图1-3所示。

(1) 光圆钢筋：轧制为光面圆形的钢筋。
(2) 带肋钢筋：又分为月牙肋钢筋和等高肋钢筋等。
(3) 钢丝。
(4) 钢绞线。

1.1.3　按生产工艺分类

1.1.3.1　热轧钢筋

热轧钢筋由低碳钢、普通低合金钢或细晶粒钢在高温状态下轧制而成，是建筑

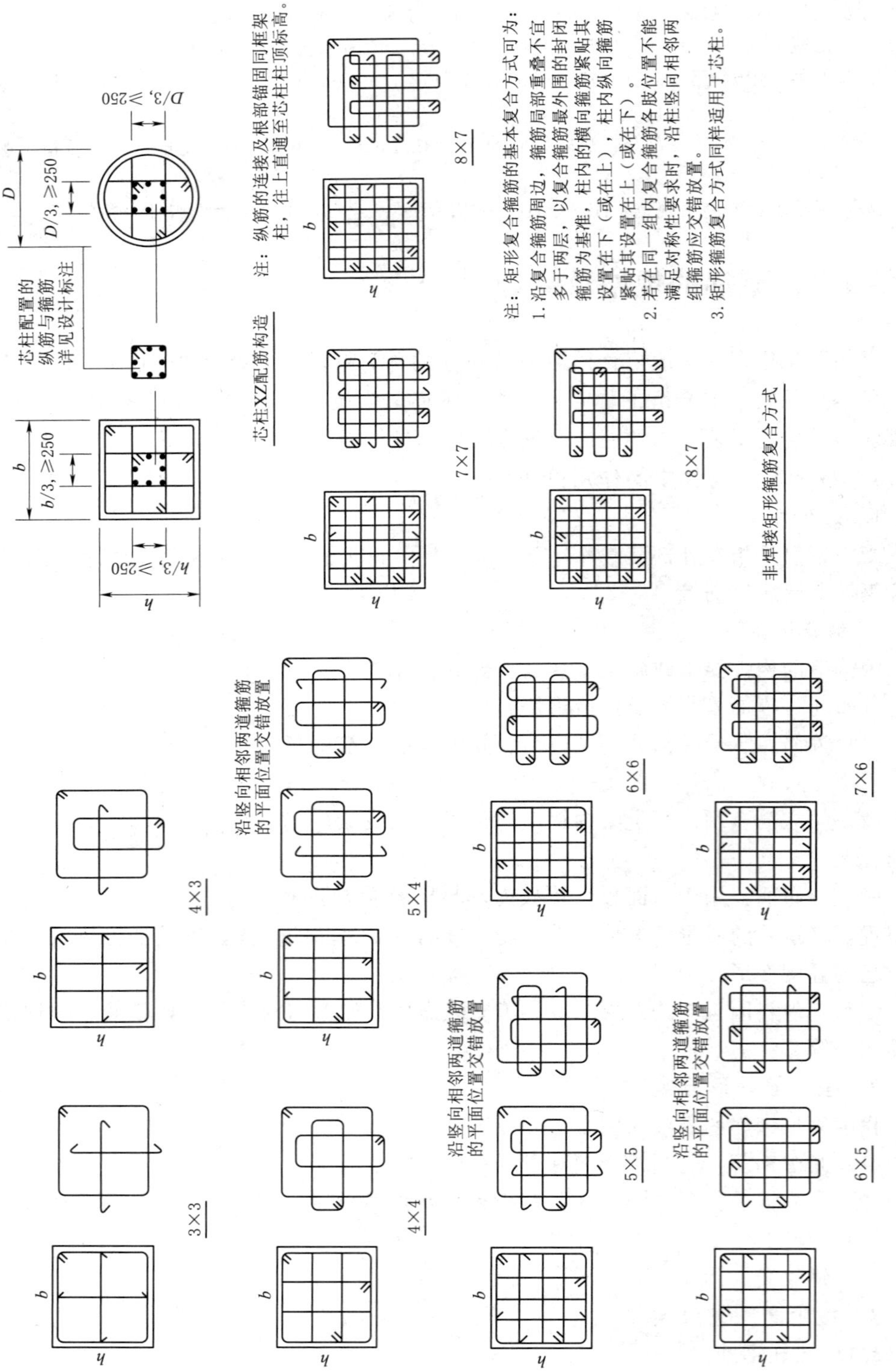
b
h
3×3
4×3
4×4
5×4
沿竖向相邻两道箍筋的平面位置交错放置
5×5
沿竖向相邻两道箍筋的平面位置交错放置
6×5
沿竖向相邻两道箍筋的平面位置交错放置
6×6
7×6
b/3, ≥250
h/3, ≥250
芯柱配置的纵筋与箍筋详见设计标注
D
D/3, ≥250
D/3, ≥250
芯柱XZ配筋构造
注：纵筋的连接及根部锚固同框架柱，往上直通至芯柱柱顶标高。
7×7
8×7
8×7
注：矩形复合箍筋的基本复合方式可为：
1. 沿复合箍筋周边，箍筋局部重叠不宜多于两层，以复合箍筋最外围的封闭箍筋为基准，柱内的横向箍筋紧贴其设置在下（或在上），柱内纵向箍筋紧贴其设置在上（或在下）。
2. 若在同一组内复合箍筋各肢位置不能满足对称性要求时，沿柱竖向相邻两组箍筋应交错放置。
3. 矩形箍筋复合方式同样适用于芯柱。
非焊接矩形箍筋复合方式

图1-2 柱箍筋的形式

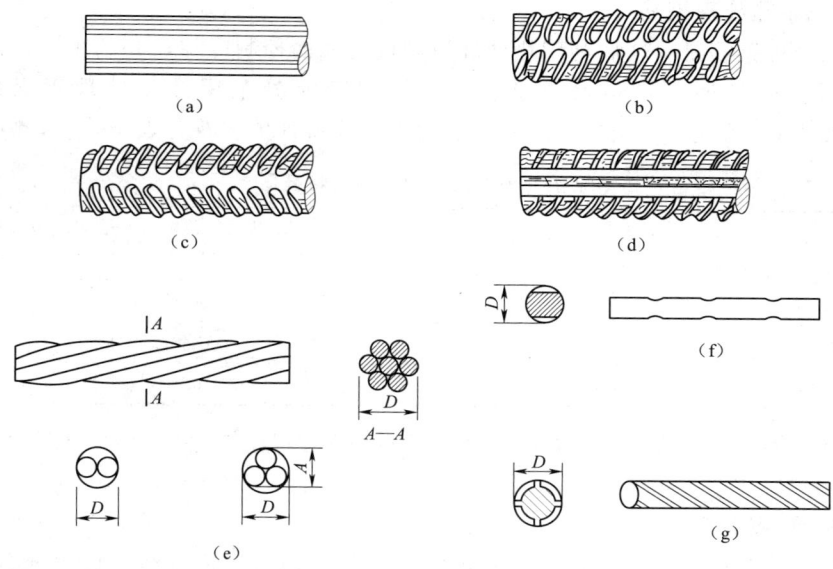

图 1-3　我国常见钢筋的形状
(a) 光面钢筋；(b) 螺纹钢筋；(c) 人字纹钢筋；(d) 月牙纹钢筋；
(e) 钢绞线；(f) 刻痕钢丝；(g) 螺旋肋钢丝

工程中用量较大的钢材品种，主要用于钢筋混凝土和预应力混凝土结构的配筋。其强度由低到高分为 HPB300（符号 A）、HRB335（符号 B）、HRB400（符号 C）、HRBF400（符号 CF）、RRB400（符号 CR）、HRB500（符号 D）、HRBF500（符号 DF）。H 表示"热轧"、R 表示"带肋"、B 表示"钢筋"、F 表示"细晶粒"。其中 HPB300 为低碳钢，外形为光面圆形，称为光圆钢筋；HRB335、HRB400 和 HRB500 为普通低合金钢筋，HRBF400、HRBF500 为细晶粒钢筋，均在表面有肋，称为带肋钢筋或变形钢筋。

根据《钢筋混凝土用钢　第 1 部分：热轧光圆钢筋》(GB/T 1499.1—2024) 和《钢筋混凝土用钢　第 2 部分：热轧带肋钢筋》(GB/T 1499.2—2024) 的规定，热轧钢筋的力学性能及工艺性能应符合表 1-1 的要求。

表 1-1　　　　　　热轧钢筋的力学性能及工艺性能

牌号	下屈服强度 R_{el} /MPa	抗拉强度 /MPa	断后伸长率 A/%	最大力总延伸率 A_{gt}/%
HRB400 HRBF400	≥400	≥540	≥16	≥7.5
HRB400E HRBF400E			—	≥9.0
HRR500 HRBF500	≥500	≥630	≥15	≥7.5
HRB500E HRBF500E			—	≥9.0

1.1.3.2 余热处理钢筋

余热处理钢筋是热轧后利用热处理原理进行表面控制冷却,并利用芯部余热自身完成回火处理所得的成品钢筋。根据《钢筋混凝土用余热处理钢筋》(GB 13014—2013)的规定,余热处理钢筋的力学性能特征值应符合表 1-2 的要求。

表 1-2　　　　　　　　　余热处理钢筋的力学性能特征值

牌 号	下屈服强度 R_{el} /MPa	抗拉强度 /MPa	断后伸长率 $A/\%$	最大力总延伸率 $A_{gt}/\%$
RRB400	≥400	≥540	≥14	≥5.0
RRB500	≥500	≥630	≥13	
RRBF400W	≥430	≥570	≥16	≥7.5

热处理钢筋的特点:锚固性好、应力松弛率低、施工方便、质量稳定、节约钢材等。

1.1.3.3 预应力筋

近年来,我国强度高、性能好的预应力钢筋(钢丝、钢绞线)已可充分供应,因此各种规范和标准中不再列入冷加工钢筋,增加了预应力钢筋品种;增补高强度、大直径的钢绞线,列入大直径预应力螺纹钢筋,并列入中强度预应力钢丝。

中强度预应力钢丝的抗拉强度为 $800 \sim 1270 N/mm^2$,外形有光面(符号 APM)和螺旋肋(符号 AHM)两种。补充中强度预应力筋的空缺,用于中小跨度的预应力构件。

消除应力钢丝的抗拉强度为 $1470 \sim 1860 N/mm^2$,外形也有光面(符号 AP)和螺旋肋(符号 AH)两种。

钢绞线(符号 As)的抗拉强度为 $1570 \sim 1960 N/mm^2$,由多根高强钢丝扭结而成,常用的有 1×7(7 股)和 1×3(3 股)等。

预应力螺纹钢筋(符号 AT)的抗拉强度为 $980 \sim 1230 N/mm^2$,是用于预应力混凝土结构的大直径高强钢筋,这种钢筋在轧制时沿钢筋纵向全部轧有规律性的螺纹肋条,可用螺栓套筒连接和螺帽锚固,不需要再加工螺栓,也不需要焊接。

2　学习活页——钢筋性能

【课程信息】

1. 基本信息

学生姓名		课程地点		课程时间		
指导教师		哪些同学对我起到帮助？	1.	2.		3.
课程项目	（1）学习钢筋的技术性能； （2）认识钢筋性能的所发挥的作用					

2. 学习目标

知识目标	熟悉钢筋常用工艺性能指标
能力目标	能说出常用钢筋工艺性能指标要求
素质与思政目标	（1）养成学习积累习惯和不断进取、严谨求实的工作态度； （2）能够进行有效的沟通和交流，具备团队合作意识； （3）培养学生工程质量意识，坚守职业道德，增强学生的使命感、责任感和爱国主义情怀

【项目背景】

某项目设计采用 HRB400 钢筋，但在使用中由于市场原材料短缺，采买上实际使用了 HRB400E 钢筋。由于没有报备和申请代换，业主在抽查中发现施工企业单方面更换了钢筋，进而对施工方做了停工处置，但施工方认为 HRB400E 性能更加优越，广泛咨询业内人士希望得到解决方案。

【课前活动】

讨论：查阅《钢筋混凝土用钢 第 2 部分：热轧带肋钢筋》（GB 1499.2—2024），谈一下 HRB 钢筋都有哪些性能指标。_____
_____
_____

2.1　GB 1499.2—2024

【必备知识】

1. 有关概念、术语

术语名称	概　念	考核结果
伸长率	原始标距的伸长与原始标距之比，以％表示。词条来源于 GB/T 228.1—2021 3 术语和定义	

第1篇 | 钢筋基础知识

续表

术语名称	概　念	考核结果
抗拉强度	钢筋受拉破坏过程中，相应最大力对应的应力值。词条来源于GB/T 228.1—2021 3 术语和定义	
弹性模量	在弹性范围内应力变化和延伸率变化的商乘以100%。词条来源于GB/T 228.1—2021 3 术语和定义	

2. 使用规范

序号	规范名称	对规范熟悉情况	考核结果
1	《水工混凝土施工规范》（SL 677—2014）		
2	《钢筋混凝土用钢 第1部分：热轧光圆钢筋》（GB 1499.1—2024）	1. 是/否准备好规范手机/纸质？ 2. 是/否提前预习规范能准确说出，还是能大致说出	
3	《钢筋混凝土用钢 第2部分：热轧带肋钢筋》（GB 1499.2—2024）		
4	《水工混凝土钢筋施工规范》（DL/T 5169—2013）		

【课程实施】

钢筋的性能

教学阶段	教学流程	学习成果	教师核查	能力指标
（一）课前准备	1. 查看热轧带肋和光圆钢筋标准，说说影响钢筋的性能参数有哪些		查阅的规范是否正确	D1
阶段性小结	列举化学组成、力学性能、工艺性能参数：			D1

2.2 钢筋受拉应力图

续表

教学阶段	教学流程	学习成果	教师核查	能力指标
（二）课中实施	2. 钢筋重量偏差不合格，将如何影响检验验收			D1
	3. 演示钢筋抗拉性能四个阶段			C1
	4. 思考以哪个指标考评钢混构件开裂？以哪个指标衡量构建断开崩落可能？抗震钢筋有什么不同		学会表达阐述自己的工作过程和想法	G1
	5. 思政：抗震钢筋目前大有取代非抗震钢筋的趋势？在实际应用中 HRB400E 比 HRB400 应用范围越来越多，未来标准可能随着技术的发展不断更新，说说抗震钢筋的应用有什么优势			A2 B1
	6. 钢筋加工性能 （1）钢筋焊接； （2）钢筋弯曲			C1
	7. 钢筋检验 查《钢筋混凝土用钢 第1部分：热轧光圆钢筋》（GB 1499.1—2024）和《钢筋混凝土用钢 第2部分：热轧带肋钢筋》（GB 1499.2—2024），说说： （1）钢筋检验项目和抽取频次； （2）钢筋焊接和机械连接接头执行哪部规范？ （3）查《水工混凝土施工规范》（SL 677—2014），对钢筋材料的检验是如何要求的			D1
阶段性小结	不同钢筋种类的基本性能参数			

续表

教学阶段	教学流程	学习成果	教师核查	能力指标
（三）课后拓展	8. 拉断一根钢筋，记录其性能指标			E1

【检查与记录】

课程核心能力权重	课程侧重								合计
	A. 责任担当	B. 人文素养	C. 工程知识	D. 学习创新	E. 专业技能	F. 职业操守	G. 问题解决	H. 沟通合作	
	5%	5%	35%	10%	10%	15%	15%	5%	100%
课程能力指标权重	A1 A2	B1 B2	C1 C2	D1 D2	E1 E2	F1 F2	G1 G2	H1 H2	合计

【课后反思】

反思内容	实际效果	改进设想
课程思政情况		
成果导向应用情况		
本课评分		

【参考资料】

[1] 孙友良. 水利工程施工技术［M］. 北京：中国水利水电出版社，2022.
[2] 水工混凝土施工规范：SL 677—2014［S］. 北京：中国水利水电出版社，2014.
[3] 钢筋混凝土用钢 第 1 部分：热轧光圆钢筋：GB 1499.1—2024［S］. 北京：中国质检出版社，2024.
[4] 钢筋混凝土用钢 第 2 部分：热轧带肋钢筋：GB 1499.2—2024［S］. 北京：中国质检出版社，2024.
[5] 水工混凝土钢筋施工规范：DL/T 5169—2013［S］. 北京：中国电力出版社，2013.

附件 2.1 钢筋性能

2.1.1 钢筋的技术性能

钢筋的技术性能主要包括力学性能和工艺性能两个方面。力学性能主要包括抗拉性能、冲击韧性、耐疲劳性和硬度等，工艺性能主要包括冷弯性能和焊接性能，是检验钢筋的重要依据。只有了解、掌握钢筋的各种性能，才能正确、经济、合理地选择和使用钢筋。

2.1.1.1 力学性能

1. 抗拉性能

拉伸是建筑钢筋的主要受力形式，所以抗拉性能是表示钢筋性能和选用钢筋的重要指标。将低碳钢（软钢）制成一定规格的试件，放在材料试验机上进行拉伸试验，可以绘出如图2-1所示的应力-应变关系曲线。钢筋的抗拉性能就可以通过该图来阐明。从图2-1中可以看出，低碳钢受力拉至拉断，全过程可划分为四个阶段：即弹性阶段（$O \to A$）、屈服阶段（$A \to B$）、强化阶段（$B \to C$）和颈缩断裂阶段（$C \to D$）。

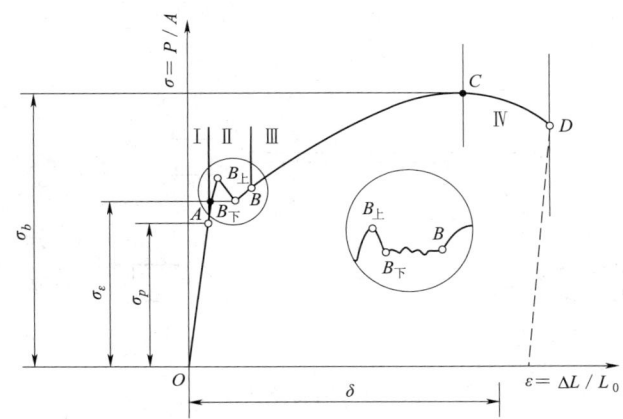

图2-1 低碳钢受拉的应力-应变关系曲线

（1）弹性阶段。曲线中OA段是一条直线，应力与应变成正比。如卸去外力，试件能恢复原来的形状。这种性质即为弹性。此阶段的变形为弹性变形。与A点对应的应力称为弹性极限，以σ_p表示。应力与应变的比值为常数，即弹性模量E，$E=\sigma/\varepsilon$。弹性模量反映钢筋抵抗弹性变形的能力，是钢筋在受力条件下计算结构变形的重要指标。

（2）屈服阶段。应力超过A点后，应力、应变不再成正比关系，开始出现塑性变形。应力的增长滞后于应变的增长，当应力达$B_上$点（上屈服点）后，瞬时下降至$B_下$点（下屈服点），变形迅速增加，而此时外力则大致在恒定的位置上波动，直到B点，这就是所谓的"屈服现象"，似乎钢材不能承受外力而屈服，所以AB段称为屈服阶段。与$B_下$点（此点较稳定，易测定）对应的应力称为屈服点（或屈服强度），用σ_s表示。

钢筋受力大于屈服点后，会出现较大的塑性变形，已不能满足使用要求，因此屈服强度是设计时钢筋强度取值的依据，是工程结构计算中非常重要的一个参数。

（3）强化阶段。当应力超过屈服强度后，由于钢筋内部组织中的晶格发生了畸变，阻止了晶格进一步滑移，钢筋得到强化，所以钢筋抵抗塑性变形的能力又重新提高，$B→C$ 呈上升曲线，称为强化阶段。对应于最高点 C 的应力值 σ_b 称为极限抗拉强度，简称抗拉强度。

显然，σ_b 是钢材受拉时所能承受的最大应力值。屈服强度和抗拉强度之比（即屈强比 $=\sigma_s/\sigma_b$）能反映钢材的利用率和结构安全可靠程度。计算中屈强比取值越小，其结构的安全可靠程度越高，但屈强比过小，又说明钢材强度的利用率偏低，造成钢材浪费。屈强比取值越小，其结构的安全可靠程度越高。

(4) 颈缩断裂阶段。试件受力达到最高点 C 点后，其抵抗变形的能力明显降低，变形迅速发展，应力逐渐下降，试件被拉长，在有杂质或缺陷处，断面急剧缩小，直到断裂，故 CD 段称为颈缩阶段。将拉断后的试件拼合起来，测定出标距范围内的长度 $L_1(\mathrm{mm})$，L_1 与试件原标距 $L_0(\mathrm{mm})$ 之差为塑性变形值，它与 L_0 之比称为伸长率，如图 2-2 所示。伸长率的计算式如下：

$$\delta=\frac{L_1-L_0}{L_0}\times 100\%$$

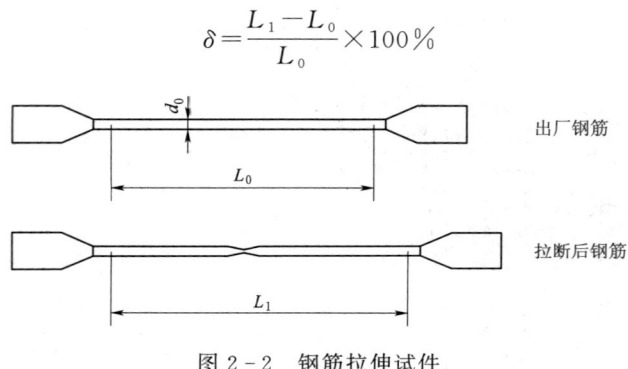

图 2-2　钢筋拉伸试件

伸长率 δ 是衡量钢筋塑性的一个重要指标，δ 越大，说明钢筋的塑性越好，而强度较低，具有一定的塑性变形能力，可保证应力重新分布，避免应力集中，从而使结构的安全性强。

塑性变形在试件标距内的分布是不均匀的，颈缩处的变形最大，离颈缩部位越远其变形越小。所以，原标距与直径之比越小，则颈缩处伸长值在整个伸长值中的比重越大，计算出来的 δ 值就大。通常以 δ_5 和 δ_{10}（分别表示 $L_0=5d_0$ 和 $L_0=10d_0$ 时的伸长率）为基准。对于同种钢筋，其 $\delta_5>\delta_{10}$。

中碳钢与高碳钢（硬钢）的拉伸曲线与低碳钢不同，屈服现象不明显，难以测定屈服点，则规定产生残余变形为原标距长度的 0.2% 时所对应的应力值，作为硬钢的屈服强度，也称为条件屈服点，用 δ_u 表示，如图 2-3 所示。

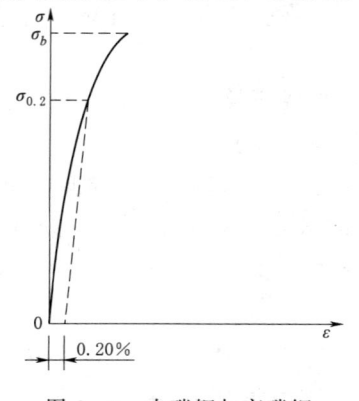

图 2-3　中碳钢与高碳钢
（硬钢）的拉伸曲线

2. 冲击韧性

冲击韧性是指钢筋抵抗冲击荷载而不被破坏的能力。它以试件冲断时缺口处单位面积上所消耗的功（J/mm^2）来表示，其符号为α_k。试验时将试件放置在固定支座上，然后以摆锤冲击试件刻槽的背面，使试件承受冲击弯曲而断裂，如图2-4所示。显然，值越大，钢材的冲击韧性越好。

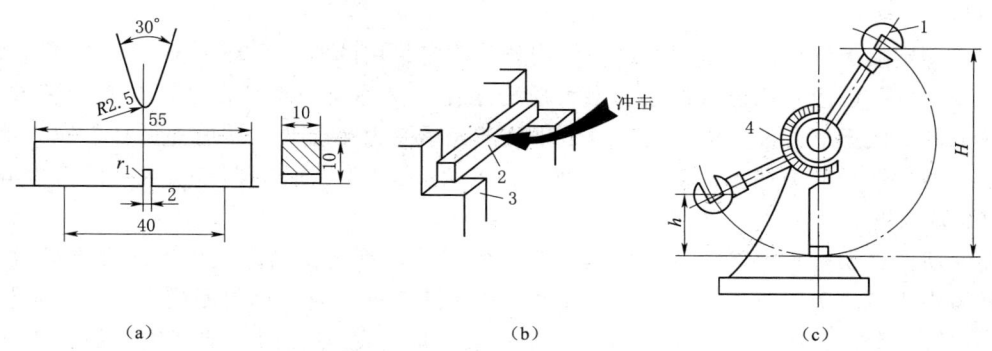

图2-4 冲击韧性试验图
(a) 试件尺寸（单位：mm）；(b) 试验装置；(c) 试验机
1—摆锤；2—试件；3—试验台；4—刻度盘；H—摆锤扬起高度；h—摆锤向后摆动高度

影响钢材冲击韧性的因素很多，当钢材内硫、磷的含量高，存在化学偏析，含有非金属夹杂物及焊接形成的微裂纹时，都会使冲击韧性显著降低。同时，环境温度对钢材的冲击功影响也很大。试验表明：冲击韧性随温度的降低而下降，开始时下降缓和，当达到一定温度范围时，突然下降很多而呈脆性，这种性质称为钢材的冷脆性。这时的温度称为脆性临界温度，如图2-5所示，它的数值越低，钢材的低温冲击性能越好。所以，在负温下使用的结构，应当选用脆性临界温度较使用温度低

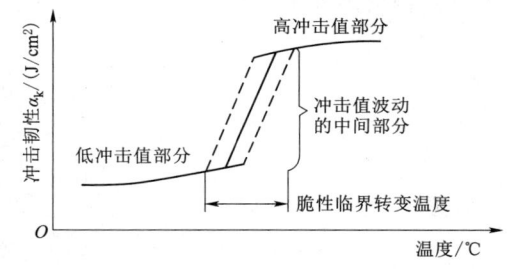

图2-5 钢的脆性转变温度

的钢筋。由于脆性临界温度的测定较复杂，故规范中通常根据气温条件规定-20℃或-40℃的负温冲击值指标。

钢筋随时间的延长而表现出强度提高、塑性和冲击韧性下降，这种现象称为时效。因时效作用，冲击韧性还将随时间的延长而下降。通常，完成时效的过程可达数十年，但钢筋如经冷加工或使用中经受振动和反复荷载的影响，时效可迅速发展。因时效导致钢筋性能改变的程度，称时效敏感性。时效敏感性越大的钢筋，经过时效后冲击韧性的降低就越显著。为了保证安全，对于承受动荷载的重要结构，应当选用时效敏感性小的钢材。

总之，对于直接承受动荷载而且可能在负温下工作的重要结构，必须按照有关规范要求进行钢材的冲击韧性检验。

3. 疲劳强度

钢筋在交变荷载反复多次作用下，可在最大应力远低于抗拉强度的情况下突

然破坏，这种破坏称为疲劳破坏。钢筋的疲劳破坏指标用疲劳强度（或称疲劳极限）来表示。它是指试件在交变应力的作用下，不发生疲劳破坏的最大应力值。在设计承受反复荷载且须进行疲劳验算的结构时，应当了解所用钢筋的疲劳强度。

测定疲劳强度时，应根据结构使用条件确定采用的应力循环类型（如拉-拉型、拉-压型等）、应力比值（最小与最大应力之比，又称应力特征值 p）和周期基数。例如，测定钢筋的疲劳极限时，通常采用的是承受大小改变的拉应力循环；应力比值，通常非预应力筋为 0.1～0.8，预应力筋为 0.7～0.85；周期基数为 200 万次或 400 万次以上。

研究证明，钢筋的疲劳破坏是拉应力引起的，首先在局部开始形成微细裂纹，其后由于裂纹尖端处产生应力集中而使裂纹迅速扩展，直至钢材断裂。因此，钢材的内部成分的偏析、夹杂物的多少，以及最大应力处的表面光洁程度、加工损伤等，都是影响钢材疲劳强度的因素。疲劳破坏经常是突然发生的，因而具有很大的危险性，往往造成严重事故。

4. 硬度

硬度是指金属材料抵抗硬物压入表面局部体积的能力，亦即材料表面抵抗塑性变形的能力。

测定钢材硬度采用压入法。即以一定的静荷载（压力），通过压头压在金属表面，然后测定压痕的面积或深度来确定硬度，如图 2-6 所示。按压头或压力不同，有布氏法、洛氏法等，相应的硬度试验指标叫布氏硬度（HB）和洛氏硬度（HR）。较常用的方法是布氏法，其硬度指标是布氏硬度值。

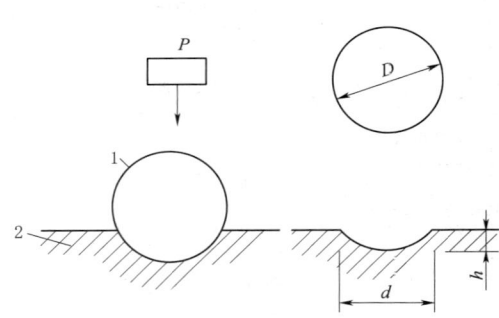

图 2-6 布氏硬度试验原理图
1—钢球；2—试件；P—钢球上荷载；
D—钢球直径；d—压痕直径；h—压痕深度

布氏法的测定原理是：用直径为 D（mm）的淬火钢球以 P（N）的荷载将其压入试件表面，经规定的持续时间后卸荷，即得直径为 d（mm）的压痕，以压痕表面积 F（mm^2）除荷载 P，所得的应力值即为试件的布氏硬度值 HB，以数字表示，不带单位。

各类钢材的 HB 值与抗拉强度之间有较好的相关关系。材料的强度越高，塑性变形抵抗力越强，硬度值也就越大。对于碳素钢，当 HB 值小于 175 时，$\sigma_B \cong$ 3.6HB；HB 值大于 175 时，$\sigma_B \cong$ 3.5HB。根据这一关系，可在钢结构上测出钢筋的 HB 值，并估算该钢筋的 σ_B。

2.1.1.2 工艺性能

良好的工艺性能，可以保证钢筋顺利通过各种加工，而使钢筋的质量不受影响。冷弯性能和焊接性能均是钢筋的重要工艺性能。

1. 冷弯性能

冷弯性能是指钢筋在常温下承受弯曲变形的能力。其指标是以试件弯曲的角度 α 和弯心直径 d 对试件厚度（或直径）的比值 d/a 来表示，如图 2-7 和图 2-8 所示。试验时采用的弯曲角度越大，弯心直径对试件厚度（或直径）的比值越小，表示对冷弯性能的要求越高。冷弯检验是按规定的弯曲角和弯心直径进行试验的，试件的弯曲处不发生裂缝、裂断或起层，即认为冷弯性能合格。

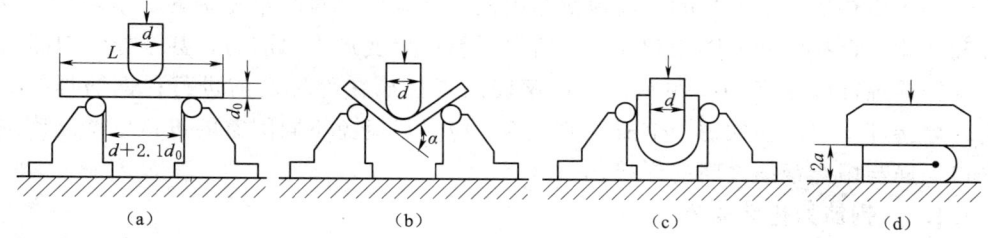

图 2-7 钢筋冷弯
(a) 试件安装；(b) 弯曲 90°；(c) 弯曲 180°；(d) 弯曲至两面重合

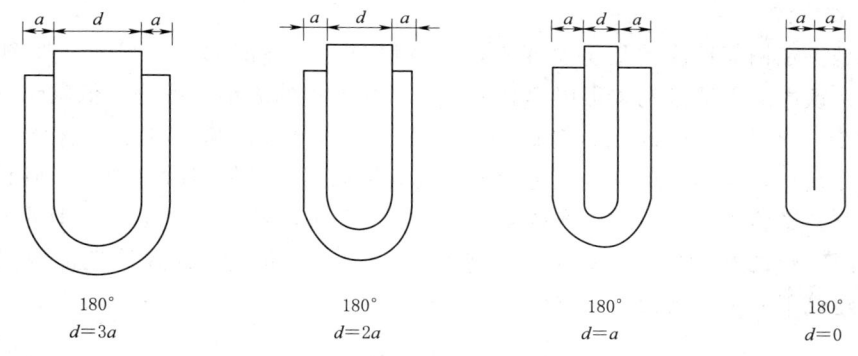

图 2-8 钢筋冷弯规定弯心

通过冷弯试验钢筋局部发生非均匀变形，更有助于暴露钢筋的某些内在缺陷。相对于伸长率而言，冷弯是对钢筋塑性更严格的检验，它能揭示钢筋内部是否存在组织不均匀、内应力和夹杂物等缺陷。冷弯试验对焊接质量也是一种严格的检验，能揭示焊件在受弯表面存在未熔合、微裂纹及夹杂物等缺陷。

2. 焊接性能

焊接是各种型钢、钢板、钢筋的重要连接方式。建筑工程的钢结构有 90% 以上是焊接结构。焊接的质量取决于焊接工艺、焊接材料及钢的焊接性能。

钢材的可焊性，是指钢材是否适应用通常的方法与工艺进行焊接的性能。可焊性好的钢材，指易于用一般焊接方法和工艺施焊，焊口处不易形成裂纹、气孔、夹渣等缺陷；焊接后钢材的力学性能，特别是强度不低于原有钢材，硬脆倾向小。

钢材可焊性能的好坏，主要取决于钢的化学成分。钢的含碳量高将增加焊接接头的硬脆性，含碳量小于 0.25% 的碳素钢具有良好的可焊性。加入合金元素（如硅、锰、钒、钛等），也将增大焊接处的硬脆性，降低可焊性，特别是硫能使焊接产生热裂纹及硬脆性。

选择焊接结构用钢，应注意选含碳量较低的氧气转炉或平炉镇静钢。对于高碳钢及合金钢，为了改善可焊性，焊接时一般需要采用焊前预热及焊后热处理等措施。

焊接过程的特点是：在很短的时间内达到很高的温度，金属熔化的体积很小，由于金属传热快，故冷却的速度很快。因此，在焊件中常产生复杂的、不均匀的反应和变化，存在剧烈的膨胀和收缩。所以，易产生变形、内应力，甚至导致裂缝。

钢筋焊接应注意的问题是：冷拉钢筋的焊接应在冷拉之前进行；钢筋焊接之前，焊接部位应清除铁锈、熔渣、油污等；应尽量避免不同国家的进口钢筋之间或进口钢筋与国产钢筋之间的焊接。

2.1.1.3 钢筋的化学成分

钢筋的主要化学成分是铁，但铁的强度低，需要加入其他化学成分来改善其性能。加入的主要化学成分有少量的碳（C）、硅（Si）、锰（Mn）、磷（P）、硫（S）、氧（O）、氮（N）、钛（Ti）等元素，这些元素含量很少，但对钢筋性能影响很大。

1. 碳（C）

碳是决定钢筋性能的最重要元素，它对钢材力学性能的影响很大，如图 2-9 所示。在铁中加入适量的碳可以提高强度。依含碳量的大小，可分为低碳钢（含碳量不大于 0.25%）、中碳钢（含碳量为 0.25%～0.6%）和高碳钢（含碳量大于 0.6%）。在一定范围内提高含碳量，虽能提高钢筋强度，但同时却使塑性降低，可焊性变差。试验表明：当钢中含碳量在 0.8% 以下时，随含碳量增加，钢的强度和硬度提高，塑性和韧性下降；对于含碳量大于 0.3% 的钢，其焊接性能会显著下降。在建筑工程中主要使用低碳钢和中碳钢。

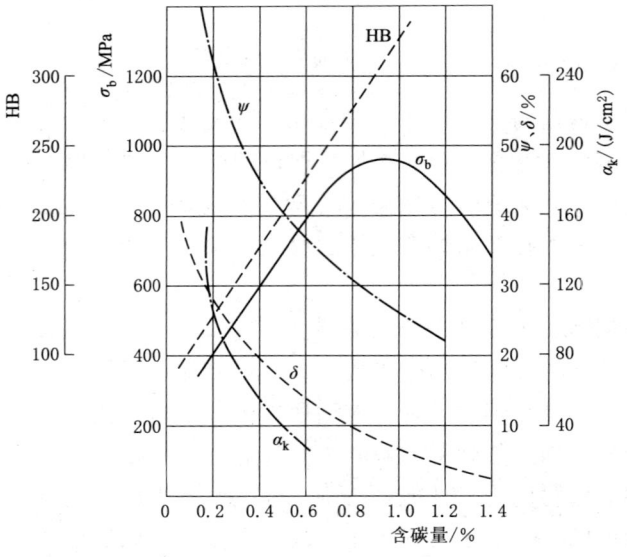

图 2-9 含碳量对热轧碳素钢性能的影响

2. 硅（Si）

硅在钢中是有益元素，炼钢时起脱氧作用。硅是我国钢筋钢的主加合金元素，它的作用主要是提高钢的机械强度。通常碳素钢中硅含量小于0.3%，低合金钢中硅含量小于1.8%。

3. 锰（Mn）

在钢中加入少量的锰元素可提高钢的强度，并能保持一定的塑性。锰在钢中也是有益元素，炼钢时可起到脱氧去硫作用，可削减硫所引起的热脆性，改善钢材的热加工性能，提高钢材的强度和硬度。当含锰量小于1%时，对钢的塑性和韧性影响不大。锰是我国低合金结构钢的主加合金元素，其含量一般在1%~2%范围内。它的作用主要是改善钢的内部结构，提高强度。当含锰量达11%~14%时，称为高锰钢，具有较高的耐磨性。

4. 磷（P）

磷是钢中很有害的元素之一。磷含量增加，钢材的塑性和韧性显著下降。特别是低温下冲击韧性下降更为明显，常把这种现象称为冷脆性。磷也使钢的冷弯性能和可焊性显著降低。但磷可提高钢的强度、硬度、耐磨性和耐蚀性，故在低合金钢中可配合其他元素如铜（Cu）作合金元素使用。建筑用钢一般要求含磷量小于0.045%。

5. 硫（S）

硫也是钢中很有害的元素，能够降低钢材的各种机械性能。硫在钢的热加工时易引起钢的脆裂，常称为热脆性。硫的存在还使钢的可焊性、冲击韧性、疲劳强度和耐腐蚀性等均降低，即使微量的硫元素存在也对钢有害，因此硫的含量要严格控制。建筑钢材要求硫含量应小于0.045%。

6. 氧（O）、氮（N）

氧、氮也是钢中的有害元素，它们显著降低钢的塑性和韧性，以及冷弯性能和可焊性能。

7. 铝（Al）、钛（Ti）、钒（V）

这三种元素均是强脱氧剂，也是合金钢常用的合金元素。适量加入钢内，可改善钢的组织，细化晶粒，能显著提高强度和改善韧性，但稍降低塑性。

钢筋出现下列情况之一时，必须做化学成分检验：

(1) 无出厂证明书或钢种钢号不明确时。

(2) 有焊接要求的进口钢筋。

(3) 在加工过程中，发生脆断、焊接性能不良和机械性能显著不正常的。

钢筋的化学成分检验通常是进行含碳量、碳当量、含硫量和含磷量的检验。化学成分检验结果，国产钢筋应符合相应钢筋标准的规定；进口钢筋含碳量不大于0.3%，碳当量不大于0.55%，含硫量和含磷量均不大于0.05%。

3 学习活页——钢筋验收及储存

【课程信息】

1. 基本信息

学生姓名		课程地点		课程时间	
指导教师		哪些同学对我起到帮助？	1.	2.	3.
课程项目	学习钢筋的验收流程和要点，以及钢筋代换原则和下料计算方法				

2. 学习目标

知识目标	（1）熟悉钢筋验收知识要点； （2）钢筋代换原则； （3）钢筋下料计算原则
能力目标	（1）能说出钢筋验收检测项目； （2）钢筋下料计算
素质与思政目标	（1）养成学习积累习惯和不断进取、严谨求实的工作态度； （2）能够进行有效的沟通和交流，具备团队合作意识； （3）培养学生工程质量意识，坚守职业道德，增强学生的使命感、责任感和爱国主义情怀

【项目背景】

某项目进场钢筋有8种，在主筋架设时误用了钢筋直径，监理在混凝土浇筑前的验仓时查出了问题，要求全面整改，影响了混凝土正常浇筑时间。在钢筋存放的料堆缺少覆盖，不少钢筋出现不同程度的锈蚀，施工企业要求负责质量的部门进行了整改，并检查了钢筋验收的资料，规范了存放的管理要求，改进了存放环境。

【课前活动】

讨论：观察新出场的钢筋表层有一层蓝膜，查一查网络资源，谈一下蓝膜是什么成分，有什么作用，为什么钢筋弯曲处和钢筋加热处更先发生锈蚀。

【必备知识】

1. 有关概念、术语

术语名称	概　念	考核结果
配筋率	配筋率是指钢筋混凝土构件中纵向受力（拉或压）钢筋的面积与构件的有效面积之比	
锚固端	为增加钢筋在混凝土内的抗滑脱能力，钢筋端部应制作成一定的弯钩或折钩形式	
保护层	从钢筋外边缘算起，至构建表面的距离，有纵向受力钢筋保护层、分布钢筋保护层、箍筋保护层等，词条来源于《水工混凝土结构设计规范》（SL 191—2008）9.2。《混凝土结构设计规范》（GB 50010—2010）中，保护层厚度一般指最外层钢筋的保护层	

2. 使用规范

序号	规　范　名　称	对规范熟悉情况	考核结果
1	《水工混凝土施工规范》（SL 677—2014）	1. 是/否准备好规范 手机/纸质	
2	《水工混凝土钢筋施工规范》（DL/T 5169—2013）	2. 是/否提前预习规范 能准确说出，还是能大致说出	

【课程实施】

钢筋的验收、储存、代换、下料

教学阶段	教学流程	学习成果	教师核查	能力指标
（一）课前准备	1. 查 SL 677—2014，检查钢筋样品是否符合抽样长度的规定		查阅的规范是否正确？	D1
阶段性小结	列举 GB/T 1499.1—2024 和 GB/T 1499.2—2024 对检验项目的要求：			D1
（二）课中实施	2. 钢筋外观检查：钢筋应平直、无损伤，表面不得有裂纹、油污、颗粒状或片状锈蚀。钢筋表面凸块不允许超过螺纹的高度；钢筋的外形尺寸应符合有关规定，外形尺寸应符合规定			D1

续表

教学阶段	教学流程	学习成果	教师核查	能力指标
（二）课中实施	3. 查 SL 677—2014 和 DL/T 5169—2013 对钢筋储存的要求有哪些		学会表达自己的工作过程和想法	C1
	4. 学习钢筋代换原则 等强度代换：结构构件按强度控制时，按强度相等原则进行代换； 等面积代换：结构构件按最小配筋率控制时，按面积相等的原则进行代换； 按裂缝宽度或挠度验算结果代换：结构构件按裂缝宽度或挠度控制时，代换需进行裂缝宽度或挠度验算			C1
	5. 查《水工混凝土施工规范》（SL 677—2014），谈一下钢筋代换要求有哪些			C1
	6. 直钢筋下料长度＝构件长度－保护层厚度＋弯钩增加长度 弯起钢筋下料长度＝直段长度＋斜段长度－弯曲调整值＋弯钩增加长度 箍筋下料长度＝箍筋周长＋箍筋调整值			C1
	7. 查《水工混凝土结构设计规范》（SL 191—2008）和《混凝土结构设计规范》（GB 50010—2010），谈一下混凝土保护层厚度有什么要求			D1

3.1 SL 191—2008

3.2 GB 50010—2010

续表

教学阶段	教学流程	学习成果	教师核查	能力指标
（二）课中实施	**8. 钢筋锚固段加工要求** 　　钢筋弯钩有 180°弯钩、90°弯钩和 135°弯钩三种。180°弯钩常用于Ⅰ级钢筋；90°弯钩常用于柱立筋的下部、附加钢筋和无抗震要求的箍筋中；135°弯钩常用于Ⅱ级、Ⅲ级钢筋和有抗震要求的箍筋中。 　　当弯弧内直径为 2.5d（Ⅱ级、Ⅲ级钢筋为 4d）、平直部分为 3d 时，不同弯钩增加长度的计算值：半圆弯钩为 6.25d，直弯钩为 3.5d（Ⅱ级为 4.25d），斜弯钩为 4.9d 180°弯钩　　　90°弯钩 135°弯钩 **9. 钢筋弯折加工要求** $D=5d\sim 7d$			C1

续表

教学阶段	教学流程	学习成果	教师核查	能力指标
（二）课中实施	10. 箍筋调整值 箍筋量度方法 		箍筋直径 /mm			
	4~5	6	8	10~12
量外包尺寸	40	50	60	70
量内皮尺寸	80	100	120	150~170				
（二）课中实施	11. 钢筋接头增加值 （1）钢筋绑扎接头的最小搭接长度； （2）钢筋对焊长度损失值； （3）钢筋搭接焊最小搭接长度； （4）机械连接套筒或镦粗的调整值			D1
阶段性小结	钢筋端头加工要求； 钢筋锚固和连接处可能成为构建的隐患，何种心态能保证质量第一？ 观看教学录像，总结钢筋验收、代换、储存和下料的技术要点			A2
（三）课后拓展	12. 查接头验收标准 《钢筋机械连接技术规程》（JGJ 107—2016）、《钢筋焊接及验收规程》（JGJ 18—2012）			D1

3.3 钢筋验收及配料教学录像

【检查与记录】

课程核心能力权重	课 程 侧 重									
	A.责任担当	B.人文素养	C.工程知识	D.学习创新	E.专业技能	F.职业操守	G.问题解决	H.沟通合作	合计
	5%	5%	35%	10%	10%	15%	15%	5%	100%
课程能力指标权重	A1	A2	B1	B2	C1	C2	D1	D2	E1	E2	F1	F2	G1	G2	H1	H2	合计

【课后反思】

反思内容	实 际 效 果	改进设想
课程思政情况		
成果导向应用情况		
本课评分		

【参考资料】

[1] 孙友良. 水利工程施工技术 [M]. 北京：中国水利水电出版社，2022.
[2] 水工混凝土施工规范：SL 677—2014 [S]. 北京：中国水利水电出版社，2014.
[3] 水工混凝土钢筋施工规范：DL/T 5169—2013 [S]. 北京：中国电力出版社，2013.
[4] 水工混凝土结构设计规范：SL 191—2008 [S]. 北京：中国水利水电出版社，2009.
[5] 混凝土结构设计规范：GB 50010—2010 [S]. 北京：中国质检出版社，2024.
[6] 钢筋机械连接技术规程：JGJ 107—2016 [S]. 北京：中国建筑工业出版社，2016.
[7] 钢筋焊接及验收规程：JGJ 18—2012 [S]. 北京：中国建筑工业出版社，2012.

附件3.1 钢筋验收及储存

3.1.1 钢筋的检验

钢筋是混凝土构件中的重要组成部分，直接承受着各种荷载，因此钢筋是否符合标准直接影响着建筑物的安全和寿命。在钢筋施工中，必须加强对钢筋原材料的检验和保管工作，以贯彻落实"百年大计，质量第一"的基本建设方针。

钢筋通常按定尺长度交货，交货时的长度允许偏差为0~50mm。

钢筋可按理论质量交货，也可按实际质量交货。按理论质量交货时，理论质量为钢筋长度乘以钢筋的每米理论质量。

每批钢筋的检验项目、取样方法应符合表3-1的规定。

表 3-1 钢筋检验项目和取样方法

序 号	检验项目	取样数量/个	取 样 方 法
1	化学成分	1	现行 GB/T 20066—2006
2	拉伸	2	不同根（盘）钢筋切取
3	弯曲	2	不同根（盘）钢筋切取
4	反向弯曲	1	任意一根（盘）钢筋切取
5	尺寸	逐根（盘）	—
6	表面	逐根（盘）	—

拉伸、弯曲、反向弯曲试验试样不允许进行车削加工。

测量钢筋质量偏差时，试样应从不同根钢筋上截取，数量不少于5个，每个试样长度不小于500mm。长度应逐支测量，应精确到1mm。测量试样总质量时，应精确到不大于总质量的1%。

钢筋表面采用目视检查。钢筋应在其表面轧上牌号标志、生产企业序号（许可证后3位数字）和公称直径毫米数字。钢筋应无有害的表面缺陷。当经钢丝刷刷过的试样的质量、尺寸、横截面面积和力学性能不低于规定的要求时，锈皮、表面不平整或氧化铁皮不作为拒收的理由。

钢筋的交货应在监理单位的见证下按批进行检查和验收，每批由同一牌号、同一炉罐号、同一规格的钢筋组成。每批质量通常不大于60t。超过60t的部分，每增加40t（或不足40t的余数），增加一个拉伸试验试样和一个弯曲试验试样。允许由同一牌号、同一冶炼方法、同一浇注方法的不同炉罐号组成混合批，但各炉罐号含碳量之差不大于0.02%、含锰量之差不大于0.15%。混合批的质量不大于60t。

拉伸和弯曲试验，如有其中一项试验结果不符合标准要求，则从同一批中再任选双倍数量的试样进行该不合格项目的复验，复验结果若有一个指标不合格，即判定整批不合格。

3.1.2 钢筋的保管

钢筋的保管工作是一项重要的工作，但往往没有引起人们足够的重视。特别是施工现场的一些管理人员，对钢筋乱堆乱放、日晒雨淋习以为常，这种现象必须改变。这是因为，堆放不合理、保管不善，会造成钢筋锈蚀加剧，影响钢筋质量，锈蚀严重的需降级使用，这样就造成了浪费。

钢筋运到现场后，必须合理堆放、妥善保管，在堆放时，对不同等级、钢号、规格应分类堆放，不得混堆。如果分类不清会造成发货差错，以致造成严重的质量事故。因此，钢筋运到现场后，必须做到以下几点：

（1）对工程量较大、工期较长的单位工程，钢筋应堆放在仓库或简易料棚内，不得露天堆放。

（2）对工程量较小、工期较短的单位工程，或受条件限制的工地，应选择地势较高，土质坚实、较为平坦的场地堆放。钢筋下面要垫好垫木，离地面不宜小于0.2m，且在四周挖好排水沟。

(3) 钢筋应按不同等级、牌号、直径、长度等，分别挂牌堆放，并标明数量，做到账、物、牌三相符。条形钢筋最好设置堆放架，分格分类码放，以便于发货取货。

(4) 钢筋不能和酸、碱、盐、油类等物品一起存放，存放的地点不得与有害气体生产车间靠近，以防钢筋被污染和锈蚀。

附件 3.2　钢筋代换

3.2.1　钢筋代换原则

在施工中，如遇到钢筋品种或规格与设计要求不符时，征得设计单位同意后，可按下列原则进行钢筋代换。

3.2.1.1　等强度代换

等强度代换是指不同级别的钢筋的代换。即构件配筋受强度控制时，按代换前后强度相等的原则进行代换，称"等强度代换"。代换时应满足下式要求：

$$A_{s2}f_{y2} \geqslant A_{s1}f_{y1}$$

即

$$n_2 \cdot \frac{\pi d_2^2}{4} \cdot f_{y2} \geqslant n_1 \cdot \frac{\pi d_1^2}{4} \cdot f_{y1}$$

$$n_2 \geqslant \frac{n_1 d_1^2 \cdot f_{y1}}{d_2^2 \cdot f_{y2}}$$

式中　n_2——代换钢筋根数；
　　　n_1——原设计钢筋根数；
　　　d_2——代换钢筋直径；
　　　d_1——原设计钢筋直径；
　　　f_{y2}——代换后钢筋设计强度值；
　　　f_{y1}——原设计钢筋设计强度值；
　　　A_{s2}——代换后钢筋总截面积；
　　　A_{s1}——原设计钢筋总截面积。

3.2.1.2　等面积代换

等面积代换是指相同级别的钢筋代换。即构件按最小配筋率配筋，或同钢号钢筋之间的代换时，按代换前后面积相等的原则进行代换，称等面积代换。代换时应满足下式要求：

$$A_{s2} \geqslant A_{s1}$$

即

$$n_2 \geqslant n_1 \cdot \frac{d_1^2}{d_2^2}$$

式中符号意义同前。

钢筋代换后，有时由于受力钢筋直径加大或根数增多而需要增加排数，则构件截面的有效高度 h_0 减少，截面强度降低。所以常需对截面强度进行复核。

钢筋代换时，必须充分了解设计意图和代换材料的性能，严格遵守现行国家标

准《混凝土结构设计规范》(GB 50010—2010)的各项规定,应征得设计单位的同意,并应符合下列规定:

(1) 不同种类钢筋代换,应按钢筋受拉承载力设计值相等的原则进行。

(2) 当构件受抗裂、裂缝宽度或挠度控制时,钢筋代换后应进行抗裂、裂缝宽度或挠度验算。

(3) 钢筋代换后,应满足混凝土结构设计中所规定的钢筋间距、锚固长度、最小钢筋直径、最少根数等构造要求。

(4) 对重要受力构件,不宜用 HPB235 级钢筋代换 HRB335 级钢筋。

(5) 梁的纵向受力钢筋与弯起钢筋应分别进行代换。

(6) 偏心受压构件或偏心受拉构件作钢筋代换时,不取整个截面配筋量计算,应按受力面(受压或受拉)分别代换。

(7) 对有抗震要求的框架,不宜以强度等级高的钢筋代替设计中的钢筋。当必须代换时,其代换的钢筋检验所得的实际强度,尚应符合下列要求:

1) 钢筋的抗拉强度实测值与屈服强度实测值的比值不应小于 1.25。

2) 钢筋的屈服强度实测值与钢筋强度标准值的比值,当按一级、二级抗震要求设计时,不应大于 1.3。

(8) 预制构件的吊环,必须采用未经冷拉的 HPB235 级热轧钢筋制作,严禁以其他钢筋代换。

(9) 在负温条件下直接承受中级、重级工作制的吊车梁的受拉钢筋,宜采用细直径的 HRB500 级钢筋。

3.2.2 钢筋代换计算

【例 3-1】 梁截面尺寸如图 3-1 所示,混凝土强度等级为 C25,原设计纵向受力筋为 5Φ18,钢筋级别为 HRB335 级,面积 $A_{s1}=1272\text{mm}^2$,现拟用 HPB235 级钢筋代换。求所需钢筋的直径及根数。

【解】

选用 6Φ20

$A_s = 1884 > 1817 (\text{mm}^2)$

复核钢筋净距:

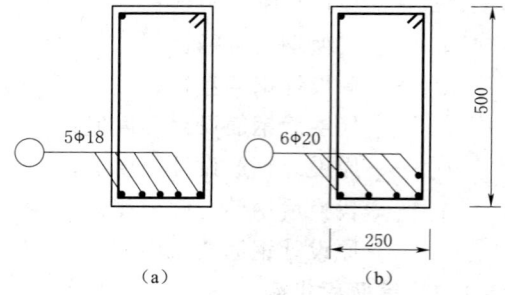

图 3-1 矩形梁钢筋代换
(a) 代换前;(b) 代换后

$$s = \frac{250 - 2 \times 25 - 6 \times 20}{5} = 16(\text{mm}) < 25\text{mm}$$

因此,钢筋要排成两排,梁的截面有效高度 h_0 减少,需验算构件截面强度是否满足设计要求,根据弯矩相等的原则按下式计算:

$$A_{s2} f_{y2} \left(h_{02} - \frac{x_2}{2} \right) \geq A_{s1} f_{y1} \left(h_{01} - \frac{x_1}{2} \right)$$

由 $bx\alpha_1 f_c = A_s f_y$ 得

$$x = \frac{A_s f_y}{\alpha_1 f_c \cdot b}$$

代入上式得

$$A_{s2} f_{y2} \left(h_{02} - \frac{A_{s2} f_{y2}}{2\alpha_1 f_c b} \right) \geqslant A_{s1} f_{y1} \left(h_{01} - \frac{A_{s1} f_{y1}}{2\alpha_1 f_c \cdot b} \right)$$

式中 A_{s1}——原设计钢筋总截面积；
f_{y1}——原设计钢筋设计强度；
A_{s2}——代换后钢筋总截面积；
f_{y2}——代换后钢筋设计强度；
h_{01}——原设计构件截面有效高度（钢筋合力点至截面受压边缘的距离）；
h_{02}——代换后构件截面有效高度；
α_1——系数，当混凝土强度等级不超过 C50 时 α_1 取 1.0，当混凝土强度等级为 C80 时 α_1 取 0.94，其间按线性内插法取用；
f_c——混凝土轴心抗压强度设计值；
b——构件截面宽度。

$$h_{01} = h - \alpha_1 = 500 - (25 + 9) = 466 \text{(mm)}$$

$$\alpha_2 = \frac{4 \times 35 + 2 \times 80}{6} = 50 \text{(mm)}$$

$$h_{02} = 500 - 50 = 450 \text{(mm)}$$

式中 α_1、α_2——代换前、代换后受拉钢筋合力点到截面受拉边缘的距离。

代换前

$$A_{s1} f_{y1} \left(h_{01} - \frac{A_{s1} f_{y1}}{2\alpha_1 f_c \cdot b} \right) = 1272 \times 300 \times \left(466 - \frac{1272 \times 300}{2 \times 1.0 \times 11.9 \times 250} \right)$$
$$= 153351892 \text{(N·mm)} = 153352 \text{N·m}$$

代换后

$$A_{s2} f_{y2} \left(h_{02} - \frac{A_{s2} f_{y2}}{2\alpha_1 f_c \cdot b} \right) = 1884 \times 210 \times \left(450 - \frac{1884 \times 210}{2 \times 1.0 \times 11.9 \times 250} \right)$$
$$= 151730267 \text{(N·mm)} = 151730 \text{N·m}$$

代换后 151730N·m＜153352N·m，相差 1622N·m，即比原设计构件截面强度低 0.01%。

附件 3.3 钢筋下料

3.3.1 钢筋下料的注意事项

钢筋下料应综合考虑以下因素：

（1）施工现场情况一般比较复杂，下料需要考虑施工进度和施工流水段，并考虑流水段之间的搭接关系，有时还需要根据情况进行钢筋的代换和配置。

（2）钢筋下料必须考虑钢筋的弯曲延伸率，钢筋弯曲后，弯折处内皮缩短，外皮延伸，轴线长度保持不变，弯折处形成圆弧状，弯起后尺寸不大于下料长度，应考虑弯曲调整值，否则加工后钢筋会超出图示尺寸。

（3）优化下料。下料需要考虑在规范允许的钢筋断点范围内达到一个钢筋长度最优组合的形式，尽量与钢筋的定尺长度的模数吻合，如钢筋定尺长度为9m，那么钢筋下料时可下长度为3m、4.5m、6m、9m、13.5m、15m、18m等，可以节约人工、机械和钢筋。

（4）优化断料。配料单出来后，现场断料时优化、减少短料和废料。依据统筹法和智能筛选优化技术，对料单中的钢筋进行全面整合，把废料减少到最低。钢筋切断应根据钢筋型号、规格、直径、长度和数量，长短搭配，坚持"先断数量多的后断数量少的，先断长料后断短料"的原则，尽量减少和缩短钢筋短头，以节约钢材。

（5）钢筋缩尺，下料时要计算出每根钢筋的长度。

（6）钢筋下料对计算精度要求较高，钢筋的长短、根数和形状都要做到正确无误，否则将影响施工工期和质量，浪费人工和材料。

（7）考虑接头位置，接头不宜位于构件最大弯矩处。搭接长度的末端距钢筋弯折处，不得小于$10d$（d为钢筋直径）。

（8）根据施工工艺要求，调整相应构件。如楼梯等构件需要插筋，柱子在层高较大的情况下需要分几次搭接完成。

3.3.2 钢筋优化下料

钢筋优化下料主要目的是节约钢筋并节省人工和机械费用等。钢筋优化下料要精打细算，做到钢筋废料最小化。优化下料要从全局规划出发，综合考虑，按照定尺模数和优化原理进行下料。以下列举一些实践中总结的优化下料经验，具有一定的可操作性和实用性。

3.3.2.1 有选择进料

一般来讲，钢筋的进料长度越长越好，这样不仅在下料时少出短料，减少废短头，降低了焊接量，而且在连续接长时减少接头。但也并非越长越好，有时短料也有用武之地。在实际工程中，需要的钢筋长度多种多样，千差万别，要求用较短的定尺钢筋下料后短头最少或为0，也能节约人工机械和材料，所以应在购买或领取钢筋时，针对下料单及工地实际情况，对钢筋的长度进行选择。

如料长9.9m，显然，进10m长钢筋废短头最少。

料长2.23m，$2.23×4=8.92(m)$，$2.23×5=11.15(m)$，显然，应进9m长钢筋。其具体做法是：以每根钢筋为$9/4=2.25(m)$，断料时直接下2.25m即可。

某工程层高为3.3m。柱主筋⌀14，柱筋下料长度考虑搭接长度为：$3000+986=3986(mm)$，而$3.986×3=11.958(m)$，应进12m长钢筋。

某工程层高为4.4m。柱主筋⌀22，柱纵筋采用电渣压力焊接头，不考虑渣焊烧蚀损耗，柱主筋长度等同于层高，柱主筋长度为4.4m。可下料4.5m，上一层柱主筋下料时可减少0.1m，选择9m定尺钢筋，废料为0。

主次梁的焊接接头不允许超过50%，因此，梁主筋的起头除进12m钢筋以外，还应进一半9m或10m长的钢筋。

3.3.2.2 长短合理搭配

在钢筋加工制作过程中，同一种钢筋往往有多种下料尺寸。不能按下料单中的先后顺序下料，而应先截长料，所余钢筋有时与其他编号钢筋长度接近，可利用之，反之，就会浪费钢筋。这是钢筋下料时节省钢筋的一项原则。

例如，某框架梁需要以下负弯矩筋，现场有9m长Φ25钢筋，如何截取浪费最少？

①号筋 4.2m；

③号筋 4.7m。

如果按下料单下料的顺序分别下料，在截①号筋时9－4.2×2＝0.6(m)，短头出现；而如果先截③号筋，剩余4.3m钢筋用来断用搭配法下①号筋4.2m的料，只有0.1m短头出现。在钢筋下料时对短料的用途要做到心中有数。例如住宅楼的预制过梁、梁垫铁、马凳、烟道、管道侧面的附加筋、次梁端头的负弯矩筋、楼梯等。这些零星构件可以利用废料来加工。

3.3.2.3 钢筋相乘下料

如果标准层主梁需要箍筋3000个，单个箍筋料长1.9m。

在调直机普遍使用之前，盘条的调直加工一般是用卷扬机调直后，用钢筋剪刀截取箍筋，此时往往会出现大量短头。先计算1.9×5＝9.5(m)，调直后的钢筋先截取600根9.5m长直条，然后再截取1.9m长箍筋料，不会有废料出现。

3.3.2.4 钢筋相加下料

以下两种长度的Φ22钢筋，其数量相近，现场有9m长的钢筋，如何截取浪费最少？

① Φ22，3.9m；

② Φ22，4.9m。

3.9＋4.9＝8.8(m)

在1根9m长钢筋上可截取①3.9m和②4.9m长钢筋各一根，只有0.2m的短头，这样可减少短钢筋头和焊接。如果不是同时截取而是分别截取两种钢筋，则造成很大的浪费。

3.3.2.5 钢筋混合下料

有以下两种长度的Φ20负弯矩筋，现场有12m长的钢筋，如何截取为最佳下料方案？

① Φ20，3.8m；

② Φ20，4.2m。

不要单独下料，可进行优化组合。

3.8×2＋4.2＝11.8(m)

在一根12m长钢筋上截取2根3.8m钢筋和一根4.2m长钢筋，为最佳下料方案。在钢筋下料时，为了减少钢筋短头，需要经常采用相加法和混合法下料。这两种方法尤其适用于有多个下料尺寸的加粗钢筋的下料，是框架结构中经常采用的下料方法。

在框架结构的钢筋工程施工中,一般安排两个小组分别制作大梁的主筋。一组负责钢筋成形后的下料长度大于现场整尺长度的钢筋制作;另一组负责钢筋下料长度小于现场整尺长度的钢筋制作。后一小组在下料前应把有多个成形及下料尺寸的某一种钢筋下料单抄写在一起,然后运用加法与混合法进行比对计算,设计出节省钢筋的最佳方案。

3.3.2.6 柱筋上下结合下料

如某框架楼层高为 4.2m,但在常见的 9m 或 12m 整尺钢筋上截取 4.2m 柱筋,均有大量的废短头及焊接头出现。如果把第二层柱与第三层柱结合起来推算,这两根柱筋加起来总长为 4.2+4.2=8.4(m),也有废料,如果第二层柱筋取用 4.5m(易从 9m 长整尺钢筋上取得),第三层柱筋取用 4m(易从 12m 整尺钢筋上取得),则 4.5+4=8.5(m),二层柱纵筋露出长度 650mm,则第三层柱纵筋露出 4.5−4.2+0.65=0.95(m),第四层柱纵筋露出长度为 0.65+0.1−3×0.03(电渣焊耗损值)=0.66(m)。结果既没有短头出现,也避免了短头钢筋,又考虑了柱纵筋的焊接损耗。

3.3.2.7 钢筋代用下料

如某框架梁中端支座负弯矩钢筋下料长度为 4550mm。现场有 9m 长整尺钢筋。不能太机械死板,而应灵活机动。从 9m 长整尺钢筋上截取 4.5m 长钢筋,废料为 0。但钢筋长度比需用长度短了 50mm,应验算一下,在支座内水平投影长度是否不小于 $0.4l_{aE}$ 和是否伸至主锚区内弯折。节约钢筋的前提是要保证质量而不偷工减料。

3.3.2.8 一步到位钢筋下料

如某楼外围均设有 66 根柱,柱顶端在一层檐子底部标高为 2.050m 处封顶,且每根柱配有 6Φ16 钢筋,现需要在基础工程中下料。

柱在基础中主筋下料,人们往往习惯于把每根柱子的主筋露出 ±0.000m 以上,并错开搭接,在进行一层施工时再另外下料接长。因为住宅楼结构图不像框架楼结构图那样出示柱子的竖向剖面图,所以人们不太注意 ±0.000m 以上柱子的情况而按习惯性做法下料。如果认真查看柱子 ±0.000m 以上的情况就会发现,在 ±0.000m 以上露出的较高柱筋的柱头距柱子顶端只有 1.36m。所以考虑柱筋下料从基础直接到顶端,总共只有 3.4m 长,可以一步到位。这样不仅减少了接头,而且也省去了绑扎搭接区加密箍筋,预先绑扎柱骨架时应一次把箍筋绑完,不仅节省人工,而且工程质量有保证。推而广之,有许多构件都是可以采用没有接头的一次性连接,只要能满足操作就行。

3.3.2.9 短尺定做钢筋下料

有的钢筋经销处能进长短不齐但质量合格的钢筋,长度大多在 7m 以下,可以根据需要截取各种长度的短料,价格也不贵。进这种钢筋短料,不仅无短头,而且也省去了机械切断费用,所以当工程中需要钢筋短料时,可以根据下料单提前呈报、定做。

3.3.2.10　改接头钢筋下料

梁上部纵筋接长常常采用绑扎搭接，如果采用焊接方法接长，既节省了绑扎长度的钢筋，也节省了绑扎区需要加密的箍筋。梁下部纵筋也不要全部在支座处锚固，能通则通，一是能减少钢筋用量，二是减轻节点处钢筋的拥挤，保证混凝土对钢筋的全握裹并能方便混凝土的浇捣。

3.3.2.11　废短钢筋头降格使用下料

如某框架梁端头需用⊕20负弯矩筋，料长1.88m，现场有直径⊕22、长2m左右的短钢筋头。可以截取1.88m长⊕22短钢筋头代替⊕20钢筋使用，如果钢筋根数不变会增大构件配筋率，可进行钢筋等面积代换。

3.3.2.12　无短头起头钢筋下料法

板钢筋⊕12按绑扎搭接，现场有12m长钢筋。施工规范规定：绑扎接头在同一截面内的百分率不大于25%。所以板钢筋起头至少以4根相差1.3倍搭接长度的钢筋为一组，然后平行排列。为避免出现短头，可按以下方法起头：

先截取长度＋后余长度＝12m

（1）2m＋10m＝12m；
（2）3m＋9m＝12m；
（3）4m＋8m＝12m；
（4）5m＋7m＝12m。

可任取两组，并成一组，也可以把12m整长钢筋作为每一组的第5根。但制作时并不与每一组起头捆在一起而单在布筋时单独排列。这种起头方法没有短钢筋头。

在框架梁起头时，如果现场只有一种长度的整尺钢筋，可以把整尺钢筋一分为二，与整尺钢筋各50%起头。

3.3.2.13　短头对接下料

工地上往往堆放着一些暂时不用的短头钢筋，有时经焊接后能作短料。但这些短头钢筋长短不齐，如果对每种钢筋进行比对，速度太慢。现介绍一个便捷的比对方法。

先在地上画出两道平行的所需钢筋尺寸线，然后把钢筋短头在地上对齐后，分别沿两道尺寸线平行摆放，再站在与钢筋垂直的一侧查看，如果钢筋两个端头和重叠量等于或大于焊接预留量，可把这两根钢筋拿出进行焊接，之后截成所需的短料。这种方法不仅快捷，而且废短头钢筋很少，但不能作为受力钢筋使用。按照《混凝土结构设计规范》（GB 50010—2010）规定，在钢筋焊接区段内，即2倍的$35d$（动荷载时$2 \times 45d$）或$2 \times 500mm$范围内的短钢筋是不能用来连续焊接使用的，这其实就是排列组合的问题，无穷解只能取最相近的值。

钢筋优化下料需要钢筋加工班长与钢筋翻样师互相配合和分工，对下料单要有统筹全局的认识和理解，对预料大致用于什么构件要做到心中有数。一般翻样师在下料单中除重要之处予以注明焊点位置和连接排列方式外，其余的均交由加工人员自行组合。翻样师的精力应花在对图纸和规范的理解、准确计算下料、施工流水段的衔接，以及宏观指导钢筋班组、提供最佳优化方案等方面。而钢筋加工班长则具体实施，应充分发挥在细节上的主观能动性和因地制宜的创造性。

第 2 篇

钢 筋 加 工 技 术

4 学习活页——钢筋加工技术

【课程信息】

1. 基本信息

学生姓名		课程地点		课程时间	
指导教师		哪些同学对我起到帮助？	1.	2.	3.
课程项目	尝试钢筋加工				

2. 学习目标

知识目标	(1) 熟悉钢筋加工方法； (2) 了解钢筋加工机械
能力目标	能操作钢筋加工设备
素质与思政目标	(1) 养成学习积累习惯和不断进取、严谨求实的工作态度； (2) 能够进行有效的沟通和交流，具备团队合作意识； (3) 培养工程质量意识，坚守职业道德，增强使命感、责任感和爱国主义情怀

【项目背景】

某项目进场钢筋需要制作弯折，监理认为该批钢筋弯折倒角半径过小，经查是通过工作台面焊接的钢筋短柱进行的人工弯曲，被责令重新加工。

【课前活动】

讨论：观看钢筋弯曲操作，思考如何安插配件后，开动开关能使钢筋弯曲。

4.1 钢筋的机械弯曲成型

_____

_____

_____

学习活页——钢筋加工技术 4

【必备知识】

1. 有关概念、术语

术语名称	概 念	考核结果
镦粗	镦粗机是一种专门用于钢筋连接的设备，通过预先将钢筋端部待加工螺纹段镦粗，使其直径增粗至大于母材直径，然后进行套丝加工，最后用同规格套筒连接两根钢筋，完成对接	

2. 使用规范

序号	规 范 名 称	对规范熟悉情况	考核结果
1	《水工混凝土施工规范》（SL 677—2014）	1. 是/否准备好规范 手机/纸质	
2	《水工混凝土钢筋施工规范》（DL/T 5169—2013）	2. 是/否提前预习规范 能准确说出，还是能大致说出	

【课程实施】

钢 筋 加 工 技 术

教学阶段	教 学 流 程	学习成果	教师核查	能力指标
（一）课前准备	1. 参观工厂，了解安全用电知识			E2
阶段性小结	列举三相四线制草图； 列举单项零火地线草图； 列举开关形式			E2
（二）课中实施	2. 观看钢筋调直机操作视频			E1
	3. 观看钢筋切断机操作 钢筋下料时须按下料长度切断。钢筋切断可用钢筋切断机（直径40mm以下）、手动切断器（直径小于12mm）、乙炔或电弧割切或锯断（直径大于40mm）			E1

4.2 钢筋加工视频

4.3 钢筋切断视频

4.4 手持钢筋切断机

续表

教学阶段	教 学 流 程	学习成果	教师核查	能力指标
（二）课中实施	4. 宜用钢筋弯曲机或弯箍机进行，弯曲形状复杂的钢筋应画线、放样后进行		学会表达阐述自己的工作过程和想法	E1
	5. 观看机械除锈视频			
阶段性小结				D1
（三）课后拓展	体验钢筋切割操作 观看"钢筋冷拉加工工艺动画演示"和"钢筋冷拔加工工艺动画演示"，谈一下为什么采用冷拉钢筋和冷拔钢丝用于调直、除锈和节省钢筋的技术逐渐被淘汰			E1 G1

4.5 钢筋手工弯曲成型

4.6 钢筋弯曲

4.7 手持钢筋弯曲机

4.8 机械除锈视频

4.9 钢筋冷拉加工工艺动画演示

4.10 钢筋冷拔加工工艺动画演示

【检查与记录】

课程核心能力权重	课程侧重								合计
	A.责任担当	B.人文素养	C.工程知识	D.学习创新	E.专业技能	F.职业操守	G.问题解决	H.沟通合作	
	5%	5%	35%	10%	10%	15%	15%	5%	100%
课程能力指标权重	A1 A2	B1 B2	C1 C2	D1 D2	E1 E2	F1 F2	G1 G2	H1 H2	合计

【课后反思】

反思内容	实际效果	改进设想
课程思政情况		
成果导向应用情况		
本课评分		

【参考资料】

[1] 孙友良. 水利工程施工技术[M]. 北京：中国水利水电出版社，2022.
[2] 水工混凝土施工规范：SL 677—2014[S]. 北京：中国水利水电出版社，2014.
[3] 水工混凝土钢筋施工规范：DL/T 5169—2013[S]. 北京：中国电力出版社，2013.
[4] 钢筋机械连接技术规程：JGJ 107—2016[S]. 北京：中国建筑工业出版社，2016.
[5] 钢筋焊接及验收规程：JGJ 18—2012[S]. 北京：中国建筑工业出版社，2012.

附件4.1 钢筋加工技术

4.1.1 钢筋加工方法

钢筋一般在钢筋车间加工，然后运至现场绑扎及安装。其加工过程一般有冷拉、冷拔、调直、切断、除锈、弯曲成型、绑扎、焊接等工艺。钢筋加工过程如图4-1所示。

钢筋加工应符合以下要求：

（1）钢筋加工前应将表面清理干净。表面有颗粒状、片状老锈或有损伤的钢筋不得使用。

（2）钢筋加工宜在常温状态下进行，加工过程中不应加热钢筋。

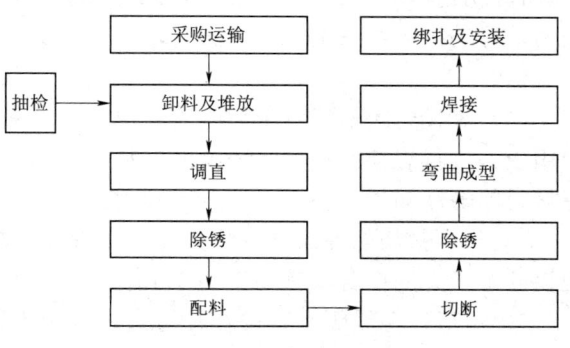

图4-1 钢筋加工过程

钢筋弯折应一次完成，不得反复弯折。

(3) 钢筋宜采用机械设备进行调直，也可采用冷拉方法调直。当采用机械设备调直时，调直设备不应具有延伸功能。当采用冷拉方法调直时，HPB235 级、HPB300 级光圆钢筋的冷拉率不宜大于 4%；HRB35 级、HRB400 级、HRB500 级、HRBF335 级、HRBF400 级、HRBF500 级及 RRB400 级带肋钢筋的冷拉率不宜大于 1%。钢筋调直过程中不应损伤带肋钢筋的横肋。调直后的钢筋应平直，不应有局部弯折。

(4) 受力钢筋的弯折应符合下列规定：

1) 光圆钢筋末端作 180°弯钩时，弯钩的弯后平直部分长度不应小于钢筋直径的 3 倍。

2) 光圆钢筋的弯弧内直径不应小于钢筋直径的 2.5 倍。

3) 335MPa 级、400MPa 级带肋钢筋的弯弧内直径不应小于钢筋直径的 5 倍。

4) 直径为 28mm 以下的 500MPa 级带肋钢筋的弯弧内直径不应小于钢筋直径的 6 倍；直径为 28mm 及以上的 500MPa 级带肋钢筋的弯弧内直径不应小于钢筋直径的 7 倍。

5) 框架结构的顶层端节点，对梁上部纵向钢筋、柱外侧纵向钢筋在节点角部弯折处，当钢筋直径为 28mm 以下时，弯弧内直径不宜小于钢筋直径的 12 倍；钢筋直径为 28mm 及以上时，弯弧内直径不宜小于钢筋直径的 16 倍。

6) 箍筋弯折处的弯弧内直径尚不应小于纵向受力钢筋直径。

(5) 除焊接封闭箍筋外，箍筋、拉筋的末端应按设计要求作弯钩。当设计无具体要求时，应符合下列规定：

1) 箍筋、拉筋弯钩的弯弧内直径应符合规范的规定。

2) 对一般结构构件，箍筋弯钩的弯折角度不应小于 90°，弯折后平直部分长度不应小于箍筋直径的 5 倍；对有抗震设防及设计有专门要求的结构构件，箍筋弯钩的弯折角度不应小于 135°，弯折后平直部分长度不应小于箍筋直径的 10 倍和 75mm 的较大值。

3) 箍筋的搭接长度不应小于钢筋的锚固长度，两末端均应作 135°弯钩，弯折后平直部分长度对一般结构构件不应小于箍筋直径的 5 倍，对有抗震设防要求的结构构件不应小于箍筋直径的 10 倍。

4) 用作箍筋的拉筋，其两端弯钩应符合上述第 2) 款的有关规定；其他拉筋的两端弯钩可采用一端 135°、另一端 90°，弯折后平直部分长度不应小于拉筋直径的 5 倍。

(6) 焊接封闭箍筋宜采用闪光对焊，也可采用气压焊或单面搭接焊，并宜采用专用设备进行焊接。焊接封闭箍筋下料长度和端头加工应按焊接工艺确定。多边形焊接封闭箍筋的焊点设置应符合下列规定：

1) 每个箍筋的焊点数量应为 1 个，焊点宜位于多边形箍筋中的某边中部，且距箍筋弯折处的位置不宜小于 100mm。

2) 矩形柱箍筋焊点宜设在柱短边，等边多边形柱箍筋焊点可设在任一边，不等边多边形柱箍筋应加工成焊点位于不同边上的两种类型。

3）梁箍筋焊点应设置在顶边或底边。

4.1.2 钢筋施工机械工具

钢筋加工时常用的工具包括工作台、手摇扳子、扳柱铁板、钢筋扳子、扎丝钩、小撬杠、绑扎支架等工具。

1. 工作台

手工弯曲钢筋是利用扳子在工作台（图4-2）上进行的。弯曲细钢筋的工作台，台面为400cm×80cm，台高为85cm；弯曲粗钢筋的工作台，台面为800cm×80cm，台高为80cm。工作台的面板用5cm厚木板，支腿用20cm×20cm木方拼成。工作台要求牢固，避免在操作过程中发生晃动。

2. 手摇扳子

手摇扳子（图4-3）是弯曲细钢筋的主要工具。它由一块铁板底盘和扳柱扳手组成。

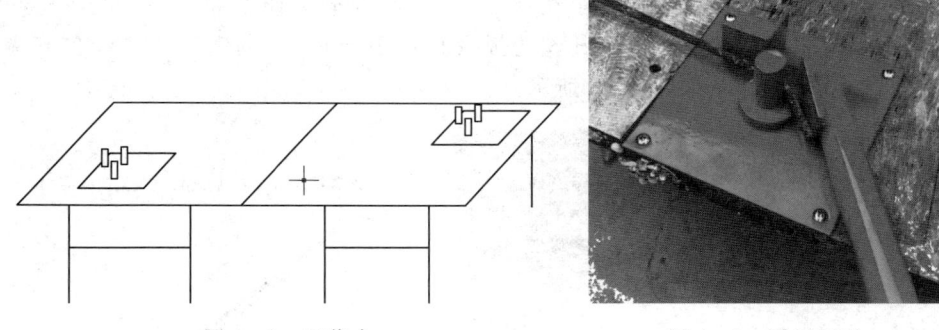

图4-2 工作台　　　　图4-3 手摇扳子

操作时，要将底盘固定在工作台上。单根钢筋的手摇扳子，可弯曲直径12mm的钢筋。多根钢筋的手摇扳子，每次可弯4～8根直径为8mm以下的钢筋，主要适宜于弯制箍筋。扳子的手柄长度可根据弯制直径适当调节，底盘钢板厚6mm，扳柱直径为12～16mm。

3. 扳柱铁板

扳柱铁板（图4-4）由一块铁板底盘和扳柱组成，固定在工作台上，用来弯曲粗钢筋。扳柱铁板有两种形式。第一种由一块铁板焊四个扳柱，扳柱水平方向净距约为100mm，垂直方向的净距约为34mm，可弯32mm直径的钢筋。这种扳柱铁板在弯曲28mm直径以下的钢筋时，在后面两个扳柱上要加不同厚度的钢板套。第二种是在铁板上焊三个扳柱，呈三角形，扳柱的两条斜边净距为100mm，另一边净距为80mm。这种扳柱不需要配备不同厚度的钢套，操作人

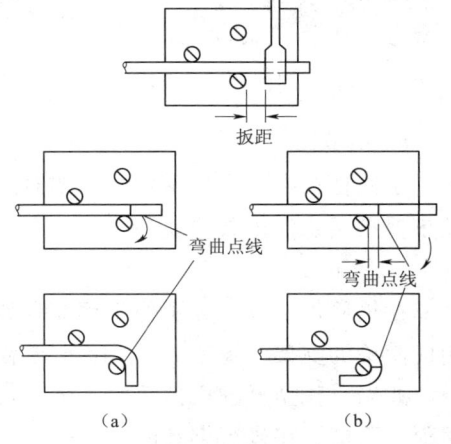

图4-4 扳柱铁板
(a) 弯曲90°；(b) 弯曲180°

员所站位置比较自由，是目前常用的一种形式。扳柱铁板底盘厚约12mm，扳柱直径应根据所弯钢筋来选择，一般为16～25mm。扳柱可用钢筋头制作，所以又叫钢筋柱。

4. 钢筋扳子

钢筋扳子（图4-5）有横口扳子和顺口扳子两种。横口扳子又有平头和弯头之分。弯头横口扳子仅在绑扎钢筋时纠正钢筋形状或位置使用，常用的是平头横口扳子。弯制直径较大的钢筋，可在扳子柄上接上套管，这样可以省力些。扳子的扳口一般比钢筋直径大2mm较为合适。所以，钢筋加工场最好配备各种扳口规格的扳子。

5. 扎丝钩

扎丝钩又叫钢筋钩或铅丝钩，是绑扎钢筋的主要工具。扎丝钩是用直径12～16mm、长160～200mm的光圆钢筋制成的。弯钩部分与手柄应成90°，以便于扭结丝扣，且操作时比较省力。为了在绑扎扎丝钩时旋转方便不致磨手，可在扎丝钩手柄上加一套管。有的为了利用扎丝钩扳弯直径小于6mm的钢筋，也可在末端加一小扳口。扎丝钩形状如图4-6所示。

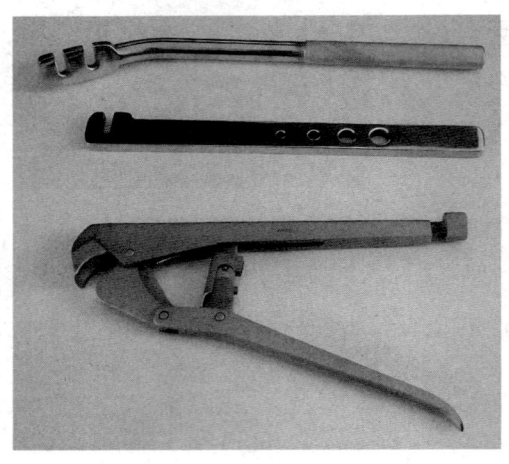
图4-5 钢筋扳子

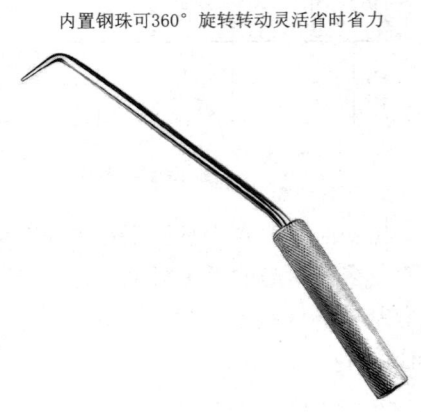
内置钢珠可360°旋转转动灵活省时省力

图4-6 扎丝钩

6. 小撬杠

小撬杠在绑扎安装钢筋网、架时，用以调整钢筋间距、矫正钢筋局部弯曲，以及垫保护层水泥砂浆垫块。

7. 绑扎支架

在钢筋加工场，为了便于钢筋骨架的绑扎，常采用直径20mm以下的短钢筋焊制成简单的支架（图4-7）。这种支架比较轻巧，操作方便。当绑扎平板钢筋网片时，如果一种型号的构件数量较多，可以利用木条制作绑扎模架。模架上按钢筋间距刻上凹槽。在进行绑扎时，只需将钢筋放入凹槽内即可，不但省去了画线步骤，而且钢筋位置准确，便于绑扎，可提高工效。

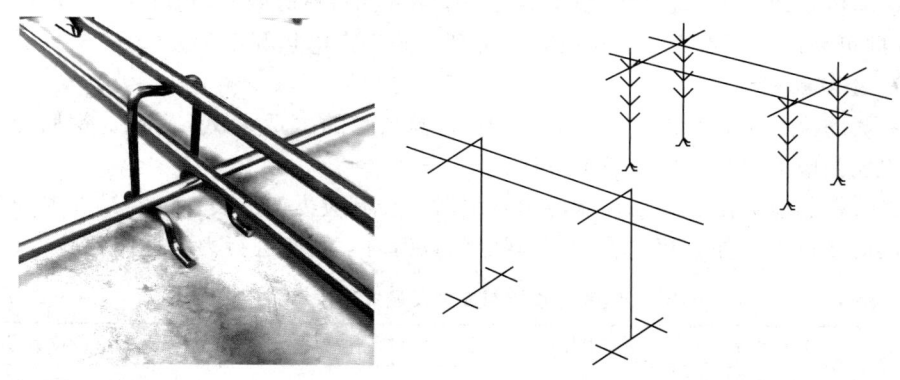

图 4-7 绑扎支架

4.1.3 钢筋冷加工工艺

将钢筋在常温下进行冷加工,如冷拉、冷拔或冷轧,使之产生塑性变形,从而提高屈服强度,这个过程称为冷加工强化处理。经强化处理后钢筋的塑性和韧性降低。由于塑性变形中产生内应力,故钢筋的弹性模量降低。

建筑工地或预制构件厂常利用该原理对钢筋或低碳钢盘条按一定制度进行冷拉或冷拔加工,以提高屈服强度,节约钢材。

4.1.3.1 钢筋冷拉

钢筋冷拉是在常温下,以超过钢筋屈服强度的拉应力拉伸钢筋,使钢筋产生塑性变形,以提高强度,节约钢材。冷拉时,钢筋被拉直,表面锈渣自动剥落,因此冷拉不但可以提高强度,而且还可以同时完成调直、除锈工作。冷拉 HPB235 级钢筋适用于钢筋混凝土结构的受拉钢筋,冷拉 HRB335 级、HRB400 级、RRB400 级钢筋可用作预应力混凝土结构的预应力钢筋。

1. 冷拉原理

如图 4-8 所示,曲线 a、b、c、d 为钢筋的拉伸特性曲线。冷拉时,拉应力超过屈服 b 点到达 c 点,然后卸荷。由于钢筋已产生塑性变形,卸荷过程中应力应变沿 cO_1 降至 O_1 点。如再立即重新拉伸,应力应变图将沿 $O_1c'd'e'$ 变化,并在高于 c' 点附近出现新的屈服点 d',这种现象称"变形硬化"。其原因是冷拉过程中,钢筋内部结晶面滑移,晶格变化,内部组织发生变化,因而屈服强度提高,塑性降低,弹性模量也降低。

钢筋冷拉后有内应力存在,内应力会促进钢筋内的晶体组织调整,经过调整,屈服点又进一步提高。该晶体组织调整过程称为"时效"。钢筋经冷拉和时效后的拉伸特性曲线即为 $O_1c'd'e'$。

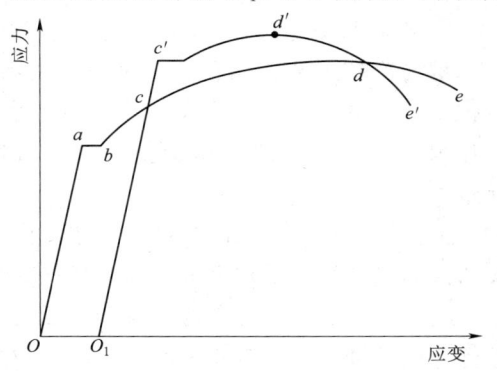

图 4-8 钢筋拉伸曲线

该晶体组织调整过程在常温下需15～20d（称自然时效），但在100℃温度下只需2h即可完成，因而为了加快时效，可利用蒸汽、电热等手段。

2. 冷拉控制方法

钢筋的冷拉应力和冷拉率是影响钢筋冷拉质量的主要参数。因此，钢筋冷拉控制可用控制应力或控制冷拉率的方法。

（1）控制应力法。采用控制应力方法时，控制应力值见表4-1。冷拉时应随时检查钢筋冷拉率，如果超过表4-1规定的数值时，则应进行力学性能试验。

表4-1　　　　　　　　钢筋冷拉控制应力及最大冷拉率

项次	钢筋级别	钢筋直径/mm	冷拉控制应力/(N/mm²)	最大冷拉率/%
1	HPB300	≤12	280	10.0
2	HRB335	≤25	450	5.5
		28～40	430	5.5
3	HRB400	8～40	500	5.0

冷拉多根钢筋时，冷拉率可按照总长计算，但冷拉后每根钢筋的冷拉率，应符合表4-1的规定。

（2）控制冷拉率法。采用控制冷拉率方法时，冷拉率控制值必须由试验确定。对同炉批钢筋测定的试件不宜少于4个，每个试件都按表4-2规定的冷拉应力值在万能试验机上测定相应的冷拉率，取其平均值作为该炉批钢筋的实际冷拉率。如钢筋平均冷拉率低于1%时，仍按1%进行冷拉。

表4-2　　　　　　　　测定冷拉率时钢筋的冷拉应力

项次	钢筋级别	钢筋直径/mm	冷拉应力/(N/mm²)
1	HPB300	≤12	310
2	HRB335	≤25	480
		28～40	460
3	HRB400	8～40	530

3. 冷拉设备

钢筋冷拉工艺有两种：一种是采用卷扬机带动滑轮组作为冷拉动力的机械式冷拉工艺，如图4-9所示；另一种是采用长行程（1500mm以上）的专用液压千斤顶和高压油泵的液压冷拉工艺。目前我国仍以前者为主，但后者更有发展前景。

机械式冷拉工艺的冷拉设备，主要由拉力设备、承力结构、回程装置、测量设备和钢筋夹具组成。拉力设备为卷扬机和滑轮组，多用3～5t的慢速卷扬机，通过滑轮组增大牵引力。设备的冷拉能力要大于所需的最大拉力，所需的最大拉力等于进行冷拉的最大直径钢筋截面积乘以冷拉控制应力，同时还要考虑滑轮与地面的摩擦阻力及回程装置的阻力。设备的冷拉能力按下式计算：

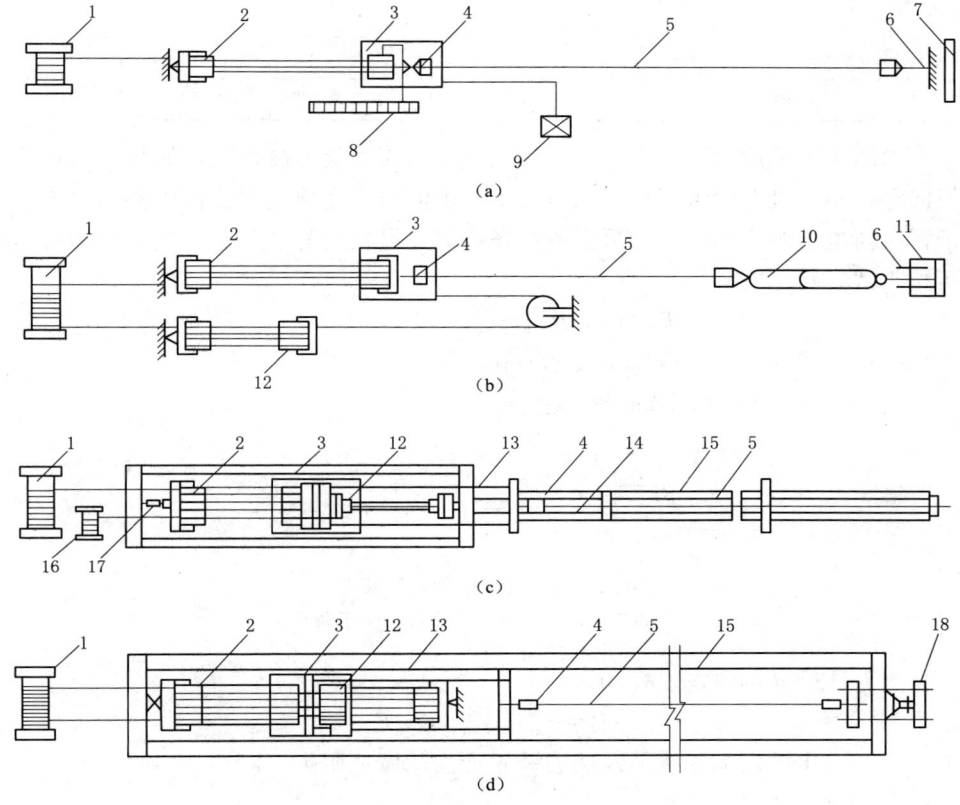

图 4-9 冷拉设备

1—卷扬机；2—滑轮组；3—冷拉小车；4—夹具；5—被冷拉的钢筋；6—地锚；
7—防护壁；8—标尺；9—回程荷重架；10—连接杆；11—弹簧测力器；
12—回程滑轮组；13—传力架；14—钢压柱；15—槽式台座；
16—回程卷扬机；17—电子秤；18—压千斤顶

$$Q = \frac{10S}{K'} - F$$

$$K' = \frac{f^{n-1}(f-1)}{f^n - 1}$$

式中 Q——设备冷拉能力，kN；

S——卷扬机吨位，t；

F——设备阻力，kN，包括冷拉小车与地面的摩擦力和回程装置的阻力等，可实测确定；

K'——滑轮组的省力系数，见表 4-3；

f——单个滑轮的阻力系数，对青铜轴套的滑轮，$f=1.04$；

n——滑轮组的工作线数。

表 4-3　　　　　　　　　滑轮组省力系数 K'

滑轮门数	3		4		5		6		7		8	
工作线数 n	6	7	8	9	10	11	12	13	14	15	16	17
省力系数 K'	0.184	0.160	0.142	0.129	0.119	0.110	0.103	0.096	0.091	0.097	0.082	0.080

承力结构可采用地锚，冷拉力大时宜采用钢筋混凝土冷拉槽，回程装置可用荷重架回程或卷扬机滑轮组回程。测力设备常用液压千斤顶或用装传感器和示力仪的电子秤。当电子秤或液压千斤顶设备在张拉端定滑轮处时（图 4-10），测力计负荷 P 可按下式计算：

$$P=(1-K')(\sigma_{con}A_s/1000-F')$$

式中　σ_{con}——钢筋冷拉控制应力，N/mm²；
　　　A_s——冷拉钢筋的截面积，mm²。

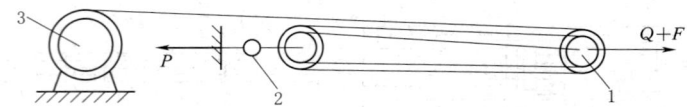

图 4-10　设备能力计算简图
1—滑轮组；2—电子秤传感器；3—卷扬机

当测力计设置在固定端时：

$$P=\sigma_{con}A_s/1000-F'$$

式中　F'——由固定端连接器及测力装置产生的摩擦阻力，kN。

4．钢筋冷拉参数

（1）冷拉力 N_{con}。计算冷拉力的作用：一是确定按控制应力冷拉时的油压表读数；二是作为选择卷扬机的依据。冷拉力的计算公式为

$$N_{con}=A_s \cdot \sigma_{con}$$

（2）冷拉伸长率 δ：

$$\delta=\frac{L_1-L}{L}\times100\%=\frac{\Delta L}{L}\times100\%$$

式中　L——钢筋在冷拉前的长度，m；
　　　L_1——当冷拉力达到最大值时钢筋在拉紧状态下的长度，m；
　　　ΔL——冷拉伸长值，m。

（3）钢筋弹性回缩率 δ_1：

$$\delta_1=\frac{L_1-L_2}{L_1}\times100\%$$

式中　L_2——钢筋冷拉结束并放松后测得的长度，m。

5．冷拉操作要点及注意事项

钢筋冷拉操作的主要工序有：钢筋上盘→放圈→切断→夹紧夹具→冷拉→观察控制值→停止冷拉→放松夹具→捆扎堆放→分批验收。

冷拉控制操作要点及注意事项如下：

（1）对钢筋的炉号、原材料进行质量检查，不同炉号的钢筋应分别进行冷拉，不得混合。

（2）钢筋冷拉前，应对测力器等进行检验和复核，并记录各项冷拉数据，以确保冷拉钢筋质量。

（3）先拉直钢筋（拉伸至10%冷拉控制应力），做好标记，量度其长度作为钢筋拉长值起点，然后再进行冷拉。

（4）冷拉钢筋时，冷拉速度不宜过快（一般以0.5~1m/min为宜），待拉到规定控制应力或冷拉率后，须静停1~2min，待钢筋变形充分发展后，再行放松钢筋，以免造成钢筋回缩值过大。

（5）钢筋在负温下进行冷拉时，其环境温度不得低于−20℃。当采用冷拉率控制法进行钢筋冷拉时，冷拉率的确定与常温条件相同，当采用应力控制法进行钢筋冷拉时，冷拉应力应较常温提高$30N/mm^2$。

（6）钢筋伸长的起点应以钢筋发生初应力时为准。若无仪表观测，可以从观测到钢筋表面的浮锈或氧化铁皮开始剥落时开始计算。

（7）钢筋时效处理可采取自然时效，冷拉后宜常温下（15~20℃）放置一段时间（7~14d）后使用。

（8）钢筋冷拉后，应避免雨淋、水湿，使得钢筋发生生锈、变脆。

6. 冷拉质量控制和要求

钢筋经过冷拉后，表面不得有裂纹或局部发生颈缩的现象，并按照规范要求进行拉力试验和冷弯试验。冷弯后，钢筋不得有裂纹、起层等现象。其质量应符合表4-4的要求。

表4-4 冷拉钢筋质量指标

钢筋级别	直径/mm	屈服强度/MPa	抗拉强度/MPa	伸长率/%	冷弯	
					弯曲角度/(°)	弯曲直径
HPB300	≤12	≥280	≥370	11	180	3d
HRB335	≤25	≥450	≥510	10	90	3d
	28~40	≥430	≥490	10	90	4d
HRB400	8~5	≥500	≥570	8	90	5d

4.1.3.2 钢筋冷拔

钢筋冷拔是将直径6~8mm的HPB300级光圆钢筋在常温下通过特制的钨合金拔丝模进行强力冷拔，多次拉拔成比原钢筋直径小的钢丝，使钢筋产生塑性变形。

冷拉是纯拉伸的线应力，而冷拔是拉伸和压缩兼有的立体应力。钢筋通过拔丝模（图4-11）时，受到拉伸与压缩兼有的作用，使钢筋内部晶格变形而产生塑性变形，因而抗拉强度提高（可提高50%~90%），塑性降低，呈硬钢性质。光圆钢筋经冷拔后称"冷拔低碳钢丝"。冷拔低碳钢丝分为甲、乙两级，甲级钢丝主要用作预应力混凝土构件的预应力筋，乙级钢丝用于焊接网片和焊接骨架、架立筋、箍筋和构造钢筋。

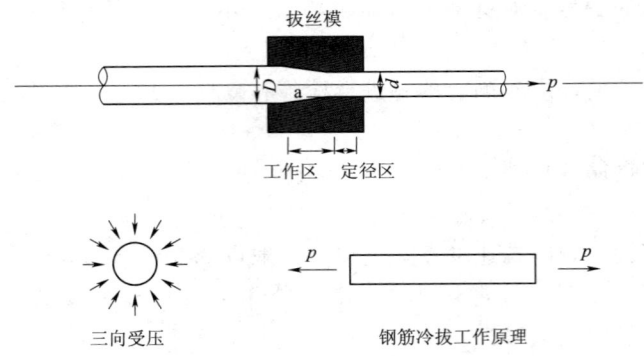

图 4-11 在拔丝模中冷拔的钢筋

1. 钢筋冷拔工艺

钢筋冷拔的工艺过程是：轧头→剥壳→通过润滑剂→进入拔丝模。如钢筋需连接，则应冷拔前用对焊连接。钢筋冷拔时，对钢号不明或无出厂证明书的钢筋应先取样试验。

钢筋表面常有一硬渣层，易损坏拔丝模，并使钢筋表面产生沟纹，因而冷拔前要进行剥除渣壳，方法是使钢筋通过 3～6 个上下排列的轮子以剥除渣壳。润滑剂常用石灰、动植物油、肥皂、白蜡和水按一定配比制成。

冷拔用的拔丝机有立式（图 4-12）和卧式两种。其鼓筒直径一般为 500mm。冷拔速度为 0.2～0.3m/s，速度过大易断丝。

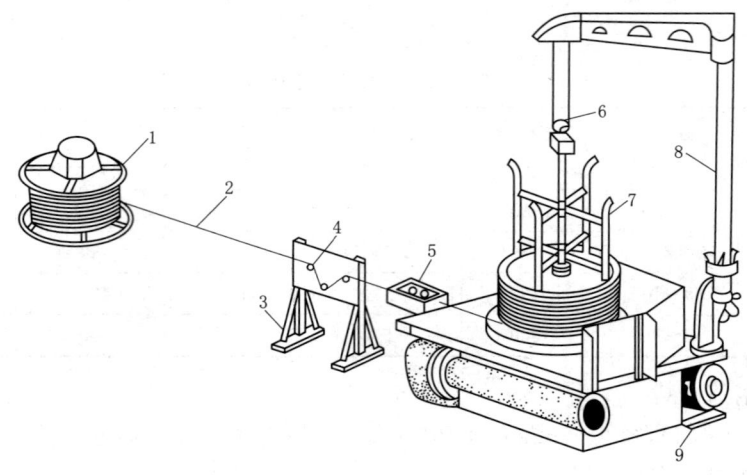

图 4-12 立式单鼓筒冷拔机
1—盘圆架；2—钢筋；3—剥壳装置；4—槽轮；5—拔丝模；
6—滑轮；7—绕丝筒；8—支架；9—电动机

2. 冷拔操作要点及注意事项

（1）钢筋冷拔前应对原材料进行必要的检验。

（2）钢筋冷拔前必须经过轧头和除锈处理。

(3) 为方便钢筋穿过拔丝模，钢筋头要轧细一段（150～250mm长），轧至直径比拔丝模孔小0.5～0.8mm，以便穿孔。

(4) 冷拔前，应对设备进行常规检查和空载运行一次。安装拔丝模时，应分清正反面，并拧紧固定螺栓。

(5) 抽拔时须涂润滑剂，以减少拔丝力和对模孔的磨损。

(6) 拔线速度控制在50～70m/min为宜。钢筋连拔不宜超过3次，如需再拔，应消除钢筋内应力，采用低温（600～800℃）退火处理让钢筋变软。加热后取出埋入砂中，使其缓慢冷却，冷却速度应控制在150℃/h以内。

(7) 应随时检查拔丝的成品有无砂孔、沟痕、夹皮等质量缺陷，以便随时更换拔丝模或调整冷拔速度。

3. 冷拔质量控制和要求

影响冷拔低碳钢丝质量的主要因素是原材料的质量和冷拔总压缩率。

为保证冷拔低碳钢丝的质量，要求原材料按钢厂、钢号、直径分别堆放和使用，其质量均应符合国家相应标准的规定。对主要用作预应力筋的甲级冷拔低碳钢丝，必须采用符合HPB300级钢筋标准的钢圆盘条进行拔制。

冷拔总压缩率 β 可按下式计算：

$$\beta = \frac{d_0^2 - d^2}{d_0^2} \times 100\%$$

式中 d_0——原材料钢筋直径，mm；

d——成品钢丝直径，mm。

总压缩率越大，则抗拉强度提高越多，而塑性降低也越多。总压缩率不宜过大，直径5mm的冷拔低碳钢丝宜用8mm的盘条拔制；直径4mm和4mm以下者，宜用5mm的圆盘条拔制。

冷拔低碳钢丝有时是经多次冷拔而成，不一定是一次冷拔就达到总压缩率。每次冷拔的压缩率不宜太大，否则拔丝机的功率大，拔丝模易损耗，且易断丝。一般前道钢丝和后道钢丝的直径之比以1.15:1为宜。如由 $\phi8$ 拔成 $\phi5$，冷拔过程为：$\phi8 \rightarrow \phi7 \rightarrow \phi6.3 \rightarrow \phi5.7 \rightarrow \phi5$。冷拔次数亦不应过多，否则易使钢丝变脆。

冷拔低碳钢丝验收时，需要逐盘进行外观检查，钢丝表面不得有裂纹和机械损伤。外观检查合格后还需要按照规范要求进行拉力试验和反复弯曲试验等机械性能检验。其质量指标应符合表4-5的规定。

表4-5　　　　　　　　　　冷拔低碳钢丝的机械性能

钢丝级别	直径/mm	抗拉强度/MPa		伸长率/%	反复弯曲（180°）次数
		Ⅰ	Ⅱ		
甲级	5	≥650	≥600	≥3	≥4
	4	≥700	≥650	≥2.5	
乙级	3～5	≥550		≥2	≥4

4.1.4 调直

弯曲不直的钢筋在混凝土中不能与混凝土共同工作而导致混凝土出现裂缝，以至于产生不应有的破坏。如果用未经调直的钢筋来断料，断料钢筋的长度不可能准确，从而会影响到钢筋成形、绑扎安装等一系列工序的准确性。因此，钢筋调直是钢筋加工和不可缺少的工序。

钢筋调直有手工调直和机械调直两种。细钢筋可以采用捶直或扳直的方法，粗钢筋可采用调直机调直。钢筋的调直还可采用冷拉方法，当采用机械设备调直时，调直设备不应具有延伸功能。当采用冷拉方法调直时，HPB300级光圆钢筋的冷拉率不宜大于4%；HRB335级、HRB400级、HRB500级、HRBF335级、HRBF400级、HRBF500级及RRB400级带肋钢筋的冷拉率不宜大于1%。钢筋调直过程中不应损伤带肋钢筋的横肋。调直后的钢筋应平直，不应有局部弯折。

手工平直这种较为传统的方法目前已运用不多，下面主要介绍机械调直的一般操作方法。

机械平直是通过钢筋调直机（一般也有切断钢筋的功能，因此通称钢筋调直切断机）实现的，这类设备适用于处理冷拔低碳钢丝和直径不大于14mm的细钢筋。

粗钢筋也可以应用机械平直。由于没有国家定型设备，故对于工作量很大的单位，可自制平直机械，一般制成机械锤形式，用平直锤锤压弯折部位。粗钢筋也可以利用卷扬机结合冷拉工序进行平直。根据GB 50204—2015中第5.2.4条规定："弯折钢筋不得调直后作为受力钢筋使用"，因此粗钢筋应注意在运输、加工、安装过程中的保护，弯折后经调直的粗钢筋只能作为非受力钢筋使用。

细钢筋用的钢筋调直机有多种型号，按所能调直切断的钢筋直径区分，常用的钢筋调直机有三种，其型号分别为：GT1.6/4、GT3/8、GT6/12。另有一种可调直直径更大的钢筋，型号为GT10/16（型号标志中斜线两侧数字表示所能调直切断的钢筋直径大小上下限。一般称直径不大于14mm的钢筋为"细钢筋"）。

4.1.4.1 调直机的主要技术性能

调直机的主要技术性能见表4-6。

表4-6　　　　　　　　调直机的主要技术性能

性能	型号		
名称	GT1.6/4	GT3/8	GT6/12
调直切断钢筋直径/mm	1.6~4	3~8	6~12
钢筋抗拉强度/(N/mm²)	650	650	650
切断长度/mm	300~3000	300~6500	300~6500
牵引速率/(m/min)	40	40、65	36、54、72
调直筒转速/(r/min)	2900	2900	2800

续表

性　能		型　号		
电动机功率/kW	调直	3	7.5	7.5
	牵引	1.5		4
	切断		0.75	1.1
外形尺寸/mm	长	3410	1854	170
	宽	730	741	535
	高	1375	1400	1457
整机质量/kg		1000	1280	1263

工地上常用的钢筋调直机一般是GT3/8型,它的外形如图4-13所示。

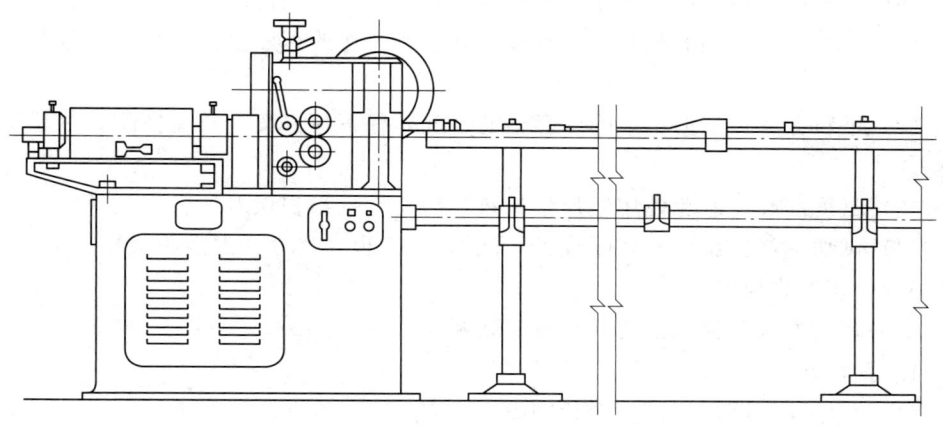

图4-13　GT3/8型钢筋调直机

4.1.4.2　钢筋调直机的操作要点

（1）检查。每天工作前要先检查电气系统及其元件有无毛病,各种连接零件是否牢固可靠,各传动部分是否灵活,确认正常后方可进行试运转。

（2）试运转。首先从空载开始,确认运转可靠之后才可以进料、试验调直和切断。要将盘条的端头锤打平直,然后再将它从导向套推进机器内。

（3）试断筋。为保证断料长度合适,应在机器开动后试断三四根钢筋作检查,以便出现偏差能得到及时纠正（调整限位开关或定尺板）。

（4）安全要求。盘圆钢筋放入放圈架上要平稳,如有乱丝或钢筋脱架时,必须停车处理。操作人员不能离机械过远,以防发生故障时不能立即停车造成事故。

（5）安装承料架。承料架槽中心线应对准导向套、调直筒和剪切孔槽中心线,并保持平直。

（6）安装切刀。安装滑动刀台上的固定切刀,保证其位置正确。

（7）安装导向管。在导向套前部,安装一根长度约为1m的导向钢管,需调直的钢筋应先穿入该钢管,然后穿过导向套和调直筒,以防止每盘钢筋接近调直完毕时其端头弹出伤人。

4.1.5 切断

钢筋经调直、除锈完成后，即可按下料长度进行切断。钢筋应按下料长度下料，力求准确，允许偏差应符合有关规定。钢筋下料切断可用钢筋切断机（切断直径 40mm 以下的钢筋）及手动液压切断器（切断直径 16mm 以下的钢筋）。钢筋切断前，应有计划，根据工地的材料情况确定下料方案，确保钢筋的品种、规格、尺寸、外形符合设计要求。切断时，将同规格钢筋根据不同长度长短搭配、统筹排料；一般应先断长料，后断短料，减少短头，长料长用，短料短用，使下脚料的长度最短。切剩的短料可作为电焊接头的帮条或其他辅助短钢筋使用，力求减少钢筋的损耗。

4.1.5.1 切断前的准备工作

钢筋切断前应做好以下准备工作，以求获得最佳的经济效果。

（1）复核：根据钢筋配料单，复核料牌上所标注的钢筋直径、尺寸、根数是否正确。

（2）下料方案：根据工地的库存钢筋情况做好下料方案，长短搭配，尽量减少损耗。

（3）量度准确：避免使用短尺量长料，防止产生累积误差。

（4）试切钢筋：调试好切断设备，试切 1~2 根，尺寸无误后再成批加工。

4.1.5.2 切断方法

钢筋切断方法分为人工切断与机械切断。

1. 手工切断

(1) 断钢丝可用断线钳，形状如图 4-14 所示。

(2) 切断直径为 16mm 以下的 HPB235 级钢筋可用图 4-15 所示的手压切断器。这种切断器一般可自制，由固定刀口、活动刀及边夹板、把柄、底座等组成。

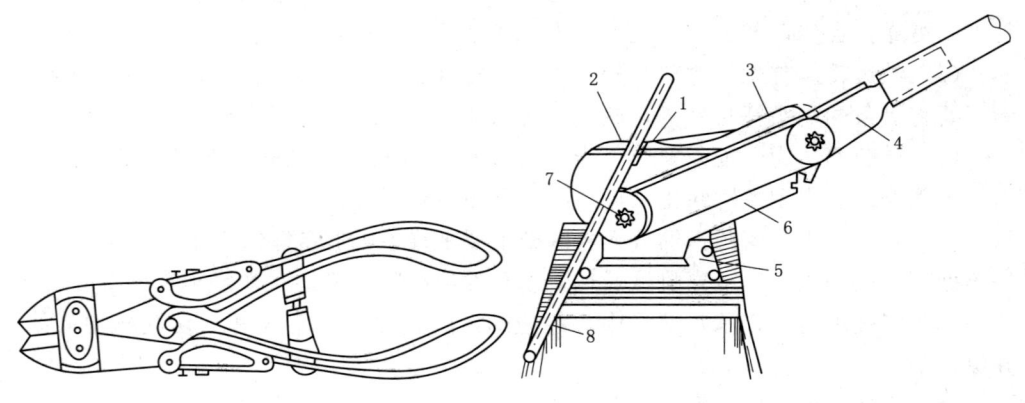

图 4-14 断线钳　　图 4-15 手压切断器
1—固定刀口；2—活动刀口；3—边夹板；4—把柄；
5—底座；6—固定板；7—轴；8—钢筋

（3）切断直径不超过 16mm 的钢筋，可以应用 SYJ-16 型手动液压切断器（图 4-16）。

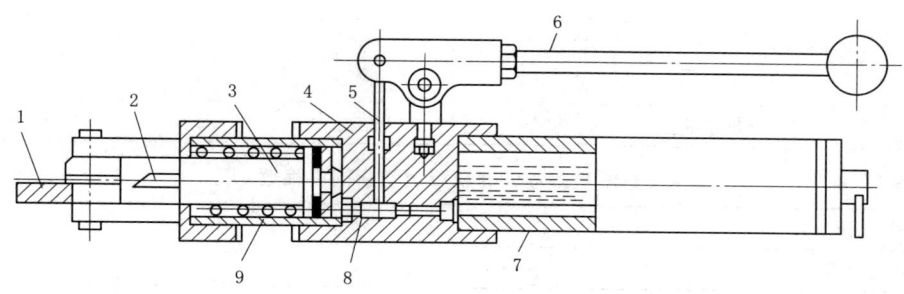

图 4-16 SYJ-16 型手动液压切断器
1—滑轨；2—刀片；3—活塞；4—缸体；5—柱塞；6—压杆；7—贮油筒；8—吸油阀；9—回位弹簧

（4）一般工地上也常用称为剁子的切断器，如图 4-17 所示，使用剁子切断器时，将下剁插在铁砧的孔里，钢筋放在下剁槽内，上剁边紧贴下剁边，用锤打击上翅使钢筋切断。

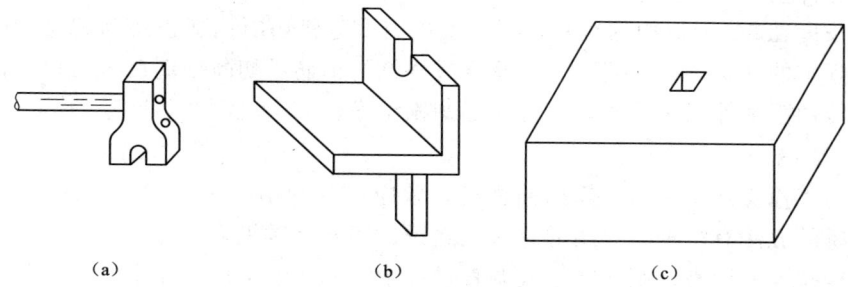

图 4-17 剁子切断器
(a) 上剁；(b) 下剁；(c) 铁砧

2. 机械切断

常用的钢筋切断机械型号有 GQ40，其他型号还有 GQ12、GQ20、GQ35、GQ25、GQ32、GQ50、GQ65，型号的数字表示可切断钢筋的最大公称直径。

（1）常用钢筋切断机的主要技术性能见表 4-7。GQ40 型钢筋切断机每次切断钢筋根数见表 4-8。

表 4-7　　常用钢筋切断机的主要技术性能

性能	型号		
名称	GQ40	GQ40A	GQ40L
可切断钢筋直径/mm	6～40	6～40	6～40
切断次数/(次/min)	40	40	38
电动机功率/kW	3	3	3

续表

性　能	型　号			
外形尺寸/mm	长	1150	1395	685
	宽	430	556	575
	高	750	780	984
整机重量/kg		600	720	650

表 4-8　　　　　GQ40型钢筋切断机每次切断钢筋根数

钢筋直径/mm	5.5～8	9～12	13～16	18～20	20以上
可切断根数	12～8	6～4	3	2	1

（2）钢筋切断注意事项。

1）检查。使用前应检查刀片安装是否牢固，润滑油是否充足，并应在开机空转正常以后再进行操作。

2）切断。钢筋应调直以后再切断，钢筋与刀口应垂直。

3）安全。断料时应握紧钢筋，待活动刀片后退时及时将钢筋送进刀口，不要在活动刀片已开始向前推进时，向刀口送料，以免断料不准，甚至发生机械及人身事故；长度在30cm以内的短料，不能直接用手送料切断；禁止切断超过切断机技术性能规定的钢材，以及超过刀片硬度或烧红的钢筋；切断钢筋后，刀口处的屑渣不能直接用手清除或用嘴吹，而应用毛刷刷干净。

4.1.6　除锈

除锈工作应在调直后、弯曲前进行，并应尽量利用冷拉和调直工序进行除锈。钢筋除锈的方法有多种，常用的有人工除锈、钢筋除锈机除锈和酸洗法除锈。如钢筋经过冷拉或经调直，则在冷拉或调直过程中完成除锈工作；如未经冷拉的钢筋或冷拉、调直后保管不善而锈蚀的钢筋，可采用电动除锈机除锈，还可采用喷砂除锈、酸洗法除锈或用钢丝刷、砂盘人工除锈。

4.1.6.1　人工除锈

人工除锈的常用方法一般是用钢丝刷、砂盘、麻袋布等轻擦或将钢筋在砂堆上来回拉动除锈。砂盘除锈如图4-18所示。

4.1.6.2　机械除锈

机械除锈有除锈机除锈和喷砂法除锈两种。

（1）除锈机除锈。对直径较细的盘条钢筋，通过冷拉和调直过程自动去锈；粗钢筋采用圆盘钢丝刷除锈机除锈。

钢筋除锈机有固定式和移动式两种，一般由钢筋加工单位自制，是由电动机带动圆盘钢丝刷高速旋转，来清刷钢筋上的铁锈。

固定式钢筋除锈机一般安装一个圆盘钢丝刷（图4-19）。为提高效率，也可将两台除锈机组合，

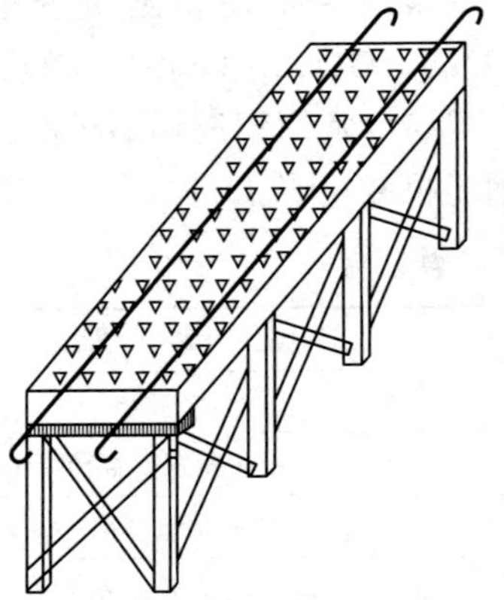

图4-18　砂盘除锈示意图

如图 4-20 所示。

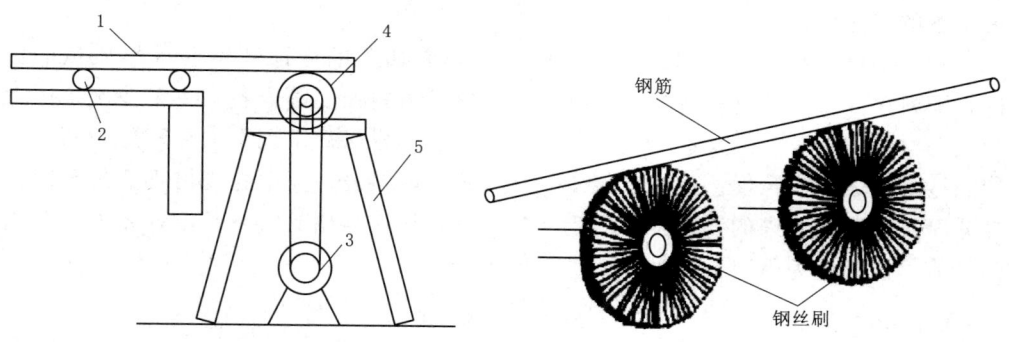

图 4-19 固定式钢筋除锈机
1—钢筋；2—滚道；3—电动机；
4—钢丝刷；5—机架

图 4-20 组合后的除锈机

(2) 喷砂法除锈。主要是用空压机、储砂罐、喷砂管、喷头等设备，利用空压机产生的强大气流形成高压砂流除锈，适用于大量除锈工作，除锈效果好。

(3) 酸洗法除锈。除机械除锈外，当钢筋需要进行冷拔加工时，可用酸洗法除锈。酸洗除锈是将盘圆钢筋放入硫酸或盐酸溶液中，经化学反应除去铁锈；但在酸洗除锈前，通常先进行机械除锈，这样可以缩短 50% 酸洗时间，节约 80% 以上的酸液。酸洗法除锈工序和技术参数见表 4-9。

表 4-9　　　　　　　　酸洗法除锈工序和技术参数

工序名称	时间/min	设备及技术参数
机械除锈	5	倒盘机 ϕ6 台班产量 5~6t
酸洗	20	(1) 硫酸液浓度：循环酸洗法 15% 左右； (2) 酸洗温度：50~70℃ 用蒸汽加热
清洗及上水锈	30	压力水冲洗 3~5min，清水淋洗 20~25min
沾石灰肥皂浆	5	(1) 石灰肥皂浆配制：石灰水 100kg，动物油 15~20kg，肥皂粉 3~4kg，水 350~400kg； (2) 石灰肥皂浆温度，用蒸汽加热
干燥	120~240	阳光自然干燥

在除锈过程中，发现钢筋表面的氧化铁皮鳞落现象严重并损伤钢筋截面，或在除锈后钢筋表面有严重的麻坑、斑点伤蚀截面时，应降级使用或剔除不用。

4.1.7 弯曲

弯曲分为人工弯曲和机械弯曲两种。钢筋弯曲成形后允许偏差应符合现行国家标准《混凝土结构工程施工质量验收规范》(GB 50204—2015) 的规定。

钢筋弯曲成形的顺序是：准备工作→画线→样件→弯曲成形。

4.1.7.1 准备工作

钢筋弯曲成什么样的形状，各部分的尺寸是多少，主要依据钢筋配料单，这是最基本的操作依据。

(1) 钢筋配料单的编制。钢筋配料单是钢筋加工的凭证和钢筋成形质量的保证，配料单内可包括钢筋规格、式样、根数以及下料长度等内容，主要按施工图上的钢筋材料表抄写，但是应特别注意：下料长度一栏必须由配料人员算好填写，不能照抄材料表上的长度。例如，表4-10为钢筋配料表，表中各规格钢筋的长度是各分段长度累加起来的，配料单中钢筋长度则是操作需用的实际长度，要考虑弯曲调整值，计算成为下料长度。

表 4-10　　　　　　　　　钢 筋 配 料 单

序号	式样	规格	下料长度/mm	根数	总下料长度/m	重量/kg
1	——— 2980 ———	φ18	2980	4	11.92	23.8
2	600 / 2400	φ16	3170	5	15.85	25.0
3	500 / 1200 / 4000 / 820 / 580 / 1200 / 500	φ20	8940	3	26.82	66.2

(2) 料牌。用木板或纤维板制成，将每一编号钢筋的有关资料即工程名称、图号、钢筋编号、根数、规格、式样以及下料长度等注写于料牌的两面，以便随着工艺流程一道工序一道工序地传送，最后将加工好的钢筋系上料牌。

4.1.7.2 画线

钢筋弯曲前，对形状复杂的钢筋（如弯起钢筋），根据钢筋料牌上标明的尺寸，在各弯曲点位置画线。在弯曲成形之前，除应熟悉待加工钢筋的规格、形状和各部尺寸，确定弯曲操作步骤及准备工具等之外，还需将钢筋的各段长度尺寸画在钢筋上。精确画线的方法是，大批量加工时，应根据钢筋的弯曲类型、弯曲角度、弯曲半径、扳距等因素，分别计算各段尺寸，再根据各段尺寸分段画线。这种画线方法比较烦琐。现场小批量的钢筋加工，常采用简便的画线方法，即：在画钢筋的分段尺寸时，将不同角度的弯折量度差在弯曲操作方向相反的一侧长度内扣除，画上分段尺寸线，这条线称为弯曲点线。根据弯曲点线并按规定方向弯曲后得到的成形钢筋，基本与设计图要求的尺寸相符。现以梁中一根直径为18mm的弯起钢筋为例，说明弯曲点线的画线方法，如图4-21所示。

第一步，在钢筋的中心线上画第一道线。

第二步，取中段（3400mm）的1/2减去$0.25d_0$，即在$1700-4.5=1695$(mm)处画第二道线。

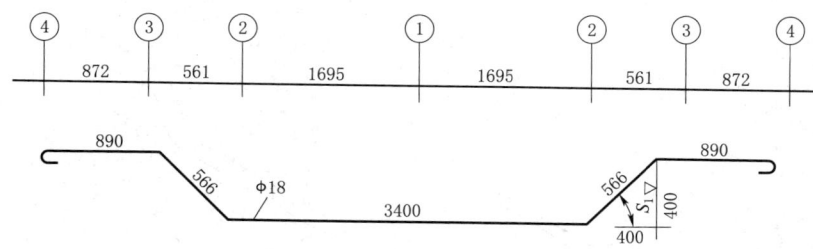

图 4-21 弯起钢筋计算例图（单位：mm）

第三步，取斜段（566mm）减去 $0.25d_0$，即在 $566-4.52=561$（mm）处画第三道线。

第四步，取直段（890mm）减去 d_0，即在 $890-18=872$（mm）处画第四道线。

以上各线段即钢筋的弯曲点线，第一根钢筋成形后应与设计尺寸校对一遍，完全符合后再成批生产。弯曲角度须在工作台上放出大样。需说明的一点是，画线时所减去的值应根据钢筋直径和弯折角度具体确定，此处所取值仅为便于说明。

弯制形状比较简单或同一形状根数较多的钢筋，可以不画线，而在工作台上按各段尺寸要求，固定若干标志，按标准操作。此法工效较高。

4.1.7.3　样件

弯曲钢筋画线后，即可试弯一根，以检查画线的结果是否符合设计要求。如不符合，应对弯曲顺序、画线、弯曲标志、扳距等进行调整，待调整合格后方可成批弯制。

4.1.7.4　弯曲成形

1. 手工弯曲成形

（1）工具和设备。

1）工作台。钢筋弯曲应在工作台上进行。工作台的宽度通常为 800mm，长度视钢筋种类而定，弯细钢筋时一般为 4000mm，弯粗钢筋时可为 8000mm，台高一般为 900~1000mm。

2）手摇扳。手摇扳的外形如图 4-22 所示。它由钢板底盘、扳柱、扳手组成，用来弯制直径在 12mm 以下的钢筋。操作前应将底盘固定在工作台上，其底盘表面应与工作台面平直。图 4-22（a）所示是弯单根钢筋的手摇扳，图 4-22（b）所示是可以同时弯制多根钢筋的手摇扳。

3）卡盘。卡盘是用来弯制粗钢筋的，它由钢板底盘和扳柱组成。扳柱焊在底盘上，底盘需固定在工作台上。图 4-23（a）所示为四扳柱的卡盘，扳柱水平净距约为 100mm，垂直方向净距约为 34mm，可弯曲直径为 32mm 钢筋。图 4-23（b）所示为三扳柱的卡盘，扳柱的两斜边净距为 100mm 左右，底边净距约为 80mm。这种卡盘不需配钢套，扳柱的直径视所弯钢筋的粗细而定。一般直径为 20~25mm 的钢筋，可用厚 12mm 的钢板制作卡盘底板。

4）钢筋扳子。钢筋扳子是弯制钢筋的工具，它主要与卡盘配合使用，分为横

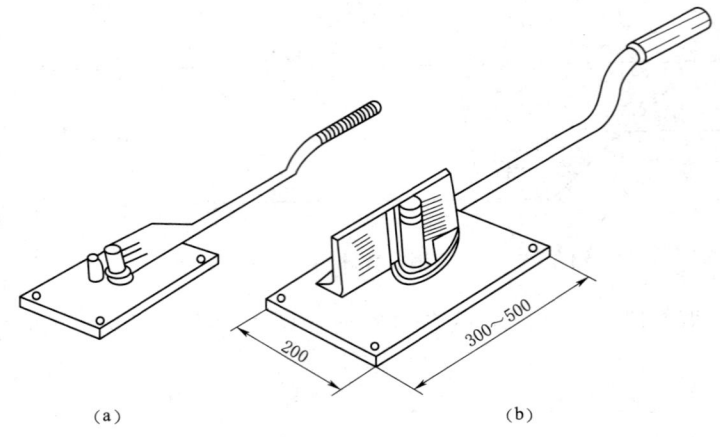

图 4-22 手摇扳（单位：mm）

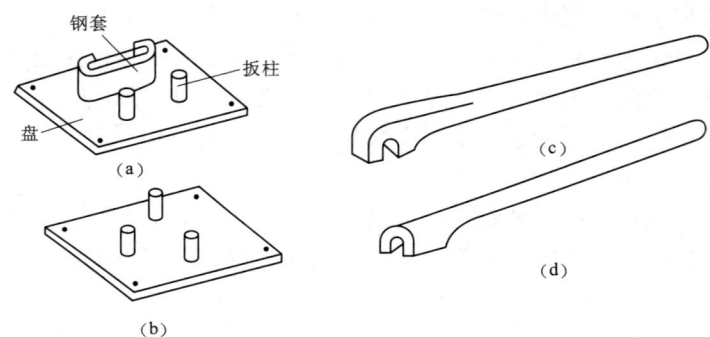

图 4-23 卡盘与钢筋扳子
(a) 四扳柱的卡盘；(b) 三扳柱的卡盘；(c) 横口扳子；(d) 顺口扳子

口扳子和顺口扳子两种，如图 4-23（c）、(d) 所示。横口扳子又有平头和弯头之分，弯头横口扳子仅在绑扎钢筋时作为纠正钢筋位置用。

钢筋扳子的扳口尺寸比弯制的钢筋直径大 2mm 较为合适。

弯曲钢筋时，应配有各种规格的扳子。

(2) 手工弯曲操作要点。

1) 弯制钢筋时，扳子一定要托平，不能上下摆，以免弯出的钢筋产生翘曲。

2) 操作电动机注意放正弯曲点，搭好扳手，注意扳距，以保证弯制后的钢筋形状、尺寸准确。起弯时用力要慢，防止扳手脱落。结束时要平稳，掌握好弯曲位置，防止弯过头或弯不到位。

3) 不允许在高空或脚手板上弯制粗钢筋，避免因弯制钢筋脱扳而造成坠落事故。

4) 在弯曲配筋密集的构件钢筋时，要严格控制钢筋各段尺寸及起弯角度，每种编号钢筋应试弯一个，安装合适后再成批生产。

2. 机械弯曲成型

（1）常用的钢筋弯曲机。常用的钢筋弯曲机可弯曲钢筋最大公称直径为 40mm，型号用 GW40 表示。其他型号还有 GW12、GW20、GW25、GW32、GW50、GW65 等，型号的数字表示可弯曲钢筋的最大公称直径。

常用钢筋弯曲机的主要技术性能见表 4-11。

表 4-11　　　　　　　　常用钢筋弯曲机的主要技术性能

性能名称		型号		
		GW40	GW40A	GW50
可弯曲钢筋直径/mm		6~40	6~40	25~50
弯曲速度/(r/min)		5	9	2.5
电动机功率/kW		350	350	320
外形尺寸/mm	长	870	1050	1450
	宽	760	760	800
	高	710	828	760
整机重量/kg		400	450	580

各种钢筋弯曲机可弯曲钢筋直径是按抗拉强度为 $450N/mm^2$ 的钢筋取值的，对于级别较高、直径较大的钢筋，如果用 GW40 型钢筋弯曲机不能胜任，就可采用 GW50 型来弯曲。

最普遍通用的 GW40 型钢筋弯曲机的俯视图如图 4-24 所示。

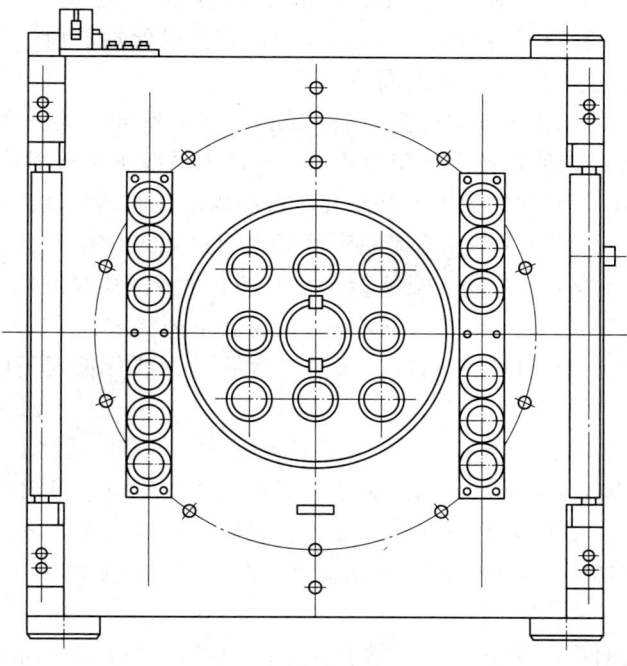

图 4-24　机械弯曲机俯视图

更换传动轮,可使工作盘得到三种转速,弯曲直径较大的钢筋必须使转速放慢,以免损坏设备。在不同转速的情况下,一次最多能弯曲的钢筋根数按其直径的大小应按弯曲机的说明书执行。钢筋弯曲机的操作过程如图 4-25 所示。

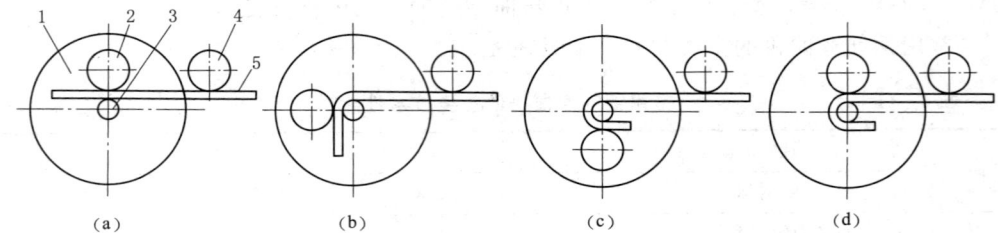

图 4-25　钢筋弯曲机的操作过程
1—工作盘;2—成形轴;3—心轴;4—挡铁轴;5—钢筋

(2) 钢筋弯曲机操作要点。

1) 对操作人员进行岗前培训和岗位教育,严格执行操作规程。

2) 操作前要对机械各部件进行全面检查以及试运转,并查点齿轮、轴套等设备是否齐全。

3) 要熟悉倒顺开关的使用方法以及所控制的工作盘旋转方向,使钢筋的放置与成形轴、挡铁轴的位置相应配合。

4) 使用钢筋弯曲机时,应先做试弯,以摸索规律。

5) 钢筋在弯曲机上进行弯曲时,其形成的圆弧弯曲直径是借助于心轴直径实现的,因此要根据钢筋粗细和所要求的圆弧弯曲直径大小随时更换轴套。

6) 为了适应钢筋直径和心轴直径的变化,应在成形轴上加一个偏心套,以调节心轴、钢筋和成形轴三者之间的间隙。

7) 严禁在机械运转过程中更换心轴、成形轴、挡铁轴,或进行清扫、注油。

8) 弯曲较长的钢筋应有专人帮助扶持,帮助人员应听从指挥,不得任意推送。

(3) 成品管理。对钢筋加工工序而言,弯曲成形后的钢筋就算是"成品"。

1) 成品质量。弯曲成型后的钢筋质量必须通过加工操作人员自检,进入成品仓库的钢筋要由专职质量检查人员复检合格。钢筋弯折的质量按照《混凝土结构工程施工规范》(GB 50666—2011) 的规定,应符合下列要求:

a. 光圆钢筋末端作 180°弯钩时,弯钩的弯后平直部分长度不应小于钢筋直径的 3 倍。

b. 光圆钢筋的弯弧内直径不应小于钢筋直径的 2.5 倍。

c. 335MPa 级、400MPa 级带肋钢筋的弯弧内直径不应小于钢筋直径的 5 倍。

d. 直径为 28mm 以下的 500MPa 级带肋钢筋的弯弧内直径不应小于钢筋直径的 6 倍;直径为 28mm 及以上的 500MPa 级带肋钢筋的弯弧内直径不应小于钢筋直径的 7 倍。

e. 框架结构的顶层端节点,对梁上部纵向钢筋、柱外侧纵向钢筋在节点角部弯折处,当钢筋直径为 28mm 以下时,弯弧内直径不宜小于钢筋直径的 12 倍;钢筋直径为 28mm 及以上时，弯弧内直径不宜小于钢筋直径的 16 倍。

2）管理要点。

a. 弯曲成型后的钢筋必须轻抬轻放，避免产生变形；经过验收检查合格后，成品应按编号拴上料牌，并应特别注意勿遗漏缩尺钢筋的料牌。

b. 清点某一编号钢筋成品无误后，在指定的堆放地点，要按编号分隔整齐堆放，并标识所属工程名称。

c. 钢筋成品应堆放在库房里，库房应防雨防水，地面保持干燥，并做好支垫。

d. 与安装班组联系好，按工程名称、部位及钢筋编号、需用顺序堆放，防止先用的被压在下面，使用时因翻垛而造成钢筋变形。

第3篇

钢 筋 连 接 技 术

5 学习活页——钢筋连接技术

【课程信息】

1. 基本信息

学生姓名		课程地点		课程时间	
指导教师		哪些同学对我起到帮助？	1.	2.	3.
课程项目	学习钢筋连接方法				

2. 学习目标

知识目标	（1）掌握钢筋焊接方法、钢筋机械连接方法和钢筋绑扎方法； （2）掌握钢筋连接质量控制要点
能力目标	能操作简单焊接设备
素质与思政目标	（1）养成学习积累习惯和不断进取、严谨求实的工作态度； （2）能够进行有效的沟通和交流，具备团队合作意识； （3）培养学生工程质量意识，坚守职业道德，增强学生的使命感、责任感和爱国主义情怀

【项目背景】

某项目进场钢筋需要搭接焊连接，监理认为该批钢筋接头没有同心同轴，经过检验发现，经过抗拉试验后，检验批次不合格，有的试件焊接强度低于屈服点，有的试件断于热影响区且脆断。对搭接焊处的钢筋重新进行了加工，并重新绑扎钢筋笼架。

学习活页——钢筋连接技术

【课前活动】
讨论：浏览网络在线精品课，思考钢筋连接的方法都有哪些？

_____
_____
_____
_____

【必备知识】

1. 有关概念、术语

术语名称	概　　念	考核结果
钢筋电渣压力焊	将两钢筋安装成竖向对接形式，利用焊接电流通过两钢筋端部面间隙，在焊剂层下形成电弧过程和电渣过程，产生电弧热和电阻热，融化钢筋，加压完成的一种压焊方法。词条来源于《水工混凝土钢筋施工规范》（DL/T 5169—2013）	
钢筋闪光对焊	将两钢筋以对接形式安装在对焊机上，利用电阻热使接触点金属熔化，产生强烈闪光和飞溅，迅速施加顶锻力完成的一种压焊方法。词条来源于《水工混凝土钢筋施工规范》（DL/T 5169—2013）	
套筒挤压连接接头	通过挤压力使连接件钢套筒塑性变形与带肋钢筋紧密咬合形成的接头。词条来源于《水工混凝土钢筋施工规范》（DL/T 5169—2013）	
锥螺纹连接接头	通过钢筋端头特质的锥形螺纹和连接件锥形螺纹咬合形成的接头。词条来源于《水工混凝土钢筋施工规范》（DL/T 5169—2013）	
镦粗直螺纹连接接头	通过钢筋端头镦粗后制作的直螺纹和连接件咬合形成的接头。词条来源于《水工混凝土钢筋施工规范》（DL/T 5169—2013）	
滚压直螺纹连接接头	通过钢筋端头直接滚轧或剥肋后滚轧制作的直螺纹和连接件螺纹咬合形成的接头。词条来源于《水工混凝土钢筋施工规范》（DL/T 5169—2013）	

2. 使用规范

序号	规　范　名　称	对规范熟悉情况	考核结果
1	《水工混凝土施工规范》（SL 677—2014）	1. 是/否准备好规范 手机/纸质 2. 是/否提前预习规范 能准确说出，还是能大致说出	
2	《水工混凝土钢筋施工规范》（DL/T 5169—2013）		

【课程实施】

钢 筋 加 工 技 术

教学阶段	教 学 流 程	学习成果	教师核查	能力指标
(一) 课前 准备	1. 观看教学录像。谈一下哪些连接方法能够在现场构件上连接钢筋,哪些需要在钢筋工厂进行连接?			E2
阶段性 小结	列举三相四线制草图: 列举单项零火地线草图: 列举开关形式:			E2
(二) 课中 实施	2. 钢筋连接的原则:钢筋接头宜设置在受力较小处,同一根钢筋不宜设置2个以上接头,同一构件中的纵向受力钢筋接头宜相互错开。 (1) 直径大于12mm以上的钢筋,应优先采用焊接接头或机械连接接头; (2) 轴心受拉和小偏心受拉构件的纵向受力钢筋;直径 $d>28mm$ 的受拉钢筋、直径 $d>32mm$ 的受压钢筋不得采用绑扎搭接接头; (3) 直接承受动力荷载的构件,纵向受力钢筋不得采用绑扎搭接接头; 钢筋连接采用焊接接头,可节约钢材、改善结构受力性能、提高工效、降低成本。常用的焊接方法可分为压焊(闪光对焊、电阻点焊、气压焊)和熔焊(电弧焊、电渣压力焊)			C1

5.1 钢筋加工及连接教学录像

5.2 闪光对焊动画

续表

教学阶段	教学流程	学习成果	教师核查	能力指标
（二）课中实施	3. 观看电渣压力焊视频 合格的电渣压力焊接头　　不合格的电渣压力焊接头 规范的操作是质量合格的保障，是对生命的尊重，是人们追求物质但不迷失自我的准绳			D1  5.3 电渣压力焊视频
	4. 电弧焊 接头形式：主要有帮条焊、搭接焊、坡口焊、窄间隙焊和熔槽帮条焊等5种形式。 帮条焊宜采用双面焊，不能双面焊时方可单面焊。帮条焊时，两主筋端面的间隙为2～5mm。正式施焊前，帮条焊应在帮条和主筋之间用四点定位焊固定，施焊时，引弧应在帮条钢筋的一端开始，收弧时应在帮条钢筋端头上 帮条焊接头形式			C1

续表

教学阶段	教学流程	学习成果	教师核查	能力指标
（二）课中实施	5. 焊缝长度要求 帮条牌号与主筋相同时，帮条直径可与主筋相同或小一个规格；当帮条直径与主筋相同时，帮条牌号可与主筋相同或低一个牌号。帮条长度Ⅰ：被焊钢筋为Ⅰ级钢时，单面焊不小于8d，双面焊不小于4d；被焊钢筋为Ⅱ级、Ⅲ级钢时，单面焊不小于10d，双面焊不小于5d（d为主筋直径）。 搭接焊与帮条焊接焊缝长度要求一致。 **钢筋帮条长度** 	钢筋牌号	焊缝形式	帮条长度t
---	---	---
HPB300	单面焊	≥8d
	双面焊	≥4d
HRB335、HRBF335、HRB400、HRBF400、HRB500、HRBF500、RRB400W	单面焊	≥10d
	双面焊	≥5d | 注：d为主筋直径（mm）。			C1
	6. 焊接接头检验要求查阅规范《钢筋焊接及验收规程》（JGJ 18—2012）			D1
	7. 钢筋机械连接分类 机械连接的分类： — 墩粗直螺纹接头 — 滚轧直螺纹接头 　　— 直接滚轧 　　— 剥肋滚轧 — 带肋钢筋套筒冷挤压接头			C1

续表

教学阶段	教 学 流 程	学习成果	教师核查	能力指标
（二）课中实施	套筒挤压连接： 已挤压的钢筋　钢套筒　未挤压的钢筋			C1
	锥螺纹套筒连接： 锥形螺纹钢筋连接克服了套筒挤压连接技术存在的不足，但存在螺距单一的缺陷，已逐渐被直螺纹连接接头所代替 已连接的钢筋　锥螺纹套筒　未连接的钢筋			C1
	剥肋滚压直螺纹连接集剥肋、滚压于一体，成型螺纹精度高，滚丝轮寿命长，是目前直螺纹套筒连接的主流技术 锥螺纹接头			C1

续表

教学阶段	教学流程	学习成果	教师核查	能力指标
（二）课中实施	8. 观看绑扎视频并进行钢筋绑扎方法演练： | 名称	绑法	名称	绑法
---	---	---	---
一面顺扣		兜扣	
十字花扣		缠扣	
反十字花扣		反十字缠扣	
		套扣	| 在绑扎网片时，可隔一拉一，但边缘必须尽数绑扎。一面顺口绑扎时，相邻两节点应改变节点扎结顺向			E2
阶段性小结	观看套筒连接动画，总结技术要点，并旋拧样品 直螺纹连接套筒			D1
（三）课后拓展	直流逆变器焊机手工焊体验			E1 G1

5.4 钢筋绑扎视频

5.5 钢筋直螺纹连接

【检查与记录】

课程核心能力权重	课程侧重								
	A. 责任担当	B. 人文素养	C. 工程知识	D. 学习创新	E. 专业技能	F. 职业操守	G. 问题解决	H. 沟通合作	合计
	5%	5%	35%	10%	10%	15%	15%	5%	100%
课程能力指标权重	A1	A2	B1	B2	C1	C2	D1	D2	E1	E2	F1	F2	G1	G2	H1	H2	合计

【课后反思】

反思内容	实际效果	改进设想
课程思政情况		
成果导向应用情况		
本课评分		

【参考资料】

[1] 孙友良. 水利工程施工技术 [M]. 北京：中国水利水电出版社，2022.
[2] 水工混凝土施工规范：SL 677—2014 [S]. 北京：中国水利水电出版社，2014.
[3] 水工混凝土钢筋施工规范：DL/T 5169—2013 [S]. 北京：中国电力出版社，2013.
[4] 钢筋机械连接技术规程：JGJ 107—2016 [S]. 北京：中国建筑工业出版社，2016.
[5] 钢筋焊接及验收规程：JGJ 18—2012 [S]. 北京：中国建筑工业出版社，2012.

附件5.1 钢筋套筒连接

钢筋混凝土结构用的钢筋主要有热轧钢筋、冷轧带肋钢筋、冷拉热轧钢筋（简称冷拉钢筋）、预应力混凝土用热处理钢筋等。

水工钢筋混凝土常用的钢筋为热轧Ⅰ级、Ⅱ级、Ⅲ级、Ⅳ级钢筋，其中Ⅰ级为光圆钢筋，Ⅱ级、Ⅲ级、Ⅳ级为带肋钢筋。

热轧带肋钢筋分为HRB335、HRB400、HRB500三个牌号，其中，HRB335、HRB400分别为Ⅱ级、Ⅲ级钢筋，HRB500介于Ⅲ级、Ⅳ级之间；其性能应符合国家标准《钢筋混凝土用钢 第2部分：热轧带肋钢筋》（GB 1499.2—2024）；热轧光圆钢筋为Ⅰ级钢筋，强度代号为HPB300，其性能应符合国家标准《钢筋混凝土用钢 第1部分：热轧光圆钢筋》（GB 1499.1—2024）；余热处理钢筋为Ⅲ级钢筋，强度代号为KL400（RRB400），其性能应符合国家标准《钢筋混凝土用余热处理钢筋》（GB/T 13014—2013）。

5.1.1 带肋钢筋套筒挤压连接

带肋钢筋套筒挤压连接钢筋的方法是将两根待连接钢筋插入钢套筒,用挤压连接设备沿径向挤压钢套筒,使之产生塑性变形,依靠变形后的钢套筒与被连接钢筋纵、横肋产生的机械咬合成为整体,如图 5-1 所示。

这种接头质量稳定性好,可与母材等强,但操作工人工作强度大,有时会发生液压油污染钢筋,综合成本较高。钢筋套筒挤压连接要求钢筋最小中心间距为 90mm。

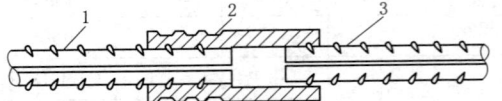

图 5-1 带肋钢筋套筒挤压连接
1—已挤压的钢筋;2—钢套筒;3—未挤压的钢筋

5.1.1.1 准备工作

(1) 钢筋端头的锈、泥沙、油污等杂物应清理干净。

(2) 钢筋与套筒应进行试套,如钢筋有马蹄、弯折或纵肋尺寸过大,应预先矫正或用砂轮打磨;对不同直径钢筋,套筒不得串用。

(3) 钢筋端部应画出定位标记与检查标记。定位标记与钢筋端头的距离为钢套筒长度的一半,检查标记与定位标记的距离一般为 20mm。

(4) 检查挤压设备情况,并进行试压,符合要求后方可作业。

5.1.1.2 挤压作业

钢筋挤压连接宜先在地面上挤压一端套筒,在施工作业区插入待接钢筋后再挤压另一端套筒。

压接钳就位时,应对正钢套筒压痕位置的标记,并使压模运动方向与钢筋两纵肋所在的平面相垂直,即保证最大压接面能在钢筋的横肋上。

压接钳施压由钢套筒中部顺次向端部进行。每次施压时,主要控制压痕深度。

5.1.1.3 挤压连接工艺参数

在选择合适的材质、钢套筒以及压接设备、压模后,接头性能主要取决于挤压变形量的工艺参数。挤压变形量的工艺参数包括压痕最小直径和压痕最小总宽度,见表 5-1 与表 5-2。

表 5-1　　同规格钢筋连接时的参数选择

连接钢筋规格	钢套筒型号	压模型号	压痕最小直径允许范围/mm	压痕最小总宽度/mm
40	G40	M40	60~63	≥80
36	G36	M36	54~57	≥70
32	G32	M32	48~51	≥60
28	G28	M28	41~44	≥55
25	G25	M25	37~39	≥50
22	G22	M22	32~34	≥45
20	G20	M20	29~31	≥45
18	G18	M18	27~29	≥40

表 5-2　　不同规格钢筋连接时的参数选择

连接钢筋规格	钢套筒型号	压模型号	压痕最小直径允许范围/mm	压痕最小总宽度/mm
40～36	G40	φ40端 M40	60～63	≥80
		φ36端 M36	57～60	≥80
36～32	G36	φ36端 M36	54～57	≥70
		φ32端 M32	51～54	≥70
32～28	G32	φ32端 M32	48～51	≥60
		φ28端 M28	45～48	≥60
28～25	G28	φ28端 M28	41～44	≥55
		φ25端 M25	38～41	≥55
25～22	G25	φ25端 M25	37～39	≥50
		φ22端 M22	35～37	≥50
25～20	G25	φ25端 M25	37～39	≥50
		φ20端 M20	33～35	≥50
22～20	G22	φ22端 M22	32～34	≥45
		φ20端 M20	31～33	≥45
22～18	G22	φ22端 M22	32～34	≥45
		φ18端 M18	29～31	≥45
20～18	G20	φ20端 M20	29～31	≥45
		φ18端 M18	28～30	≥45

压痕总宽度是指接头一侧每一道压痕底部平直部分宽度之和。该宽度应在表5-1和表5-2规定的范围内。小于这一宽度，接头的性能达不到要求；大于这一宽度，钢套筒的长度要增加。压痕总宽度一般由各生产厂家根据各自设备、压模刃口的尺寸和形状在钢套筒上喷上挤压道数标志或在出厂技术文件中标明。

在实际工程中，由现场操作者来控制的主要是压痕最小直径，它应在表5-1和表5-2规定的范围内。压痕最小直径大于这一范围，即变形太小，会使钢套筒与钢筋横肋咬合小，抱紧不够，接头受拉时，钢筋会从钢套筒中滑出或接头强度达不到要求；压痕最小直径小于这一范围，钢套筒发生过大的塑性变形，在压痕处就有可能引起破裂或由于硬化而变脆，也有可能会由于压痕处套筒太薄，拉伸时可能在此压痕处被拉断，还会加重设备的负荷。当钢筋横肋或钢套筒壁厚为负偏差时，压痕最小直径应取此范围的较小值；反之则应取较大值。

压痕最小直径一般是通过挤压机上的压力表读数来间接控制的。由于钢套筒的材质不同，造成其硬度、韧性等也不同，因此会造成挤压至所要求的压痕最小直径时所需要的压力也不同。实际挤压时，压力表读数一般为60～70MPa，也有的为54～80MPa，这就要求操作者在挤压不同批号钢套筒时必须进行试压，以确定挤压到标准所要求的压痕直径时所需的压力值。

5.1.1.4　异常现象及消除措施

在钢筋套筒挤压连接中，当出现异常现象或连接缺陷时，宜按表5-3查找原因，采取措施，及时消除。

表 5-3　　钢筋套筒挤压连接异常现象及消除措施

项次	异常现象和缺陷	原因或消除措施
1	挤压机无挤压力	(1) 高压油管连接位置不正确； (2) 油泵故障
2	钢套筒套不进钢筋	(1) 钢筋弯折或纵肋超偏差； (2) 砂轮修磨纵肋
3	压痕分布不匀	压接时将压模与钢套筒的压接标志对正
4	接头弯折超过规定值	(1) 压接时摆正钢筋； (2) 切除或调直钢筋弯头
5	压接程度不够	(1) 泵压不足； (2) 钢套筒材料不符合要求
6	钢筋伸入套筒内长度不够	(1) 未按钢筋伸入位置、标志挤压； (2) 钢套筒材料不符合要求
7	压痕明显不均	检查钢筋在套筒内伸入长度，是否有压空现象

5.1.1.5　套筒挤压接头质量检验

钢套筒进场，必须有原材料试验单与套筒出厂合格证，并由该技术提供单位提交有效的形式检验报告。钢筋套筒挤压连接开始前及施工过程中，应对每批进场钢筋进行挤压连接工艺检验，并符合下列要求：

（1）每种规格钢筋的接头试件不应少于 3 个。

（2）接头试件的钢筋母材应进行抗拉强度试验。

（3）3 个接头试件强度均应符合现行行业标准《钢筋机械连接技术规程》(JGJ 103—2016)中相应等级的强度要求。对于 A 级接头，试件抗拉强度尚应大于等于 0.9 倍的钢筋母材的实际抗拉强度（计算实际抗拉强度时，应采用钢筋的实际横截面面积）。

钢筋套筒挤压接头现场检验，一般只进行接头外观检查和单向拉伸试验。

1）取样数量。同一验收批的材料、等级、形式、规格、施工条件相同。一个验收批的数量为 500 个接头，不足此数时也作为一个验收批。

对每一验收批，应随机抽取 10% 的挤压接头做外观检查；抽取 3 个试件做单向拉伸试验。

在现场检验合格的基础上，连续 10 个验收批单向拉伸试验合格率为 100% 时，可以扩大验收批所代表的接头数量一倍。

2）外观检查。挤压接头的外观检查，应符合下列要求：①挤压后套筒长度应为 1.10～1.15 倍的原套筒长度，或压痕处套筒的外径为 0.8～0.9 倍的原套筒的外径。②挤压接头的压痕道数应符合形式检验确定的道数。③接头处弯折角度不得大于 4°。④挤压后的套筒不得有肉眼可见的裂缝。

如外观质量合格数大于等于抽检数的 90%，则该验收批为合格。如不合格数超过抽检数的 10%，则应逐个进行复验。在外观不合格的接头中抽取 6 个试件做单向拉伸试验再判别。

3) 单向拉伸试验。3个接头试件的抗拉强度均应满足 A 级或 B 级抗拉强度的要求。如有一个试件的抗拉强度不符合要求,则加倍抽样复验。复验中如仍有一个试件检验结果不符合要求,则该验收批单向拉伸试验判为不合格。

5.1.2 钢筋镦粗直螺纹套筒连接

钢筋镦粗直螺纹套筒连接是指先利用冷镦机将钢筋端部镦粗,再用套丝机在钢筋端部的镦粗段上加工直螺纹,然后用连接套筒将两根钢筋对接。由于钢筋端部冷镦后,不仅截面加大,而且强度也有提高。加之,钢筋端部加工直螺纹后,其螺纹底部的最小直径不应小于钢筋母材的直径,因此,该接头可与钢筋母材等强度。其工艺如图 5-2 所示。

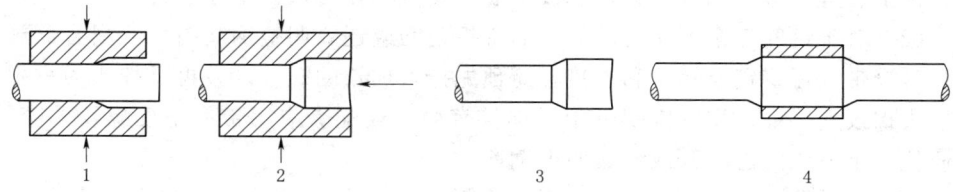

图 5-2 镦粗直螺纹套筒连接工艺
1—夹紧钢筋;2—冷镦扩粗;3—加工丝头;4—对接钢筋

镦粗直螺纹钢筋接头的特点:钢筋端部经冷镦后不仅直径增大,使套丝后丝扣底部横截面面积不小于钢筋原截面面积,而且由于冷镦后钢材强度提高,致使接头部位有很高的强度,达到 SA 级接头性能的要求,此处断裂均发生于母材。

5.1.2.1 钢筋加工与检验

(1) 钢筋下料时,应采用砂轮切割机,切口的端面应与轴线垂直,不得有马蹄形或挠曲。

(2) 钢筋下料后,在液压冷锻压床上将钢筋镦粗。不同直径的钢筋冷镦后的尺寸见表 5-4。根据钢筋直径、冷镦机性能及镦粗后的外形效果,通过试验确定适当的镦粗压力。操作中要保证镦粗头与钢筋轴线的倾斜度不得大于 4°,不得出现与钢筋轴线相垂直的横向表面裂缝。发现外观质量不符合要求时,应及时割除,重新镦粗。

表 5-4 不同直径的钢筋冷镦后的尺寸 单位:mm

简 图	钢筋直径 ϕ	镦粗直径 d	长度 L
	22	26	30
	25	29	33
	28	32	35
	32	36	40
	36	40	44
	40	44	50

(3) 钢筋冷镦后,在钢筋套丝机上切削加工螺纹。钢筋端头螺纹规格应与连接套筒的型号匹配。钢筋螺纹加工质量应牙形饱满,无断牙、秃牙等缺陷。

(4) 钢筋螺纹加工后，随即用配置的量规（图5-3）逐根检测。合格后，再由专业质检员按一个工作班10%的比例抽样校验。如发现有不合格螺纹，应全部逐个检查，并切除所有不合格螺纹，重新镦粗和加工螺纹。

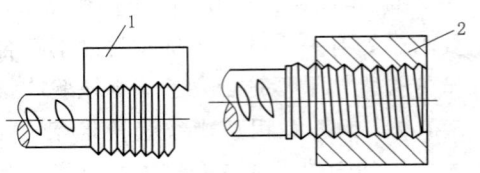

图5-3 直螺纹接头量规
1—牙形规；2—直螺纹环规

5.1.2.2 现场连接施工

(1) 对于连接钢筋可自由转动的，先将套筒预先部分或全部拧入一个被连接钢筋的螺纹内，而后转动连接钢筋或反拧套筒到预定位置。最后用扳手转动连接钢筋，使其相互对顶锁定连接套筒。

(2) 对于钢筋完全不能转动的，如弯折钢筋或还要调整钢筋内力的场合、施工缝、后浇带，可将锁定螺母和连接套筒预先拧入加长的螺纹内，再反拧入另一根钢筋端头螺纹上，最后用锁定螺母锁定连接套筒；或配套应用带有正反螺纹的套筒，以便从一个方向上能松开或拧紧两根钢筋。

(3) 直螺纹钢筋连接时，应采用扭力扳手，按表5-5规定的力矩值把钢筋接头拧紧。

表5-5　　　　　　直螺纹钢筋接头拧紧力矩值

钢筋直径/mm	16~18	20~22	25	28	32	36~40
拧紧力矩/(N·m)	100	200	250	280	320	350

5.1.2.3 接头质量检验

(1) 钢筋连接开始前及施工过程中，应对每批进场钢筋进行接头连接工艺检验。每种规格钢筋的接头试件不应少于3个做单向拉伸试验。其抗拉强度应能发挥钢筋母材强度或大于1.15倍的钢筋抗拉强度标准值。

(2) 接头的现场检验按验收批进行。同一施工条件下采用同一批材料的同等级别、同规格接头，以500个为1个验收批。对接头的每一个验收批，必须随机抽取3个试件做单向拉伸试验。当3个试件的抗拉强度都能发挥钢筋母材强度或大于1.15倍的钢筋抗拉强度标准值时，该验收批达到SA级强度指标。如有1个试件的抗拉强度不符合要求，应加倍取样复验。如3个试件的抗拉强度仅达到该钢筋的抗拉强度标准值，则该验收批降为A级强度指标。

在现场连续检验10个验收批，全部单向拉伸试件一次抽样均合格时，验收批所代表的接头数量可扩大一倍。

5.1.3 钢筋锥螺纹套筒连接

5.1.3.1 钢筋锥螺纹的加工与检验

(1) 钢筋下料应采用砂轮切割机。其端头截面应与钢筋轴线垂直，并不得翘曲。

(2) 钢筋锥螺纹A级接头，应对钢筋端头进行镦粗或径向顶压处理。

钢筋端头预压时采用的压力值应符合产品供应单位通过形式检验确定的技术参数要求，见表5-6。

表 5-6　　　　　　　　　钢筋预压时技术参数

钢筋直径/mm	压力值范围/kN	GK 型机油压值范围/(N/mm²)
16	620～730	24～28
18	680～780	26～30
20	680～780	26～30
22	680～780	26～30
25	990～1090	38～42
28	1140～1250	44～48
32	1400～1510	54～58
36	1610～1710	62～66
40	1710～1820	66～70

注　若改变预压机机型，该表中压力值范围不变，但油压值范围要相应改变，具体数值由生产厂家提供。

预压操作时，钢筋端部完全插入预压机，直至前挡板处；钢筋摆放位置要求是对于一次预压成型（钢筋直径 16～20mm），钢筋纵肋沿竖向顺时针或逆时针旋转 20°～40°；对于两次预压成型（钢筋直径 22～40mm），第一次预压钢筋纵肋向上，第二次预压钢筋顺时针或逆时针旋转 90°。

预压后的钢筋端头应逐个进行自检。经自检合格的预压端头，质检人员应按要求在每种规格本次加工批中抽检 10%，如有一个端头不合格，则应对该加工批全数检查，不合格钢筋端头应二次预压或部分切除重新预压。预压钢筋端头检验标准应符合表 5-7 的规定。预压后的钢筋端头圆锥体小端直径大于 B 尺寸，并且小于 A 尺寸即为合格。

表 5-7　　　　　　　　　预压钢筋端头检验标准　　　　　　　　　单位：mm

检测规简图	钢筋直径	A	B
	16	17	14.5
	18	18.5	16
	20	19	17.5
	22	22	19
	25	25	22
	28	27.5	24.5
	32	31.5	28
	36	35.5	31.5
	40	39.5	35

（3）经检验合格的钢筋，方可在套丝机上加工锥螺纹。钢筋套丝所需的完整牙数见表 5-8。

表 5-8　　　　　　　　钢筋套丝所需完整牙数的规定值

钢筋直径/mm	16～18	20～22	25～28	32	36	40
完整牙数	5	7	8	10	11	12

钢筋锥螺纹丝头的锥度、牙形、螺距等必须与连接套筒的锥度、牙形、螺距一致，且经配套的量规检测合格。加工钢筋锥螺纹时，应采用水溶性切削润滑液。对大直径钢筋宜分次车削到规定的尺寸，以保证丝扣精度，避免损坏梳刀。

（4）钢筋锥螺纹的检查：对已加工的丝扣端要用牙形规及卡规逐个进行自检，如图5-4所示。检查要求钢筋丝扣的牙形必须与牙形规吻合，小端直径不超过卡规的允许误差，丝扣完整牙数不得小于规定值。不合格的丝扣，要切掉后重新套丝，然后再由质检员按10%的比例抽检，如有1根不合格，要加倍抽检。

钢筋锥螺纹检查合格后，一端拧上塑料保护帽，另一端拧上钢套筒与塑料封盖，并用扭矩扳手将套筒拧至规定的力矩，以利于保护与运输。

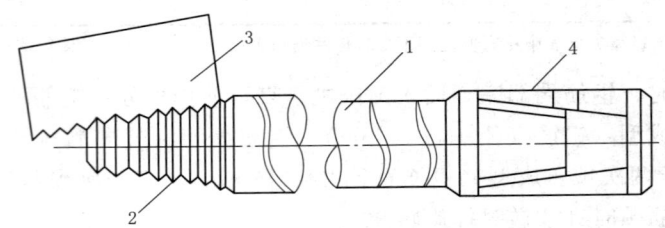

图5-4 钢筋套丝的检查
1—钢筋；2—锥螺纹；3—牙形规；4—卡规

5.1.3.2 钢筋锥螺纹套筒连接施工

连接钢筋前，将下层钢筋上端的塑料保护帽拧下来露出丝扣，并将丝扣上的水泥浆等污物清理干净。

连接钢筋时，将已拧套筒的上层钢筋拧到被连接的钢筋上，并用扭力扳手按表5-9规定的力矩值把钢筋接头拧紧，直至扭力扳手在调定的力矩值发出响声，并随手画上油漆标记，以防有的钢筋接头漏拧。力矩扳手每半年应标定一次。常用接头连接方法有以下几种，如图5-5所示。

表5-9　　　　　　　　锥螺纹钢筋接头扭紧力矩值

钢筋直径/mm	16	18	20	22	25～28	32	36～40
扭紧力矩/(N·m)	118	145	177	216	275	314	343

（1）同径或异径普通接头：分别用力矩扳手将①与②、②与④拧到规定的力矩值，如图5-5（a）所示。

（2）单向可调接头：分别用力矩扳手将①与②、③与④拧到规定的力矩值，再把⑤与②拧紧，如图5-5（b）所示。

（3）双向可调接头：分别用力矩扳手将①与⑥、③与④拧到规定的力矩值，且保持③、⑥的外露丝扣数相等，然后分别夹住③与⑥，把②拧紧，如图5-5（c）所示。

5.1.3.3 钢筋锥螺纹接头质量检验

（1）连接钢筋时，应检查连接套筒出厂合格证、钢筋锥螺纹加工检验记录。

（2）钢筋连接工程开始前及施工过程中，应对每批进场钢筋和接头进行工艺检验。

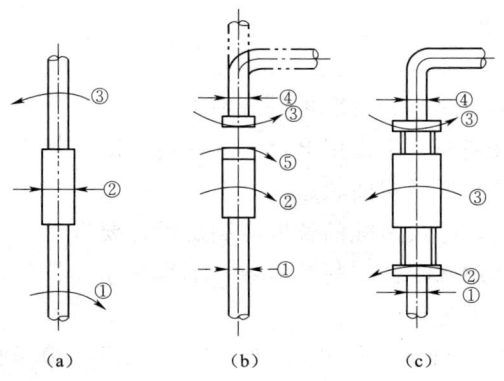

图 5-5 锥螺纹钢筋套筒连接方法
(a) 普通接头;(b) 单向可调接头;(c) 双向可调接头
①④—钢筋;②—连接套筒;③⑥—可调套筒;⑤—锁母

1) 每种规格钢筋母材应进行抗拉强度试验。
2) 每种规格钢筋接头的试件数量不应少于3个。
3) 接头试件应达到现行行业标准《钢筋机械连接技术规程》(JGJ 103—2016) 中相应等级的强度要求。

(3) 随机抽取同规格接头数的10%进行外观检查。应满足钢筋的规格与连接套筒一致,接头丝扣无完整丝扣外露。如发现有一个完整丝扣外露,即为连接不合格,则必须查明原因,责令工人重新拧紧或进行加固处理。

(4) 用质检的力矩扳手,按表5-9规定的接头拧紧力矩值抽检接头的连接质量。梁、柱构件抽验数量按接头数的15%,且每个构件的接头抽验数不得少于1个;基础、墙、板构件按各自接头数,每100个接头作为一个验收批,不足100个也作为一个验收批,每批抽检3个接头。抽检的接头应全部合格,如有1个接头不合格,则该验收批接头应逐个检查,对查出的不合格接头应采用电弧贴角焊缝方法补强,焊缝高度不得小于5mm。

(5) 接头的现场检验按验收批进行。同一施工条件下的同一批材料的同等级、同规格接头,以500个为一个验收批进行检验与验收,不足500个也作为一个验收批。

(6) 对接头的每一验收批,应随机抽取3个试件做单向拉伸试验,按设计要求的接头性能等级进行检验。

(7) 在现场连续检验10个验收批,全部单向拉伸试件一次抽样均合格时,验收批所代表的接头数量可扩大一倍。

(8) 当质检部门对钢筋接头的连接质量产生怀疑时,可以用非破损张拉设备做接头的非破损拉伸试验。

5.1.4 钢筋直接滚轧(压)直螺纹连接

5.1.4.1 操作工艺

钢筋直接滚轧(压)直螺纹连接操作工艺流程如图5-6所示。

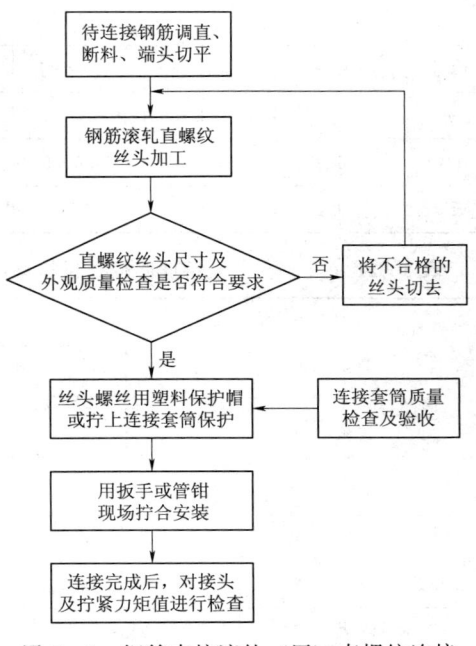

图 5-6 钢筋直接滚轧(压)直螺纹连接工艺流程

5.1.4.2 钢筋丝头、套筒加工工艺要求

1. 钢筋丝头加工

（1）钢筋端部不得有弯曲，出现弯曲时应调直后再进行加工。

（2）钢筋下料时宜用砂轮锯等机具切断，不得用电焊、气割等切断；钢筋端面宜平整，并与钢筋轴线垂直，不得呈马蹄形或扭曲状态。

（3）钢筋规格应与滚丝器调整一致，螺纹滚轧的长度应满足设计要求。

（4）钢筋直螺纹滚轧加工时，应使用水溶性切削润滑液，不得使用油性切削润滑液，也不得在没有切削润滑液的情况下进行加工。

（5）钢筋丝头螺纹尺寸宜按《普通螺纹基本尺寸》（GB/T 196—2003）确定，中径公差应满足《普通螺纹公差》（GB/T 197—2018）中6f精度要求。

（6）钢筋丝头加工自检完毕后，应立即套上保护帽，防止损坏丝头。

2. 钢筋丝头加工参考数据

（1）钢筋同径连接丝头加工参考数据见表5-10。

（2）钢筋同径正反扣直螺纹丝头加工参考数据见表5-11。

（3）直接滚轧直螺纹加工参考数据见表5-12。

表 5-10 钢筋同径连接丝头加工参考数据

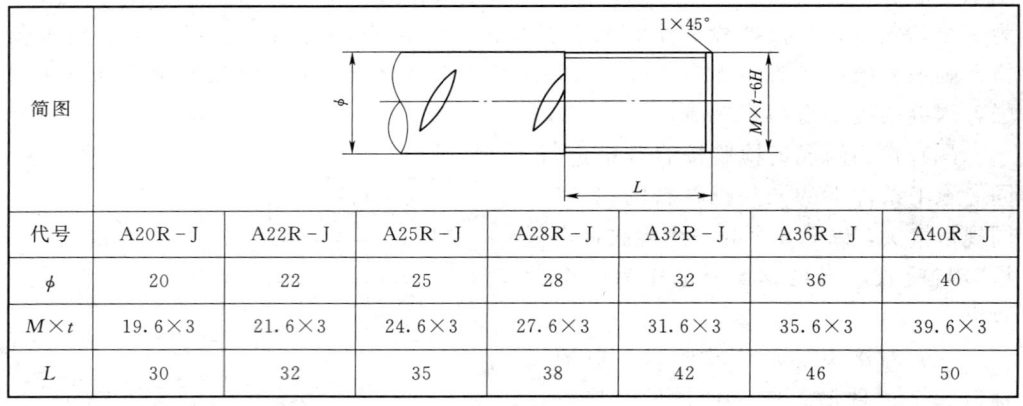

代号	A20R-J	A22R-J	A25R-J	A28R-J	A32R-J	A36R-J	A40R-J
ϕ	20	22	25	28	32	36	40
$M \times t$	19.6×3	21.6×3	24.6×3	27.6×3	31.6×3	35.6×3	39.6×3
L	30	32	35	38	42	46	50

表 5-11 钢筋同径正反扣直螺纹丝头加工参考数据

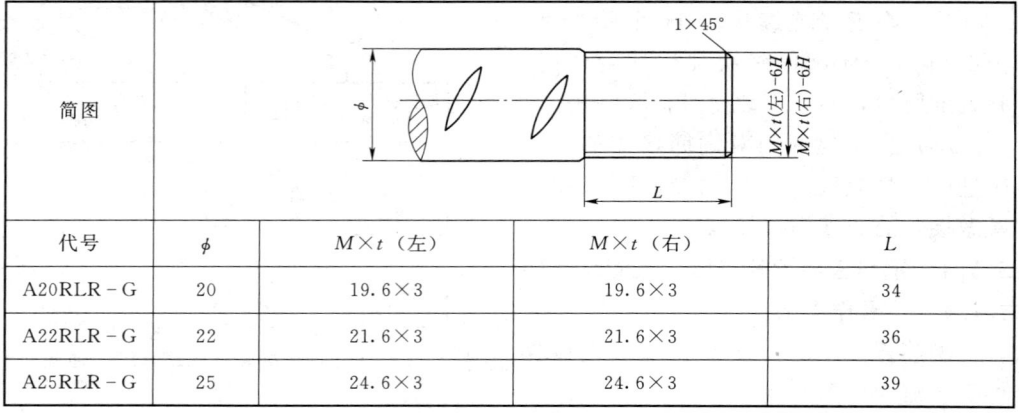

代号	ϕ	$M \times t$（左）	$M \times t$（右）	L
A20RLR-G	20	19.6×3	19.6×3	34
A22RLR-G	22	21.6×3	21.6×3	36
A25RLR-G	25	24.6×3	24.6×3	39

续表

代号	ϕ	$M\times t$（左）	$M\times t$（右）	L
A28RLR-G	28	27.6×3	27.6×3	42
A32RLR-G	32	31.6×3	31.6×3	46
A36RLR-G	36	35.6×3	35.6×3	50
A40RLR-G	40	39.6×3	39.6×3	54

表 5-12　　　　　　直接滚轧直螺纹加工参考数据

简图	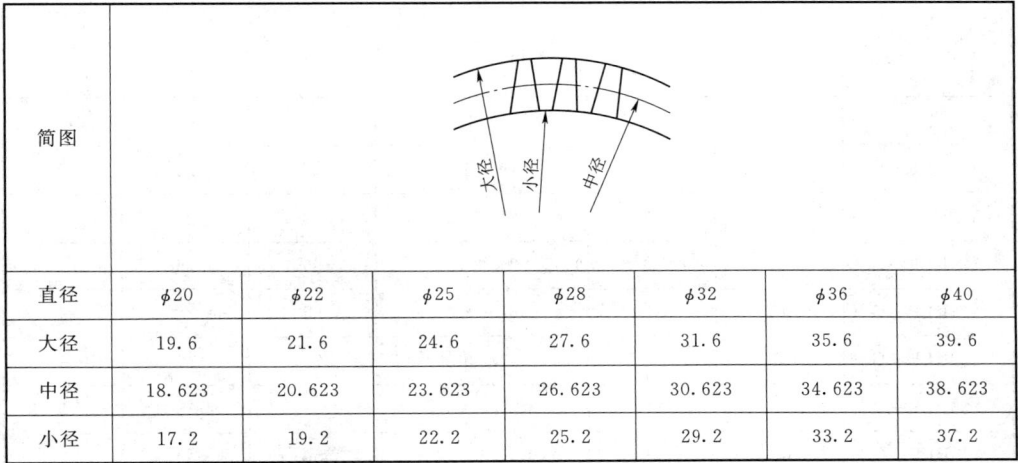						
直径	$\phi20$	$\phi22$	$\phi25$	$\phi28$	$\phi32$	$\phi36$	$\phi40$
大径	19.6	21.6	24.6	27.6	31.6	35.6	39.6
中径	18.623	20.623	23.623	26.623	30.623	34.623	38.623
小径	17.2	19.2	22.2	25.2	29.2	33.2	37.2

3. 套筒加工参考数据

（1）同径直螺纹套筒加工参考数据，见表 5-13。

表 5-13　　　　　　同径直螺纹套筒加工参考数据

简图	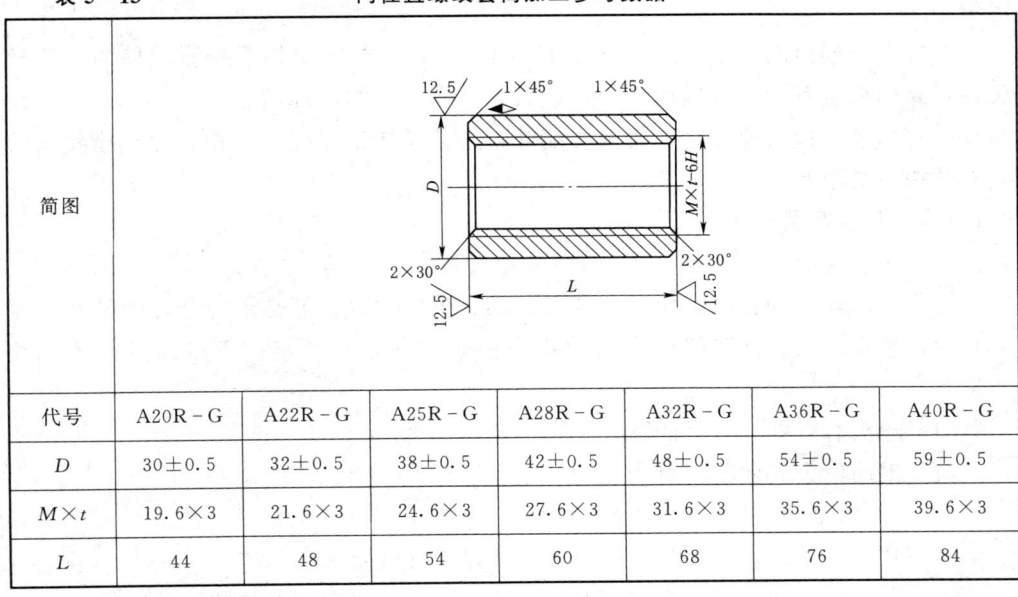					
代号	A20R-G	A22R-G	A25R-G	A28R-G	A32R-G	A36R-G	A40R-G
D	30±0.5	32±0.5	38±0.5	42±0.5	48±0.5	54±0.5	59±0.5
$M\times t$	19.6×3	21.6×3	24.6×3	27.6×3	31.6×3	35.6×3	39.6×3
L	44	48	54	60	68	76	84

(2) 同径正反扣直螺纹套筒加工参考数据，见表5-14。

表5-14　　　　　同径正反扣直螺纹套筒加工参考数据

简图						
代号	D	d	$M×t$（左、右）	L_1	L_2	L_3
A20RLR-G	32	21	19.6×3	49	20	9
A22RLR-G	35	23	21.6×3	53	22	9
A25RLR-G	41	26	24.6×3	59	25	9
A28RLR-G	45	29	27.6×3	65	28	9
A32RLR-G	51	33	31.6×3	73	32	9
A36RLR-G	57	37	35.6×3	81	36	9
A40RLR-G	62	41	39.6×3	89	40	9

5.1.4.3　钢筋连接

（1）进行钢筋连接时，钢筋丝头规格应与套筒规格一致，且丝扣完好无损、无污物。

（2）钢筋连接时，必须采用长度不小于400mm的管钳扳手拧紧，使两钢筋丝头在套筒中央位置相互顶紧或由锁母锁紧，并用油漆加以标记。

（3）标准型接头连接后，套筒两端外露完整丝扣不得超过2扣，加长型丝头的外露丝扣不受限制。

5.1.4.4　外观质量要求

1. 钢筋丝头

（1）钢筋丝头的长度、中径、牙形角和有效丝扣数量等必须符合设计要求。

（2）丝头的大径低于螺纹中径的不完整丝扣的累计长度，不得超过两个螺纹周长。

（3）丝头有效螺纹中径的圆柱度不得超过0.2mm。

（4）钢筋丝头表面不得有严重的锈蚀及破损。

2. 连接套筒

（1）套筒的长度、直径和内螺纹等必须符合设计要求。

（2）套筒的外观不得有裂纹，内螺纹及外表面不得有严重的锈蚀及破损。

附件 5.2 钢筋焊接

5.2.1 钢筋闪光对焊连接
5.2.1.1 钢筋对焊工艺
根据钢筋品种、直径和所用焊机功率不同，闪光对焊可分为连续闪光焊、预热闪光焊和闪光预热闪光焊三种工艺。

（1）连续闪光焊。先闭合一次电路，使被焊的两根钢筋端面轻微接触，此时端面的间隙喷射出火花般熔化的金属微粒闪光，接着徐徐移动钢筋使钢筋端面仍保持轻微接触，形成连续闪光。当端头加热到接近熔点时就以一定的压力进行顶锻，焊接接头即完成，表 5-15 为连续闪光焊钢筋的上限直径。

表 5-15　　　　连续闪光焊钢筋的上限直径

焊机容量/(kV·A)	钢筋牌号	钢筋直径/mm
160 (150)	HPB300	20
	HRB335	22
	HRB400	20
	RRB400	20
100	HPB300	20
	HRB335	18
	HRB400	16
	RRB400	16
80 (75)	HPB300	16
	HRB335	14
	HRB400	12
	RRB400	12

（2）预热闪光焊。在连续闪光前增加一次预热过程，以扩大焊接热影响区。其工艺过程包括预热、闪光和顶锻。施焊时先闭合电源，然后使钢筋端面交替地接触、分开，这时钢筋端面的间隙发出断续的闪光而形成预热，达到预热温度后，进入闪光阶段，随后顶锻而成。预热闪光焊适宜焊接直径大于 25mm、端面较平整的钢筋。

（3）闪光预热闪光焊。在预热闪光焊前增加一次闪光过程。首先连续闪光，使钢筋端部闪平，随后过程同预热闪光焊。它适用于焊接直径较大且钢筋等级较高的钢筋。

5.2.1.2 对焊参数
对焊参数包括调伸长度、烧化留量、闪光速度、顶锻留量、顶锻速度、顶锻压力、变压器级次及预热留量、预热频率等。

(1) 调伸长度，应随着钢筋牌号的提高和钢筋直径的加大而增长。这主要是为了减缓接头的温度梯度，防止在热影响区产生淬硬组织。当焊接 HRB400 级、HRB500 级钢筋时，调伸长度宜为 40～60mm。

(2) 烧化留量，应根据焊接工艺确定。当连续闪光焊接时，烧化过程应较长。烧化留量应等于两根钢筋在断料时切断机刀口严重压伤部分长度（包括端面的不平整部分长度）再加 8mm。当闪光预热闪光焊时，应区分一次烧化留量和二次烧化留量。一次烧化留量等于两根钢筋在断料时切断机刀口严重压伤部分长度，二次烧化留量不应小于 10mm。预热闪光焊时的烧化留量不应小于 10mm。

(3) 需要预热时，宜采用电阻预热法。预热留量应为 1～2mm，预热次数应为 1～4 次，每次预热时间应为 1.5～2s，间歇时间应为 3～4s。

(4) 顶锻留量应为 4～10mm，并应随钢筋直径的增大和钢筋牌号的提高而增加。其中，有电顶锻留量约占 1/3，无电顶锻留量约占 2/3，焊接时必须控制得当。焊接 HRB500 级钢筋时，顶锻留量宜稍为增大，以确保焊接质量。

顶锻留量是重要的焊接参数。顶锻留量太大，会形成过大的镦粗头，容易产生应力集中，太小可能使焊缝结合不良，降低了强度。经验证明，顶锻留量以 4～10mm 为宜。

5.2.1.3 焊接接头质量检验

(1) 取样数量。在同一台班内，由同一焊工，按同一焊接参数完成的 300 个同类型接头作为一个验收批。一周内连续焊接时，可以累计计算。一周内累计不足 300 个时，也按一个验收批计算。钢筋闪光对焊接头的外观检查，每批抽查 10% 的接头，且不得少于 10 个。

钢筋闪光对焊接头的力学性能试验包括拉伸试验和弯曲试验，应从每批成品中切取 6 个试件，3 个进行拉伸试验，另外 3 个进行弯曲试验。

(2) 外观检查结果应符合下列要求：

1) 接头处不能有横向裂纹。
2) 与电极接触处的钢筋表面不得有烧伤。
3) 接头处的弯折角度不得大于 4°。
4) 接头处的钢筋轴线偏移值不得大于 0.1 倍的钢筋直径，同时不得大于 2mm。

(3) 拉力试验应符合下列要求：

1) 3 个试件的抗拉强度均不得低于该级别钢筋的标准抗拉强度。
2) 试样应呈塑性断裂，并断于焊缝之外。

(4) 冷弯试验。冷弯试验前应将试件金属毛刺和镦粗变形部分去除，与母材外表齐平。焊缝应处于弯曲中心点，弯心直径要求如下：HPB300 级钢 2d、HRB335 级钢 4d、HRB400 级钢 5d、HRB500 级钢 7d；弯曲 90°，接头外侧不得出现宽度大于 0.15mm 的横向裂纹。

5.2.1.4 焊接异常现象和缺陷及其消除措施

钢筋焊接异常现象、焊接缺陷及其清除措施见表5-16。

表5-16　　　　　钢筋焊接异常现象、焊接缺陷及其消除措施

项次	异常现象和缺陷种类	消除措施
1	烧化过分剧烈并产生	①降低变压器级数;②减慢烧化速度
2	闪光不稳定	①清除电极底部和表面的氧化物;②提高变压器级数;③加快烧化速度
3	接头有氧化膜、未焊透或夹渣	①增加预热程度;②加快临近顶锻时的烧化速度;③确保带电顶锻过程质量;④加快顶锻速度;⑤增大顶锻压力
4	接头中有缩孔	①降低变压器级数;②避免烧化过程过分强烈;③适当增大顶锻留量及顶锻压力
5	焊缝金属过烧或热影响区过热	①减小预热程度;②加快烧化速度,缩短焊接时间;③避免过多带电顶锻
6	接头区域有裂纹	①检验钢筋的碳、硫、磷含量,如不符合规定时,应更换钢筋;②采取低频预热方法,增加预热程度
7	钢筋表面未熔及烧伤	①清除钢筋被夹紧部位的铁锈和油污;②清除电极内表面的氧化物;③改进电极槽口形状,增大接触面积;④夹紧钢筋
8	接头弯折或轴线偏移	①正确调整电极位置;②修整电极钳口或更换已变形的电极;③切除或矫直钢筋的弯头

5.2.2 钢筋电弧焊连接

钢筋电弧焊是以焊条作为一极、钢筋作为另一极,利用焊接电流通过产生的电弧热进行焊接的一种熔焊方法。

钢筋电弧焊包括帮条焊、搭接焊、坡口焊和熔槽帮条焊等接头形式。焊接时应符合下列要求:

(1) 应根据钢筋级别、直径、接头形式和焊接位置,选择焊条、焊接工艺和焊接参数。

(2) 焊接时,引弧应在垫板、帮条或形成焊缝的部位进行,不得烧伤主筋。

(3) 焊接地线与钢筋应接触紧密。

(4) 焊接过程中应及时清渣,焊缝表面应光滑,焊缝余高应平缓过渡,弧坑应被填满。

5.2.2.1 帮条焊和搭接焊

帮条焊和搭接焊宜采用双面焊,当不能进行双面焊时,可采用单面焊。当帮条级别与主筋相同时,帮条直径可与主筋相同或小一个规格;当帮条直径与主筋相同时,帮条级别可与主筋相同或低一个级别。

(1) 施焊前,钢筋的装配与定位,应符合下列要求:

1) 采用帮条焊时,两根主筋端面之间的间隙应为2~5mm。

2) 采用搭接焊时,焊接端钢筋应预弯,并应使两根钢筋的轴线在同一直线上。

3) 帮条和主筋之间应采用四点定位焊固定,如图5-7(a)所示;搭接焊时,应采用两点定位焊固定,如图5-7(b)所示;定位焊缝与帮条端部或搭接端部的

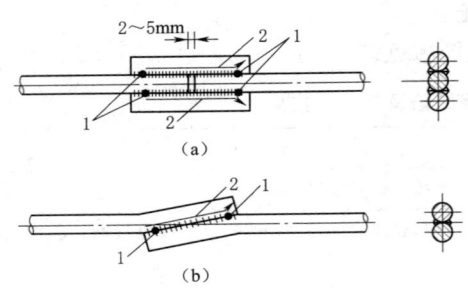

图 5-7 帮条焊与搭接焊的定位
(a) 帮条焊；(b) 搭接焊
1—定位焊缝；2—弧坑拉出方位

距离应大于或等于 20mm。

(2) 施焊时，应在帮条焊或搭接焊形成焊缝时引弧；在端头收弧前应填满弧坑，并应使主焊缝与定位焊缝的始端和终端熔合。

(3) 帮条焊或搭接焊的焊缝厚度 h 不应小于主筋直径的 0.3 倍，焊缝宽度 b 不应小于主筋直径的 0.7 倍，如图 5-8 所示。

(4) 钢筋与钢板搭接焊时，HPB300 级钢筋的搭接长度为钢筋直径的 4 倍，HRB400 级、HRB500 级钢筋的搭接长度为钢筋直径的 5 倍。焊缝宽度不得小于钢筋直径的 0.5 倍，焊缝厚度不得小于钢筋直径的 0.35 倍。

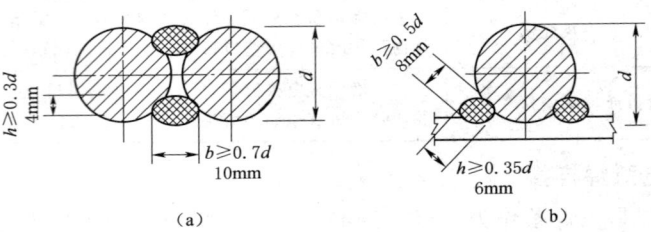

图 5-8 焊缝尺寸
(a) 钢筋接头；(b) 钢筋与钢板接头

5.2.2.2 预埋件电弧焊

预埋件 T 形接头电弧焊分为贴角焊和穿孔塞焊两种，如图 5-9 所示。

采用贴角焊时，焊缝的焊脚 K：对于 HPB300 级钢筋，不得小于 $0.5d$；对于 HRB335 级钢筋，不得小于 $0.6d$（d 为钢筋直径）。

采用穿孔塞焊时，钢板的孔洞应做成喇叭口，其内口直径应比钢筋直径 d 大 4mm，倾斜角度为 45°，钢筋缩进 2mm。

施焊中，电流不宜过大，不得使钢筋咬边和烧伤。

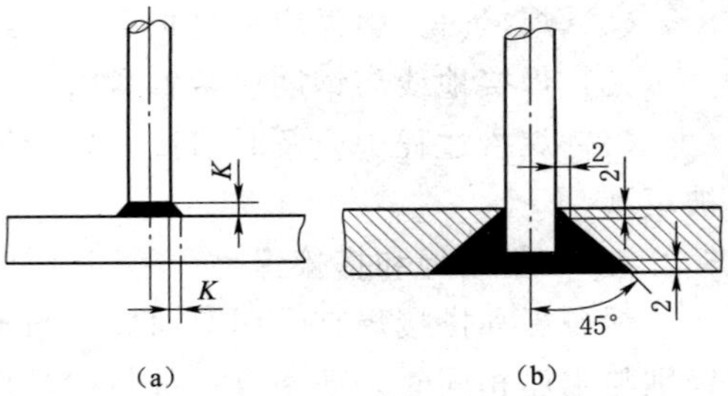

图 5-9 预埋件电弧焊 T 形接头
（单位：mm）
(a) 贴角焊；(b) 穿孔塞焊

5.2.2.3 坡口焊

(1) 施焊前的准备工作，应符合下列要求：
1) 钢筋坡口面应平顺，切口边缘不得有裂纹、钝边和缺棱。

2）钢筋坡口平焊时，V 形坡口角度宜为 55°～65°，如图 5-10（a）所示；坡口立焊时，坡口角度宜为 40°～55°，其中下钢筋为 0°～10°，上钢筋为 35°～45°，如图 5-10（b）所示。

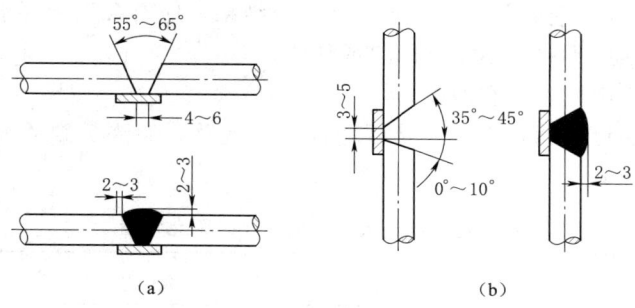

图 5-10　钢筋坡口接头（单位：mm）
(a) 坡口平焊；(b) 坡口立焊

3）钢垫板的长度宜为 40～60mm，厚度宜为 4～6mm；坡口平焊时，垫板宽度应为钢筋直径加 10mm；立焊时，垫板宽度宜等于钢筋直径。

4）钢筋根部间隙，坡口平焊时，宜为 4～6mm；立焊时，宜为 3～5mm；其最大间隙均不宜超过 10mm。

（2）坡口焊工艺应符合下列要求：

1）焊缝根部、坡口端面以及钢筋与钢板之间均应熔合，焊接过程中应经常清渣，钢筋与钢垫板之间应加焊 2 层或 3 层侧面焊缝。

2）宜采用几个接头轮流施焊。

3）焊缝的宽应超出 V 形坡口的边缘 2～3mm，焊缝余高不得大于 3mm，并宜平缓过渡至钢筋表面。

4）当发现接头中有弧坑、气孔及咬边等缺陷时，应立即补焊；HRB400 级钢筋接头冷却后补焊时，应采用氧-乙炔焰预热。

5.2.2.4　熔槽帮条焊

焊接时应加角钢作垫板模，角钢的边长宜为 40～60mm，长度宜为 80～100mm。其焊接工艺应符合下列要求：

（1）钢筋端头应加工平整，两根钢筋端面的间隙应为 10～16mm。

（2）从接缝处垫板引弧后应连续施焊，并应使钢筋端头熔合，防止未焊透、有气孔或夹渣。

（3）焊接过程中应停焊清渣一次，焊平后再进行焊缝余高的焊接，其高度不得大于 3mm。

（4）钢筋与角钢垫板之间应加焊 1～3 层侧面焊缝，焊缝应饱满，表面应平整。

5.2.2.5　电弧焊接头质量检验

（1）取样数量。电弧焊接头外观检查，应在清渣后逐个进行目测或量测。当进行力学性能试验时，应按下列规定抽取试件。

1) 以 300 个同一接头形式、同一钢筋级别的接头作为一验收批,从成品中每批随机切取 3 个接头进行拉伸试验。

2) 在装配式结构中,可按生产条件制作模拟构件。

(2) 外观检查。钢筋电弧焊接头外观检查结果,应符合下列要求:

1) 焊缝表面应平整,不得有凹陷或焊瘤。

2) 焊接接头区域不得有裂纹。

3) 焊接接头尺寸的允许偏差及咬边深度、气孔、夹渣等缺陷允许值,应符合表 5-17 的规定。

表 5-17　　　　钢筋电弧焊接头尺寸偏差及缺陷允许值

名　称	接　头　形　式		
	帮条焊	搭接焊钢筋与钢板搭接焊	坡口焊、熔槽帮条焊
帮条沿接头中心线的纵向偏移/mm	0.3d	0.3d	0.3d
接头处弯折角/(°)	2	2	2
接头处钢筋轴线的偏移/mm	0.1d	0.1d	0.1d
	1	1	1
焊缝宽度/mm	+0.1d	+0.1d	—
焊缝长度/mm	−0.3d	−0.3d	—
横向咬边深度/mm	0.5	0.5	0.5
在长 2d 焊缝表面上的气孔及夹渣　数量/个	2	2	—
在长 2d 焊缝表面上的气孔及夹渣　面积/mm²	6	6	—
在全部焊缝表面上的气孔及夹渣　数量/个	—	—	2
在全部焊缝表面上的气孔及夹渣　面积/mm²	—	—	6

注　d 为钢筋直径,单位为 mm。

4) 坡口焊、熔槽帮条焊接头的焊缝余高不得大于 3mm。

5) 预埋件 T 形接头的钢筋间距偏差不应大于 10mm,钢筋相对钢板的直角偏差不得大于 4°。

外观质量不合格的接头,经修整或补强后,可提交二次验收。

(3) 拉伸试验。钢筋电弧焊接头拉伸试验结果,应符合下列要求:

1) 3 个热轧钢筋接头试件的抗拉强度均不得小于该级别钢筋规定的抗拉强度。

2) 3 个接头试件均应切断于焊缝之外,并应至少有 2 个试件呈延性断裂。

当试验结果中有 1 个试件的抗拉强度小于规定值,或有 1 个试件断于焊缝,或有 2 个试件发生脆性断裂时,应再取 6 个试件进行复验。复验结果中有 1 个试件抗拉强度小于规定值,或有 1 个试件断于焊缝,或有 3 个试件呈脆性断裂时,应确认该批接头为不合格品。

模拟试件试验结果不符合要求时，复验试件应再从成品中切取，其数量和要求应与初始试验时相同。

5.2.3 电渣压力焊连接

电渣压力焊是利用电流通过渣池产生的电阻热将钢筋端部熔化，然后施加压力使钢筋焊合。电渣压力焊容易掌握，且工效高、成本低、工作条件好。

5.2.3.1 电渣压力焊焊接工艺

电渣压力焊焊接工艺包括引弧、电弧、电渣和顶压过程，分为手动和自动两种形式。

（1）手动电渣压力焊。采用直接引弧法，先将上下钢筋接触，通电后，将上钢筋提升2~4mm引弧；然后继续缓缓提升几毫米，使电弧稳定燃烧之后，随着钢筋的熔化，上钢筋逐渐插入渣池中，此时电弧熄灭，转入电渣过程。电流通过电渣池产生大量电阻热，使钢筋端部继续熔化，待熔化到一定程度，切断电源，同时迅速进行顶压。完成后应持续几秒方可松开操作杆，以免接头偏斜。

（2）自动电渣压力焊。宜采用钢丝圈引弧法，钢丝圈高10~12mm。焊接的引弧、电弧、电渣与顶压过程由凸轮自动控制。

5.2.3.2 焊接参数

电渣压力焊的焊接参数主要包括焊接电流、焊接电压和焊接通电时间等，见表5-18。

表5-18　　　　　　　　电渣压力焊的焊接参数

钢筋直径/mm	焊接电流/A	焊接电压/V		焊接通电时间/s	
		电弧过程 $U_{2.1}$	电渣过程 $U_{2.2}$	电弧过程 t_1	电渣过程 t_2
14	200~220	35~45	22~27	12	3
16	150~200			14	4
18	150~300			15	5
20	300~350			17	5
22	350~400			18	6
25	400~450			21	5
28	500~550			24	6
32	600~650			27	7
36	700~750			30	8
40	850~900			33	9

5.2.3.3 焊接质量检验和焊接缺陷及其消除措施

质量检验同闪光对焊。钢筋电渣压力焊接头焊接缺陷及其消除措施见表5-19。

表 5-19　　　　　　　　钢筋电渣压力焊接头焊接缺陷及其消除措施

项次	焊接缺陷	消 除 措 施
1	偏心	①把钢筋端矫直；②上钢筋安放正直；③顶压用力适当；④及时修理夹具
2	弯折	①把钢筋端部矫直；②钢筋安放正直；③适当延迟松开机（夹）具的时间
3	咬边	①适当调小焊接电流；②适当缩短焊接通电时间；③及时停机；④适当加大顶压量
4	未熔合	①提高钢筋下送速度；②延迟断电时间；③检查夹具，使上钢筋均匀下送；④适当增大焊接电流
5	焊包不均	①钢筋端部切平；②钢丝圈放置正中；③适当加大熔化量
6	气孔	①按规定烘烤焊剂；②把铁锈清除干净
7	烧伤	①将钢筋端部彻底除锈；②把钢筋夹紧
8	焊包下流	塞好石棉布

5.2.4　钢筋气压焊连接

5.2.4.1　钢筋气压焊焊接工艺

(1) 焊前对钢筋端部进行处理，钢筋下料时要用砂轮锯，端面用磨光机打磨见新，倒角，端面要平且与钢筋轴线垂直，清除端面附近铁锈、油污、水泥浆等杂物。

(2) 焊接工艺。

1) 预压：钢筋卡好后，使端面紧贴，间隙不超过3mm。

2) 加热：端面间隙完全闭合前用强碳化焰加热，使钢筋内外温度均匀，防止钢筋端面氧化。待端面完全闭合后，改用中性焰加热，目的是提高温度，加快加热速度。

3) 压接：当钢筋加热到所需温度时，对钢筋再次加压，接缝处起鼓至其直径的1.4~1.6倍。起鼓要平稳过渡，不能有明显的凸起和塌陷。

5.2.4.2　焊接参数

(1) 加热温度宜在熔点下100~200℃；对于低碳钢，加热温度可取1300~1350℃。

(2) 火焰功率与性质。

1) 火焰功率。只要接头不过烧、表面不熔化、火焰稳定，就可采用大功率火焰焊接。氧气的工作压力不大于 $0.7N/mm^2$，乙炔的工作压力为 $0.05~0.1N/mm^2$。

2) 焊缝闭合前用强碳化焰，闭合后用中性焰。

3) 只要加热温度适宜，钢筋单位挤压力宜取 $30N/mm^2$。

5.2.4.3　焊接质量检验

质量检验同闪光对焊。气压焊接头焊接缺陷及其消除措施见表5-20。

表 5-20　　　　　　　　　气压焊接头焊接缺陷及其消除措施

项次	焊接缺陷	产 生 原 因	消 除 措 施
1	轴线偏移（偏心）	①焊接夹具变形，两夹头不同心，或夹具刚度不够；②两钢筋安装不正；③钢筋接合端面倾斜；④钢筋未夹紧即进行焊接	①检查夹具，及时修理或更换；②钢筋重新安装正直；③切平钢筋端面；④夹紧钢筋再焊
2	弯折	①焊接夹具变形，两夹头不同心；②焊接夹具拆卸过早	①检查夹具，及时修理或更换；②熄火后半分钟再拆
3	镦粗直径不够	①焊接夹具动夹头有效行程不够；②顶压油缸有效行程不够；③加热温度不够；④压力不够	①检查夹具和顶压油缸，必要时更换；②采用适宜的加热温度及压力
4	镦粗长度不够	①加热幅度不够大；②顶压力过大，加压过急	①增大加热幅度；②加压时应平稳
5	压焊面偏移	①焊缝两侧加热温度不均；②焊缝两侧加热长度不等	①同径钢筋焊接时两侧加热温度和加热长度基本一致；②异径钢筋焊接时，较大直径钢筋加热时间稍长
6	钢筋表面严重烧伤	①火焰功率过大；②加热时间过长；③加热器摆动不均	调整加热火焰，正确掌握操作方法
7	未焊合	①加热温度不够或热量分布不均；②顶压力过小；③接合端面不干净；④端面氧化；⑤中途灭火或火焰不当	合理选择焊接参数，正确掌握操作方法

5.2.5　钢筋电阻点焊连接

5.2.5.1　电阻点焊焊接工艺

点焊过程可分为预压、焊接、保压、休止四个阶段，如图 5-11 所示。在通电开始后的一段时间内，接触点扩大，固态金属因加热膨胀，在焊接压力作用下，焊接处金属产生塑性变形，并挤向工件间隙缝中；继续加热后，开始出现熔化点，在逐渐扩大成所要求的核心尺寸时切断电流。

点焊的压入深度，应符合下列要求：

（1）热轧钢筋点焊时，压入深度为较细钢筋直径的 25%~45%。

（2）冷拔光圆钢丝、冷轧带肋钢筋点焊时，压入深度应为较细钢筋直径的 25%~40%。

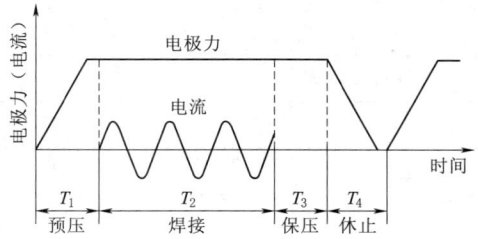

图 5-11　点焊过程示意图
T_1—预压时间；T_2—焊接时间；
T_3—保压时间；T_4—休止时间

5.2.5.2　电阻点焊参数

当焊接不同直径的钢筋时，焊接网的纵向钢筋与横向钢筋的直径应符合下式要求：

$$d_{\min} \geqslant 0.6 d_{\max}$$

电阻点焊应根据钢筋级别、直径及焊机性能等，合理选择变压器级数、焊接通电时间和电极压力。在焊接过程中应保持一定的预压时间和锻压时间。

采用 DN3-75 型点焊机焊接 HPB300 级钢筋和冷拔光圆钢筋时，焊接通电时间和电极压力分别见表 5-21 和表 5-22。

表 5-21　　　　　采用 DN3-75 型点焊机焊接的通电时间

变压器级数	HPB300 较小钢筋直径/mm						
	3	4	5	6	8	10	12	14
1	0.08	0.10	0.12	—	—	—	—	—
2	0.05	0.06	0.07	—	—	—	—	—
3	—	—	—	0.22	0.70	1.50	—	—
4	—	—	—	0.20	0.60	1.25	2.50	4.00
5	—	—	—	—	0.50	1.00	2.00	3.50
6	—	—	—	—	0.40	0.75	1.50	3.00
7	—	—	—	—	—	0.50	1.20	2.50

表 5-22　　　　　采用 DN3-75 型点焊机电极压力

较小钢筋直径/mm	点焊 HPB300 级钢筋、冷拔光圆钢筋时的电极压力/N	点焊 HRB335 级钢筋、冷轧带肋钢筋时的电极压力/N
3	980～1470	—
4	980～1470	1470～1960
5	1470～1960	1960～2450
6	1960～2450	2450～2940
8	2450～2940	2940～3430
10	2940～3920	3430～3920
12	3430～4410	4410～4900
14	3920～4900	4900～5880

钢筋点焊工艺根据焊接电流大小和通电时间长短，可分为强参数工艺和弱参数工艺。强参数工艺电流强度较大（120～360A/mm²），而通电时间很短（0.1～0.5s），这种工艺的经济效果好，但点焊机的功率要大。弱参数工艺的电流强度较小（80～160A/mm²），而通电时间较长（大于 0.5s）。点焊热轧钢筋时，除因钢筋直径较大而焊机功率不足需采用弱参数工艺外，一般都可采用强参数工艺，以提高点焊效率。点焊冷处理钢筋时，为了保证点焊质量，必须采用强参数工艺。

5.2.5.3　电阻点焊缺陷及其消除措施

钢筋点焊生产过程中，应随时检查制品的外观质量，当发现焊接缺陷时，应参照表 5-23 查找原因，并采取措施及时消除。

表 5-23　　　　　　　　　　　点焊焊接缺陷及其消除措施

项次	缺陷种类	产 生 原 因	消 除 措 施
1	焊点过烧	①变压器级数过高；②通电时间太长；③上下电极不对中心；④继电器接触失灵	①降低变压器级数；②缩短通电时间；③切断电源，校正电极；④切断电源，校正电极
2	焊点脱落	①电流过小；②压力不够；③压入深度不足；④通电时间太短	①提高变压器级数；②加大弹簧压力或调大气压；③调整两电极间距离，使其符合压入度要求；④延长通电时间
3	表面烧伤	①钢筋和电极接触表面太脏；②焊接时没有预压过程或预压力过小；③电流过大；④电极变形	①清刷电极与钢筋表面的铁锈和油污；②保证预压过程和适当的预压压力；③降低变压器级数；④修理或更换电极

5.2.6　钢筋埋弧压力焊连接

5.2.6.1　埋弧压力焊焊接工艺

施焊前，钢筋钢板应清洁，必要时除锈，以保证台面与钢板、钳口与钢筋接触良好，不致起弧。钢筋埋弧压力焊分为手工和自动两种形式。

（1）采用手工埋弧压力焊时，接通焊接电源后，立即将钢筋上提 2.5～4.0mm，引燃电弧。随后根据钢筋直径大小，适当延时，或者继续缓慢提升 3～4mm，再渐渐下送，使钢筋端部和钢板熔化，待达到一定时间后，迅速顶压。

（2）采用自动埋弧压力焊时，在引弧之后，根据钢筋直径大小，延续一定时间进行熔化，随后及时顶压。

5.2.6.2　焊接参数

埋弧压力焊的焊接参数包括引弧提升高度、电弧电压、焊接电流、焊接通电时间等。当采用 500 型焊接变压器时，焊接参数应符合表 5-24 的规定；当采用 1000 型焊接变压器时，也可选用大电流、短时间的强参数焊接法。

表 5-24　　　　　　　　　　　埋弧压力焊的焊接参数

钢筋级别	钢筋直径/mm	引弧提升高度/mm	电弧电压/V	焊接电流/A	焊接通电时间/s
HPB300	6	2.5	30～35	400～450	2
	8	2.5	30～35	500～600	3
HRB335	10	2.5	30～35	500～650	5
	12	3.0	30～35	500～650	8
	14	3.5	30～35	500～650	15
	16	3.5	30～40	500～650	22
	18	3.5	30～40	500～650	30
	20	3.5	30～40	500～650	33
	22	4.0	30～40	500～650	36
	25	4.0	30～40	500～650	40

5.2.6.3　焊接缺陷及其消除措施

当发现焊接缺陷时，宜按表 5-25 采取措施，及时消除。

表 5-25　预埋件钢筋埋弧压力焊接头焊接缺陷及其消除措施

项次	焊接缺陷	消 除 措 施
1	钢筋咬边	①减小焊接电流或缩短焊接时间；②增大压入量
2	气孔	①烘焙焊剂；②消除钢板和钢筋上的铁锈、油污
3	夹渣	①消除焊剂中熔渣等杂物；②避免过早切断焊接电流；③加快顶压速度
4	未焊合	①增大焊接电流，增加焊接通电时间；②适当加大顶压力
5	焊包不均匀	①保证焊接地线接触良好；②使焊接处对称导电
6	钢板焊穿	①减小焊接电流或减少焊接通电时间；②避免钢板局部悬空
7	钢筋淬硬脆断	①减小焊接电流，延长焊接时间；②检查钢筋化学成分
8	钢板凹陷	①减小焊接电流，延长焊接时间；②减小顶压力，减小压入量

5.2.6.4　埋弧压力焊接头质量检验

(1) 取样数量。预埋件钢筋 T 形接头的外观检查，应从同一台班内完成的同一类型预埋件中抽查 10%，且不得少于 10 件。

当进行力学性能试验时，应以 300 件同类型预埋件作为一个验收批。一周内连续焊接时，可累计计算。当不足 300 件时，也应按一个验收批计算。应从每批预埋件中随机切取 3 个试件进行拉伸试验。

拉伸试件的尺寸如图 5-12 所示。如果从成品中切取的试件尺寸过小，不能满足试验要求，可按生产条件制作模拟试件。

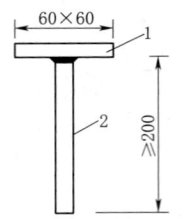

图 5-12　预埋件 T 形接头拉伸试件（单位：mm）

1—钢板；2—钢筋

(2) 外观检查。埋弧压力焊接头外观检查结果，应符合下列要求：

1) 四周焊包凸出钢筋表面的高度不应小于 4mm。
2) 钢筋咬边深度不得超过 0.5mm。
3) 与钳口接触处钢筋表面应无明显烧伤。
4) 钢板应无焊穿，根部应无凹陷现象。
5) 钢筋相对钢板的直角偏差不得大于 4°。
6) 钢筋间距偏差不应大于 10mm。

(3) 拉伸试验。预埋件 T 形接头 3 个试件拉伸试验结果，其抗拉强度应符合下列要求：

1) HPB300 级钢筋接头，其抗拉强度均不得小于 350N/mm^2。
2) HRB335 级钢筋接头，其抗拉强度均不得小于 490N/mm^2。

当试验结果中有 1 个试件的抗拉强度小于规定值时，应再取 6 个试件进行复验。复验结果中，当仍有 1 个试件的抗拉强度小于规定值时，应确认该批接头为不合格品。对于不合格品进行补强焊接后，可提交二次验收。

附件 5.3 钢筋绑扎连接

5.3.1 钢筋绑扎的准备工作

在混凝土工程中,模板安装、钢筋绑扎与混凝土浇筑是立体交叉作业的,为了保证质量、提高效率、缩短工期,必须在钢筋绑扎安装前认真做好以下准备工作。

5.3.1.1 图纸、资料的准备

(1) 熟悉施工图。施工图是钢筋绑扎安装的依据。熟悉施工图的目的是弄清各个编号钢筋形状、标高、细部尺寸、安装部位,钢筋的相互关系,确定各类结构钢筋正确合理的绑扎顺序。同时,若发现施工图有错漏或不明确的地方,应及时与有关部门联系解决。

(2) 核对配料单及料牌。依据施工图,结合标准对接头位置、数量、间距的要求,核对配料单及料牌是否正确,校核已加工好的钢筋的品种、规格、形状、尺寸及数量是否合乎配料单的规定,有无错配、漏配。

(3) 确定施工方法。根据施工组织设计中对钢筋安装时间和进度的要求,研究确定相应的施工方法。

5.3.1.2 工具、材料的准备

(1) 工具准备。备好扳手、钢丝、小撬棍、马架、钢筋钩、画线尺、垫块或塑料定位卡、撑铁(坡式骨架绑扎架见图 5-13)等常用工具。

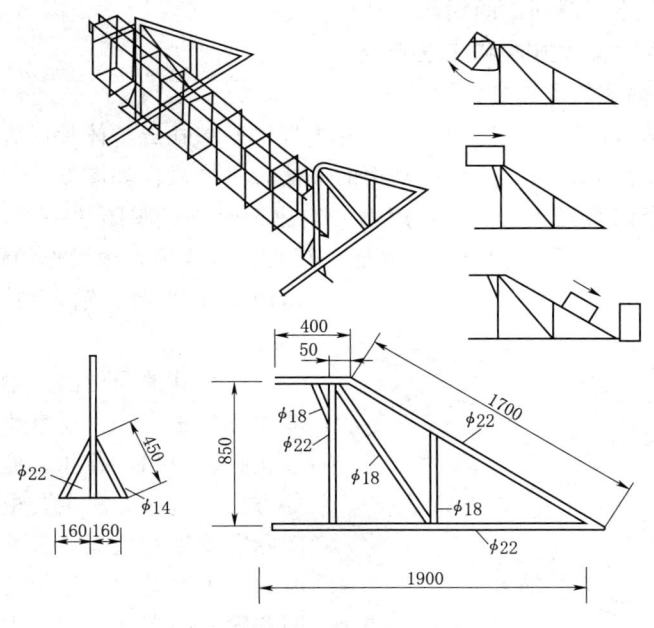

图 5-13 坡式骨架绑扎架(单位:mm)

(2) 了解现场施工条件,包括运输路线是否畅通,材料堆放地点是否安排得合理等。

(3) 检查钢筋的锈蚀情况，确定是否除锈和采用哪种除锈方法等。

5.3.1.3 现场施工的准备

(1) 施工图放样。按施工图的钢筋安装部位绘出若干样图，样图经校核无误后，才可作为钢筋绑扎的依据。

(2) 钢筋位置放线。若梁、板、柱类型较多，为避免出现混乱和差错，还应在模板上标示各种型号构件的钢筋规格、形状和数量。为使钢筋绑扎正确，一般先在结构模板上用粉笔按施工图标明的间距画线，作为摆料的依据。通常平板或墙板钢筋在模板上画线，柱箍筋在两根对角线主筋上标点，梁箍筋在架立钢筋上标点，基础的钢筋则在固定架上画线或在两向各取的一根钢筋上标点。钢筋接头按位置、数量的要求在模板上画出。

(3) 做好自检、互检及交接检工作。在钢筋绑扎安装前，应会同施工人员及木工、水电安装工等有关人员，共同检查模板尺寸、标高，确定管线、水电设备等的预埋和预留工作。

5.3.1.4 混凝土施工过程中的注意事项

(1) 在混凝土浇筑过程中，混凝土的运输应有自己独立的通道。运输混凝土不能损坏成品钢筋骨架，应在混凝土浇筑时派钢筋工现场值班，及时修整移动的钢筋或扎好松动的绑扎点。

(2) 混凝土施工缝不应随意留置，其位置应事先在施工技术方案中确定，应尽可能留置在受剪力较小的部位，并且要便于施工。钢筋工应在混凝土再次浇筑前，认真调整混凝土施工缝部位的钢筋。

5.3.2 钢筋绑扎操作方法和工艺要点

5.3.2.1 钢筋绑扎的操作方法

钢筋绑扎是借助钢筋钩用钢丝把各种单根钢筋绑扎成整体片或骨架。

(1) 一面顺扣绑扎法。这是最常用的方法，具体操作如图 5-14 所示。绑扎时先将钢丝扣穿套钢筋交叉点，接着用钢筋钩住钢丝弯成圆圈的一端，旋转钢筋钩，一般旋 1.5～2.5 圈即可。扣要短，才能少转快扎。这种方法操作简便，绑点牢靠，适用于钢筋网、钢筋骨架各个部位的绑扎。

(2) 其他操作法。钢筋绑扎除一面顺扣绑扎法之外，还有十字花扣、反十字花扣、兜扣、缠扣、兜扣加缠、套扣等方法。这些方法主要根据绑扎部位的实际需要进行选择，其形式如图 5-15 所示。十字花扣、兜扣适用于平板钢筋网和箍筋的绑扎；缠扣主要用于墙钢筋和柱箍筋的绑扎；反十字花扣、兜扣加缠适用于梁骨架箍筋与主筋的绑扎；套扣适用于梁的架立钢筋和箍筋的绑扎。

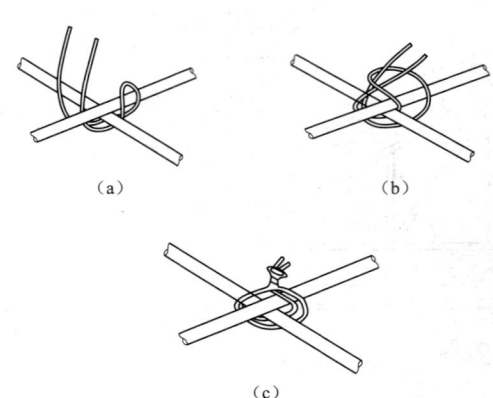

图 5-14 钢筋一面顺扣绑扎法
(a) 第一步；(b) 第二步；(c) 第三步

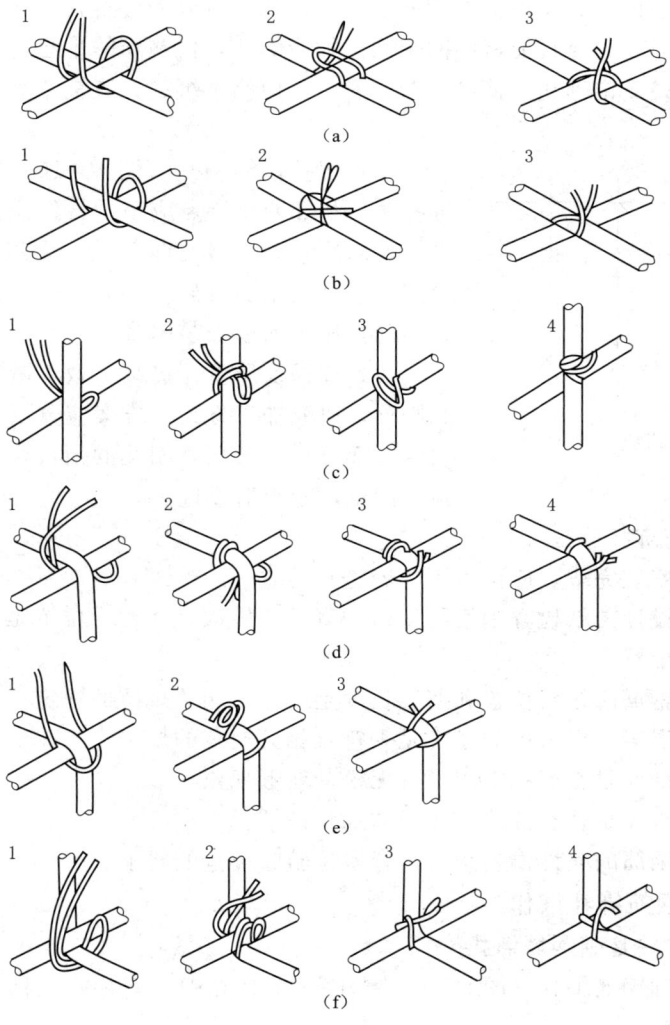

图 5-15 钢筋绑扎方法

(a) 兜扣;(b) 十字花扣;(c) 缠扣;(d) 反十字花扣;(e) 套扣;(f) 兜扣加缠

(3) 钢筋绑扎用的钢丝。钢筋绑扎用的钢丝主要规格为 20~22 号的镀锌钢丝或火烧丝。22 号钢丝宜用于绑扎直径 12mm 以下的钢筋;绑扎直径 12~25mm 钢筋时,宜用 20 号钢丝。

5.3.2.2 钢筋现场模内绑扎顺序

钢筋现场模内绑扎的一般顺序为画线→摆筋→穿筋→绑扎→安放垫块等。

5.3.2.3 钢筋绑扎的操作要点

(1) 画线时应画出主筋的间距及数量,并标明箍筋的加密位置。

(2) 板类钢筋应先排主筋后排连系钢筋,梁类钢筋一般先摆纵筋然后摆横筋。摆筋时应注意按规定将受力钢筋的接头错开。

(3) 受力钢筋接头在连接区段 ($35d$,d 为钢筋直径且不小于 500mm) 内,有接头的受力钢筋截面面积占受力钢筋总截面面积的百分率应符合相关规范的规定。

（4）箍筋的转角与其他钢筋的交叉点均应绑扎，但箍筋的平直部分与钢筋的交叉点可呈梅花式交错绑扎。箍筋的弯钩叠合处应错开绑扎，应交错绑扎在不同的钢筋上。

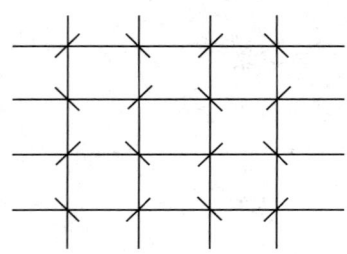

图 5-16 绑扎钢筋网片

（5）绑扎钢筋网片（图 5-16）采用一面顺扣绑扎法。相邻两个绑点应呈"八"字形，不要互相平行，以防骨架歪斜变形。

（6）预制钢筋骨架绑扎时，要注意保持外形尺寸正确，避免入模安装困难。

（7）在保证质量、提高工效、减轻劳动强度的原则下，研究加工方案，方案应分清预制部分和模内绑扎部分，以及两者相互的衔接，避免后续工序施工困难，甚至造成返工。

5.3.2.4 钢筋绑扎检查

钢筋绑扎安装完毕，应按以下内容进行检查：

（1）对照设计图纸检查钢筋的规格、直径、根数、间距、位置是否正确，应特别注意钢筋的位置。

（2）检查钢筋的接头位置和搭接长度是否符合相关规范的规定。

（3）检查混凝土保护层的厚度是否符合相关规范的规定。

（4）检查钢筋是否绑扎牢固，有无松动变形现象。

（5）钢筋表面是否有油渍、漆污和片状铁锈。

（6）安装钢筋的允许偏差是否符合质量验收规范的要求。

5.3.3 基础钢筋绑扎操作

5.3.3.1 独立柱基础钢筋绑扎

独立柱基础钢筋绑扎（图 5-17）顺序：①基础钢筋网片→②插筋→③柱受力钢筋→④柱箍筋。

（1）独立柱基础钢筋为双向弯曲钢筋，其底面短向与长向钢筋的布置，应按设计图纸要求进行。

（2）钢筋网片绑扎时，要将钢筋的弯钩朝上，不要倒向一边。绑扎时，应先绑扎底面钢筋的两端，以便固定底面钢筋的位置。

（3）在柱钢筋与插筋绑扎接头时，绑扣要向里，便于箍筋向上移动。

（4）在绑扎柱钢筋时，其纵向筋应使弯钩朝向柱中心。

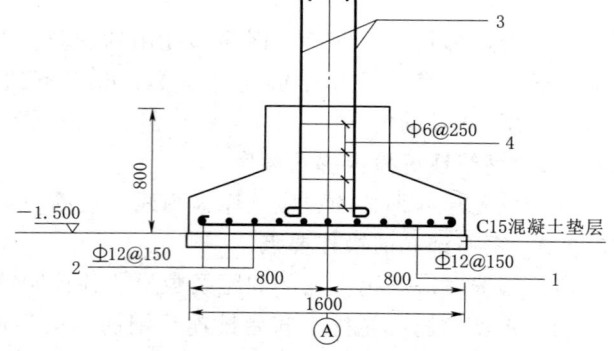

图 5-17 现浇独立柱基础钢筋绑扎（单位：mm）
1—基础钢筋网片；2—插筋；3—柱受力钢筋；4—柱箍筋

(5) 箍筋弯钩叠合处需错开。
(6) 插筋需用木条井字架固定在外模板上。
(7) 现浇柱与基础连接用的插筋应比柱的箍筋缩小一个柱主筋直径，以便连接。

5.3.3.2 条形基础钢筋绑扎

条形基础钢筋绑扎顺序：绑扎底板钢筋网片→绑扎条形基础钢筋骨架。

(1) 条形基础钢筋一般在支模前进行就地绑扎，借助绑扎架支起上下纵筋和弯起钢筋。
(2) 套入箍筋后，放下部纵筋。
(3) 箍筋按画线标记的间距就位。
(4) 将上下纵筋及弯起钢筋排列均匀，进行绑扎。
(5) 绑扎成型后抽出绑扎架，将骨架放在底板钢筋上并进行绑扎。

5.3.3.3 箱形基础（地下室）钢筋绑扎

绑扎箱形基础（地下室）钢筋前，应将检查核对好的成型钢筋运至地下底板上，应分部位、按规格型号堆放。

箱形基础（地下室）钢筋绑扎顺序：运钢筋→绑扎基础梁钢筋→绑扎底板钢筋→绑扎墙钢筋→绑扎顶板钢筋。

1. 基础梁钢筋绑扎

基础梁钢筋绑扎顺序：将梁架立筋两端架在骨架绑扎架上→画箍筋间距→绑扎箍筋→穿梁下层纵向受力主筋→下层主筋与箍筋绑牢→抽出骨架绑扎架，骨架落在梁位置线上→安放垫块。

(1) 箍筋弯钩的叠合处应交错绑扎。
(2) 如果纵向钢筋采用双排，两排钢筋之间应垫以直径 25mm 的短钢筋。

2. 地下室底板钢筋绑扎

底板钢筋绑扎顺序：画底板钢筋间距→摆放下层钢筋→绑扎下层钢筋→摆放钢筋马凳（钢筋支架）→绑扎上层纵横两个方向定位钢筋→画其余钢筋间距→穿设钢筋→绑扎→安放垫块。

(1) 按图纸标明的钢筋间距，算出底板实际需用的钢筋根数，一般让靠近底板模板边的那根钢筋离模板边为 50mm，在底板上弹出钢筋位置线（包括基础梁钢筋位置线）和墙、柱插筋位置线。
(2) 先铺底板下层钢筋。根据设计和规范要求，决定下层钢筋哪个方向的钢筋放在下面，一般情况下先铺短向钢筋，再铺长向钢筋。如果底板有集水坑、设备基坑，在铺底板下层钢筋前，先铺集水坑、设备基坑的下层钢筋。
(3) 钢筋绑扎时，单向板靠近外围两行的相交点每点都绑扎，中间部分的相交点可相隔交错绑扎，双向受力的钢筋必须将钢筋交叉点全部绑扎。如采用一面顺扣绑扎法，应交错变换方向，也可采用八字扣，但必须保证钢筋不产生位移。
(4) 检查底板下层钢筋施工合格后，放置底板混凝土保护层用砂浆垫块，垫块厚度等于保护层厚度，按每 1m 左右距离呈梅花形摆放。如基础底板较厚或基础梁及底板用钢量较大,摆放距离可缩小。

(5) 底板如有基础梁,可事先预制或现场就地绑扎,对于短的基础梁、门洞口下地梁,可采用事先预制,施工时吊装就位即可。对于长的、大的基础梁,则采用现场绑扎。

(6) 基础底板采用双层钢筋时,绑完下层钢筋后,搭设钢管支撑架(绑基础梁),摆放钢筋马凳(以间距1m左右一个为宜),在马凳上摆放纵横两个方向定位钢筋,钢筋上下次序及绑扣方法同底板下层钢筋。

(7) 底板钢筋如有绑扎接头,钢筋搭接长度及搭接位置应错开,钢筋搭接处应用钢丝在中心及两端扎牢。如采用焊接接头或机械连接接头,除应按焊接或机械连接规程规定抽取试样外,接头位置和错开要求也应按设计及规范要求施工。

(8) 由于基础底板及基础梁受力的特殊性,上下层钢筋断筋位置应符合设计和规范要求。

(9) 根据在防水保护层上弹好的墙、柱插筋位置线和底板上网固定的定位框,将墙、柱伸入基础的插筋绑扎牢固,并在主筋上(底板上约500mm)绑一道固定筋,墙插筋两边距暗柱50mm,插入基础深度要符合设计和规范锚固长度的要求,甩出长度和甩头错开百分比及错开长度应按设计及规范要求施工。其上端应采取措施保证甩筋垂直,不歪斜、倾倒、变位,同时要考虑搭接长度、相邻钢筋错开距离。

3. 地下室墙筋绑扎

(1) 在底板混凝土上弹出钢筋位置线、模板控制线、墙身及门窗洞口位置线,再次校正甩槎立筋,如有较大位移,按设计洽商要求认真处理。

(2) 钢筋绑扎时如有暗柱,先绑扎暗柱(可以设暗柱皮数杆绑扎箍筋)和门口过梁钢筋,再安装预制的竖向梯子筋(梯子筋若代替墙体竖向钢筋,强度应大于墙体竖向钢筋一个规格,梯子筋上、中、下三道控制墙厚度的横档钢筋的长度比墙厚小2mm,端头用无齿锯锯平后刷防锈漆,根据不同墙厚画出梯子筋一览表),一道墙一般设置2个或3个为宜,在顶部再绑水平梯子筋(根据不同墙厚画出梯子筋一览表),然后绑扎墙体竖向钢筋。第一根水平筋距地面50mm。

(3) 墙筋为双向受力钢筋,所有钢筋交叉点应逐点绑扎,其搭接长度及位置要符合设计及规范要求。

(4) 双排钢筋之间应按间距绑扎支撑或拉筋,以固定双排钢筋的骨架间距。支撑可用$\phi 10 \sim \phi 14$钢筋制作,拉筋可用$\phi 6$或$\phi 8$钢筋制作,间距为1m左右,呈梅花形布置。

(5) 在墙筋外侧应绑上带有钢丝的砂浆垫块或塑料卡,以保证保护层的厚度。注意:钢筋保护层垫块不要绑在钢筋十字交叉点上。

(6) 为保证门窗洞口标高位置正确,在洞口竖筋上画出标高线。门窗洞口要按设计和规范要求绑扎过梁钢筋,锚入墙内的长度要符合设计及规范要求。过梁箍筋两端各进入暗柱一个,第一个过梁箍筋距暗柱边50mm,顶层时过梁入支座全部锚固长度范围内均要加设箍筋,间距为150mm。

(7) 各连接点的抗震构造钢筋应按设计要求进行绑扎，如首层柱的纵向受力筋伸入地下室墙体的深度，墙端部、内外墙交接处的受力筋锚固长度等，要特别注意设计图纸要求。

(8) 配合其他工种安装预埋管件、预留洞等，其位置、标高均应符合设计要求。

4. 地下室顶板钢筋绑扎

(1) 根据图纸设计的间距，在顶板模板上弹出钢筋位置线，一般让靠近模板边的那根钢筋距离板边 50mm。

(2) 按画好的间距，先摆受力主筋，再放分布筋。预埋件、电线管、预留孔等及时配合安装。

(3) 安置马凳和垫块，绑扎顶板负弯矩钢筋。

(4) 安放水平定距框，调整墙、柱预留钢筋的位置。

(5) 如果顶板为双层钢筋，下层钢筋绑扎完成后，放置马凳垫块，铺设上层下部钢筋，再铺设上层上部钢筋，绑扎上层钢筋，最后安放水平定距框，以调整墙、柱预留钢筋的位置。

(6) 钢筋搭接长度、位置应符合规范要求。

(7) 除外围两根筋的交叉点需全部绑扎外，其余各点可交错绑扎（双向板相交点须全部绑扎）。如板为双层钢筋，两层钢筋之间须加钢筋马凳，以确保上部钢筋的位置正确。

(8) 绑扎负弯矩钢筋时，每个扣均要绑扎。

5.3.3.4 桩身钢筋笼的制作

(1) 钢筋笼结构。一般情况下，钢筋笼由主筋、箍筋和螺旋筋组成，主筋高出最上面一道箍筋，以便锚入承台，如图 5-18 所示。

(2) 钢筋笼制作要求。

1) 钢筋笼所用钢筋的规格、材质、尺寸应符合设计要求，钢筋笼的制作偏差应符合规范规定。

2) 钢筋笼的直径除应符合设计要求外，还应符合下列规定：①用导管灌注水下混凝土的桩，其钢筋笼内径应比导管连接处的钢筋笼外径大 100mm 以上，钢筋笼的外径应比钻孔直径小 100mm 左右。②沉管灌注桩，其钢筋笼外径应比钢管内径小 60~80mm。

3) 分段制作的钢筋笼，其长度以小于 10m 为宜。

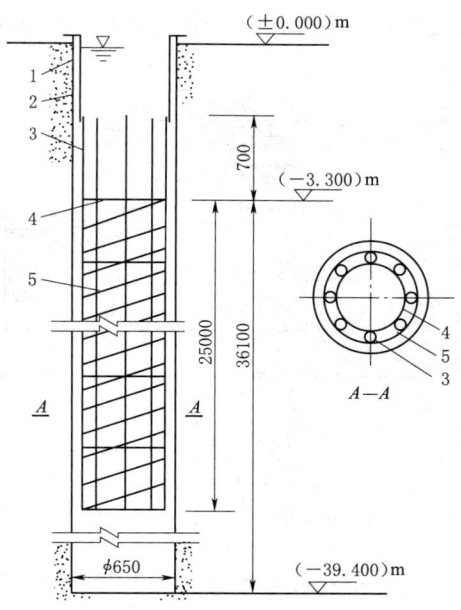

图 5-18 桩身钢筋笼配筋图（单位：mm）
1—护筒；2—吊筋；3—主筋；
4—箍筋；5—螺旋筋

(3) 钢筋笼制作方法。

1) 在钢筋圈制作台上制作钢筋圈（箍筋）并按要求焊接。

2) 钢筋笼成型可用三种方法。

a. 木卡板成型法。用 2～3cm 厚木板制成两块半圆卡板。按主筋位置，在卡板边缘凿出支托主钢筋的凹槽，槽深等于主筋直径的一半。制作钢筋笼时，每隔 3m 左右放一螺旋筋或箍筋套入，并用钢丝将其与主筋绑扎牢固。然后，松开卡板与主筋的绑绳，卸去卡板，随即将主筋同螺旋筋或箍筋点焊，一般要求螺旋筋与主筋之间每一螺距内的焊点数不少于 1 个，相邻两焊点平面投影圆心角尽量接近 90°，以保证钢筋笼的刚度，卡板构造如图 5-19 所示。

图 5-19 卡板

b. 板架成型法。支架分为固定部分和活动部分，如图 5-20 所示。

上下两个半圆支架连在一起，构成一个圆形支架，按钢筋笼长度，每隔 2m 设置一个支架，各支架应互相平行，圆心位于同一水平线上。

制作时，把主筋逐根放入凹槽，然后将箍筋按设计位置放于骨架主筋外围，与主筋点焊连接后，将活动支架和固定支架之间的连接螺栓拆除，从钢筋笼两端抽出活动支架，即可取下整个钢筋笼，然后再绕焊螺旋筋。

c. 钢管支架成型法如图 5-21 所示。①根据箍筋间隔和位置将钢管支架和平杆放正、放平、放稳，在每圈箍筋上标出与主筋的焊接位置。②按设计间距在平杆上放置两根主筋。③按设计间距绑焊箍筋，并注意与主筋垂直。④按箍筋上的标记点焊接固定其余主筋。⑤按规定螺距套入螺旋筋，绑焊牢固。

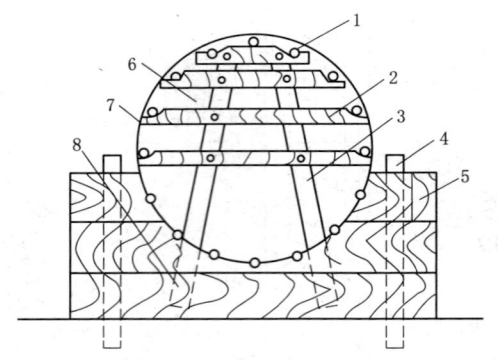

图 5-20 木支架
1—主筋；2—横木条；3—斜木条；4—支柱；
5—固定支架；6—铁钉；7—箍筋；8—螺栓

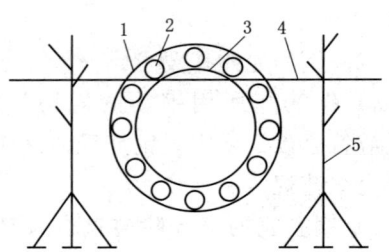

图 5-21 钢管支架成型法示意图
1—箍筋；2—主筋；3—螺旋筋；
4—平杆；5—钢管支架

(4) 钢筋笼保护层。钢筋笼的保护层厚度以设计为准，设计未做规定，可定为 50～70mm。

下放钢筋笼时，需确保钢筋笼中心与成孔中心重合，使钢筋笼四周保护层均匀一致，钢筋笼保护层的设置方法有以下几种。

1) 绑扎混凝土预制垫块。混凝土预制垫块尺寸为 15cm×20cm×8cm，垫块内应埋设钢丝，如图 5-22 所示。

2) 焊接钢筋混凝土预制垫块，形状同图 5-22 所示，不同的是在十字槽底部埋设一根直径 6~8mm 的钢筋，以便能焊接在主筋或箍筋上。

3) 焊接钢筋"耳朵"，如图 5-23 所示。钢筋"耳朵"用直径不小于 10mm 的钢筋弯制而成，长度不小于 15cm，高度不小于 8cm，焊接在钢筋笼主筋外侧。

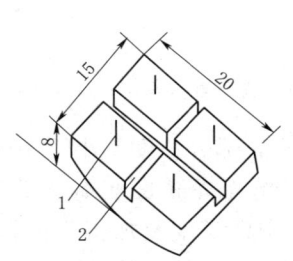 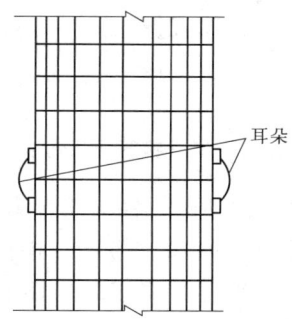

图 5-22 混凝土预制垫块（单位：cm）　　图 5-23 焊接钢筋"耳朵"
1—预埋钢丝；2—纵槽

5.3.4 现浇框架结构钢筋绑扎操作

5.3.4.1 柱子钢筋绑扎

（1）套柱箍筋。按图纸要求间距，计算好每根柱子箍筋数量（注意抗震加密和绑扎接头加密），先将箍筋套在下层伸出的搭接筋上，然后立柱子钢筋，在搭接长度内，绑扣不少于 3 个，绑扣要朝向柱中心。如果柱子主筋采用光圆钢筋搭接，角部弯钩应与模板呈 45°角，中间钢筋的弯钩应与模板呈 90°角。

（2）搭接绑扎竖向受力筋。柱子主筋立起之后，绑扎接头的搭接长度应符合规范要求。

（3）画箍筋间距线。在立好的柱子竖向钢筋上，按图纸要求用粉笔画箍筋间距线（或使用皮数杆控制箍筋间距）；并注意抗震加密、接头加密、机械连接时尽量避开连接套筒。

（4）柱箍筋绑扎。按已画好的箍筋位置线，将已套好的箍筋往上移动，由上而下绑扎，宜采用缠扣绑扎，如图 5-24 所示。

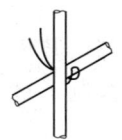  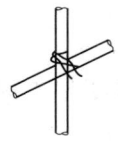 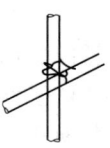

图 5-24 箍筋缠扣绑扎

箍筋与主筋要垂直和密贴，箍筋转角处与主筋的相交点均要绑扎，主筋与箍筋非转角部分的相交点呈梅花形交错绑扎。

箍筋的弯钩叠合处应沿柱子竖筋交错布置，并绑扎牢固，如图 5-25 所示。

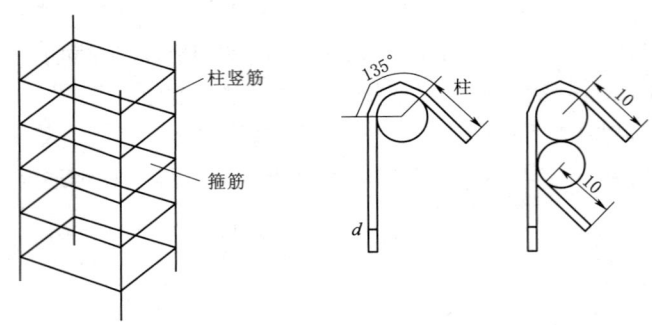

图 5-25　箍筋的弯钩叠合处沿柱子竖筋交错布置（单位：cm）

有抗震要求的地区，柱箍筋端头弯成 135°，平直部分长度不小于 10d（d 为箍筋直径）。如箍筋采用 90°搭接，搭接处应焊接，单面焊缝长度不小于 10d 柱基、柱顶和核心区（梁、柱交接处）箍筋应加密，加密区长度及加密区内箍筋间距应符合设计图纸和抗震规范的要求。如设计要求箍筋设拉筋，拉筋应钩住箍筋，如图 5-26 所示。

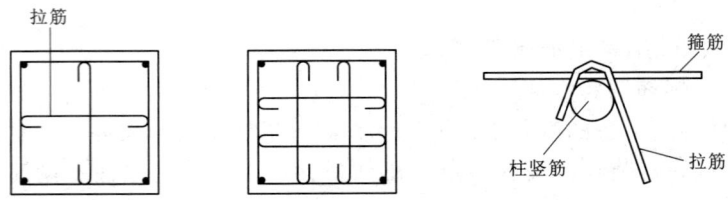

图 5-26　拉筋钩住箍筋连接

凡绑扎接头，接头长度内箍筋应按 5d 和不大于 100mm（受拉），或 10d 和不大于 200mm（受压）时加密。当受压钢筋直径大于 25mm 时，应在搭接接头外 100mm 范围内各绑扎两道箍筋。

柱子钢筋保护层厚度应符合设计及规范要求，主筋外保护层厚度一般为 25mm，箍筋外保护层厚度一般为 15mm，垫块应绑扎在柱筋外皮上（或用塑料卡卡在外竖筋上），注意避开十字交叉处，间距一般为 1000mm，以保证主筋保护层厚度的准确。当柱子截面尺寸变化时，柱子钢筋应在板内弯曲或在下层搭接错位，弯后的尺寸要符合设计和规范的要求。

为控制柱子竖向主筋的位置，一般在柱子的中部、上部以及预留筋的上口设置 3 个定位箍筋（定位箍筋用高于柱子箍筋一个级别的钢筋焊制，呈"井"字形，顶在模板内，比柱断面小 2mm）。

(5) 下层柱的钢筋露出楼面部分，宜用工具式柱箍筋将其收进一个柱筋直径，以利于上层柱的钢筋搭接。当柱截面有变化时，其下层柱钢筋的露出部分，必须在绑扎梁的钢筋之前，先行收缩准确。

(6) 框架梁、牛腿及柱帽等钢筋，应放在柱的纵向钢筋内侧。

（7）柱钢筋的绑扎，应在模板安装前进行。

5.3.4.2 钢筋混凝土过梁钢筋

图5-27为钢筋混凝土过梁配筋图，绑扎顺序：支设绑扎架→画钢筋间距点→绑扎成型。

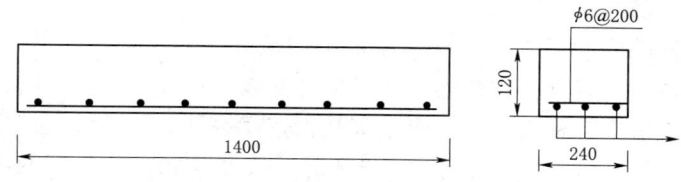

图5-27 钢筋混凝土过梁配筋图（单位：mm）

（1）在梁侧模板上画出箍筋间距，摆放箍筋。

（2）先穿主梁的下部纵向受力钢筋及弯起钢筋，将箍筋按已画好的间距逐个分开；穿次梁的下部纵向受力钢筋及弯起钢筋，并套好箍筋；放主梁、次梁的架立筋；隔一定间距将架立筋与箍筋绑扎牢固；调整箍筋间距，使间距符合设计和规范的要求，绑扎架立筋，再绑扎主筋，主梁、次梁同时配合进行。

（3）框架梁上部纵向钢筋应贯穿中间节点，梁下部纵向钢筋伸入中间节点锚固长度及伸过中心线的长度要符合设计和规范的要求。

（4）绑扎梁上部纵向钢筋的箍筋，宜用套扣法，如图5-28所示。

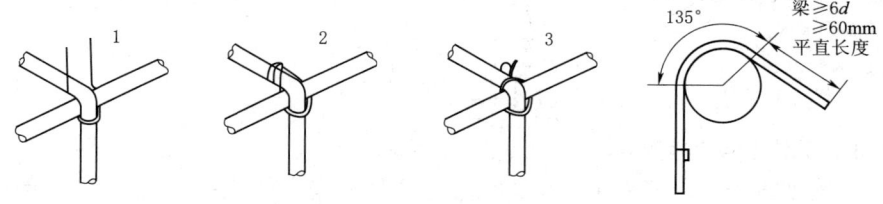

图5-28 套扣绑扎

（5）箍筋在叠合处的弯钩，在梁中应交错绑扎，箍筋弯钩为135°，平直部分长度为$10d$，如做成封闭箍，单面焊缝长度为$10d$。

（6）梁端第一个箍筋应设置在距离柱节点边缘50mm处。梁端与柱交接处箍筋应加密，其间距与加密区长度均要符合设计及规范的要求。

（7）主梁、次梁所有接头末端与钢筋弯折处的距离，不得小于钢筋直径的10倍。接头不宜位于构件最大弯矩处，受拉区域内HPB300级钢筋绑扎接头的末端应做弯钩（HPB335级钢筋可不做弯钩），搭接处应在中心和两端扎牢。接头位置应相互错开，当采用绑扎搭接接头时，接头长度、错开百分比、错开长度按设计及规范要求确定。在规定搭接长度的任一区段内有接头的受力钢筋截面面积占受力钢筋总截面面积的百分率，受拉区不大于25%。

（8）过梁钢筋在马凳式绑扎架上进行，两个绑扎架组成工作架时，应互相平行，如图5-29所示。

5.3.4.3 现浇板钢筋绑扎

现浇板钢筋绑扎顺序：清理模板→模板上画线→绑扎下层钢筋→绑扎上层（负弯矩）钢筋。

(1) 清理模板上面的杂物，用粉笔在模板上画好主筋、分布筋间距。

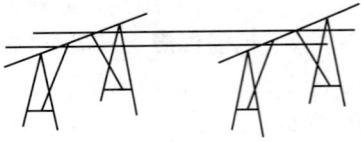

图 5-29 马凳式钢筋绑扎架

(2) 按画好的间距，先摆放受力主筋，后放分布筋。预埋件、电线管、预留孔等及时配合安装。

(3) 在现浇板中有板带梁时，应先绑扎板带梁钢筋，再摆放其他钢筋。

(4) 绑扎板钢筋时一般用顺扣（图 5-30）或八字扣，除外围两根钢筋的相交点应全部绑扎外，其余各点交错绑扎（双向板相交点需全部绑扎）。如板为双层钢筋，两层钢筋之间必须加钢筋马凳，以确保上层钢筋的位置。负弯矩钢筋每个相交点均要绑扎。

(5) 在钢筋的下面垫好砂浆垫块，间距为 1000mm。垫块厚度等于保护层厚度，应满足设计及规范的要求，如设计无要求，板的保护层厚度应为 15mm。钢筋搭接长度与搭接位置的要求与前面所述梁相同。

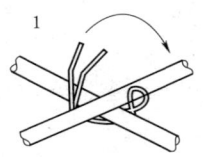 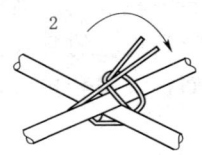 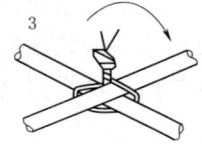

图 5-30 顺扣

5.3.4.4 梁柱节点钢筋绑扎

(1) 梁纵向受力钢筋采用双层排列时，两排钢筋之间应垫以直径不小于 25mm 的短钢筋，以保持其设计距离。

应注意板上部的负筋，要防止被踩下；特别是雨篷、挑檐、阳台等悬臂板，要严格控制负筋位置，以免拆模后断裂。

(2) 板、次梁与主梁交叉处，板的钢筋在上，次梁的钢筋居中，主梁的钢筋在下（图 5-31）；当有圈梁或垫梁时，主梁的钢筋在上（图 5-32）。

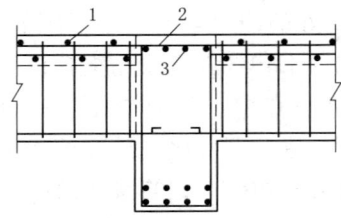 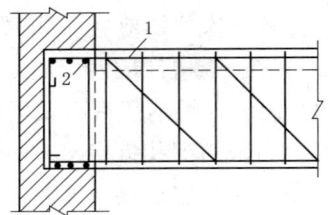

图 5-31 板、次梁与主梁交叉处钢筋 　　图 5-32 主梁与垫梁交叉处钢筋
1—板的钢筋；2—次梁钢筋；3—主梁钢筋　　　　1—主梁钢筋；2—垫梁钢筋

(3) 框架节点处钢筋穿插十分稠密时,应特别注意梁顶面主筋间的净距要有 30mm,以利于浇筑混凝土。

(4) 钢筋绑扎时应防止水电管线将钢筋顶起或压下。

(5) 梁柱节点钢筋绑扎的顺序：支设模板→立下柱钢筋→绑扎下柱箍筋→上下柱钢筋一并绑扎→绑扎上柱箍筋→从柱主筋内侧穿梁的上部钢筋和弯起钢筋→套梁箍筋→穿入梁底部钢筋→绑扎牢固→检查。

(6) 施工要点。

1) 柱的纵向钢筋弯钩应朝向柱中心。

2) 箍筋的接头应交错布置在柱四个角的纵向钢筋上。

3) 箍筋转角与纵向钢筋的交叉点均应绑扎牢固。

4) 梁的钢筋应放在柱的纵向钢筋的内侧。

5) 柱、梁箍筋在弯钩叠合处错开。

5.3.4.5 现浇钢筋混凝土楼梯钢筋绑扎

现浇钢筋混凝土楼梯钢筋骨架采用模内安装绑扎的方法,即现场绑扎。在绑扎前须仔细研究绑扎的顺序,即在绑扎前详细具体地将穿筋顺序、绑扎次序做好安排,如图 5-33 所示。

(1) 楼梯钢筋骨架的绑扎顺序：模板上画线→钢筋入模→绑扎受力钢筋和分布筋→检查→成品保护。

(2) 在楼梯模板上画主筋和分布筋的位置线。

(3) 根据设计图纸中主筋、分布筋的方向,先绑扎主筋后绑扎分布筋,每个交点均应绑扎。

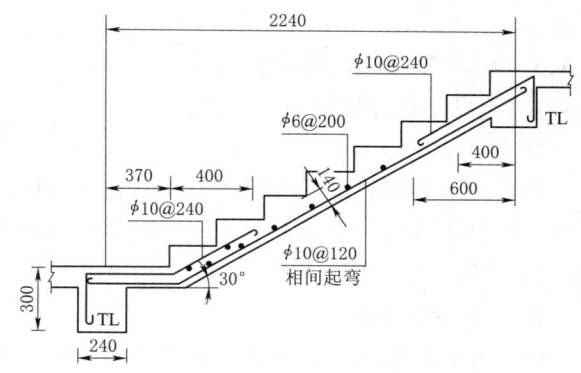

图 5-33 现浇钢筋混凝土楼梯（单位：mm）

如有楼梯梁时,先绑扎梁钢筋后绑扎板钢筋。板钢筋要锚固到梁内。

(4) 底板钢筋绑扎完,待踏步模板吊绑支好后,再绑扎踏步钢筋。主筋接头数量和位置均要符合施工质量验收规范的规定。

(5) 施工注意事项。

1) 钢筋的弯钩应全部向内。

2) 钢筋的间距及弯起位置应画在模板上。

3) 不得踩在钢筋骨架上进行绑扎。

4) 作业开始前必须检查模板及支撑是否牢固。

5.3.4.6 肋形楼盖钢筋绑扎

肋形楼盖钢筋绑扎顺序：绑扎主梁筋→绑扎次梁筋→绑扎板钢筋。具体如下：

(1) 处理好主梁、次梁、板三者的关系。

(2) 纵向受力钢筋采用双排布置时,两排钢筋之间宜垫以直径不小于 25mm 的短钢筋，以保持其距离。

（3）箍筋的接头应交错布置在两根架立钢筋上。

（4）板上的负弯矩钢筋，要严格控制其位置，防止被踩下。

（5）板、次梁与主梁的交叉处，板的钢筋在上，次梁的钢筋居中，主梁的钢筋在下，如图5-34所示。当有圈梁或垫梁时，主梁的钢筋在上，如图5-35所示。

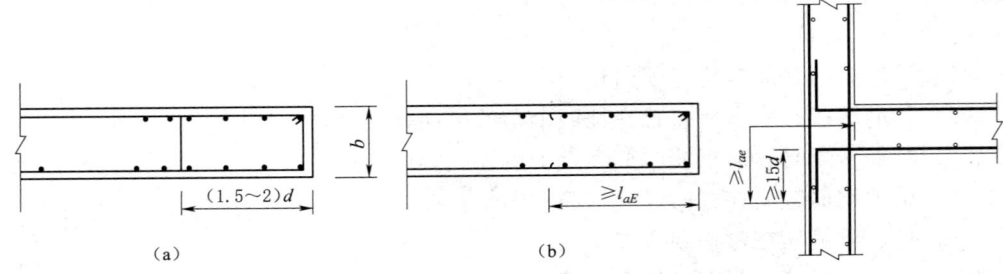

图5-34 剪力墙的水平钢筋的端部收头
b—截面宽度；l_{aE}—抗震锚固长度

图5-35 "丁"字形节点

5.3.5 现浇剪力墙钢筋绑扎操作

5.3.5.1 现浇剪力墙模内钢筋绑扎

1. 施工前的准备

在进行钢筋绑扎前，首先要整理好预留的搭接钢筋，把变形的钢筋调直，若下层预留的伸出钢筋位置偏差较大，应经设计单位签证同意，进行弯折调整。同时，应将松动的混凝土清除。

2. 墙体钢筋绑扎

（1）先安装预制的竖向和水平梯子筋（梯子筋如代替墙体竖向钢筋，应高于墙体竖向钢筋一个级别，梯子筋中控制墙厚度的横向钢筋的长度比墙厚小2mm，端头用无齿锯锯平后刷防锈漆），并注意吊垂直，再绑扎暗柱和门口过梁钢筋，一道墙一般设置2个或3个竖向梯子筋为宜，然后绑扎墙体水平钢筋。第一根水平钢筋距地面50mm。

（2）墙体钢筋为双向受力钢筋时，所有钢筋交叉点应逐点绑扎牢固，绑扎时相邻绑扎点的铁螺纹呈"八"字形，以免钢筋网歪斜变形。钢筋锚固长度、搭接长度及错开要符合设计及规范的要求。

（3）双排钢筋之间应绑间距支撑或拉筋，以固定双排钢筋的骨架间距。支撑可用$\phi 10 \sim \phi 14$钢筋制作，支撑如顶模板，要按墙厚度减2mm，用无齿锯锯平并刷防锈漆。拉筋可用$\phi 6$或$\phi 8$钢筋制作，加工要准确，不要顶模露筋，尽量满足10mm保护层厚度的要求，间距1m左右，呈梅花形布置。

（4）在墙筋外侧应绑上带有钢丝的砂浆垫块或塑料卡，以保证保护层的厚度。注意：钢筋保护层垫块不要绑在钢筋十字交叉点上。

（5）为保证门窗洞口标高位置正确，在洞口竖筋上画出标高线。门窗洞口要按设计和规范要求绑扎过梁钢筋，锚入墙内长度要符合设计要求，过梁箍筋两端各进入暗柱一个，第一个过梁箍筋距暗柱边 50mm，顶层时过梁入支座全部锚固长度范围内均要加设箍筋，间距为 150mm。

（6）各连接点的抗震箍筋的加密范围和间距，弯钩和直钩要求及锚固长度，均应按设计及抗震规范要求确定。如首层柱的纵向受力钢筋伸入地下室墙体的深度，墙端部、内外墙交接处受力钢筋锚固长度等，绑扎时应注意。

（7）配合其他工种安装预埋管件、预留洞等，其位置、标高均应符合设计要求。

3. 剪力墙钢筋搭接

水平钢筋和竖向钢筋的搭接要相互错开。搭接要符合设计要求，如设计无明确要求，须按规范规定进行。

4. 剪力墙钢筋的锚固

（1）剪力墙的水平钢筋在端部应按设计和规范要求施工，做成暗柱或加 U 形钢筋，如图 5-34（a）、(b) 所示。

（2）剪力墙的水平钢筋在"丁"字形节点及转角节点的绑扎锚固，如图 5-35、图 5-36 所示。

（3）剪力墙的连梁上、下水平钢筋伸入墙内长度 e' 应不小于工程锚固长度要求，如图 5-37 所示。

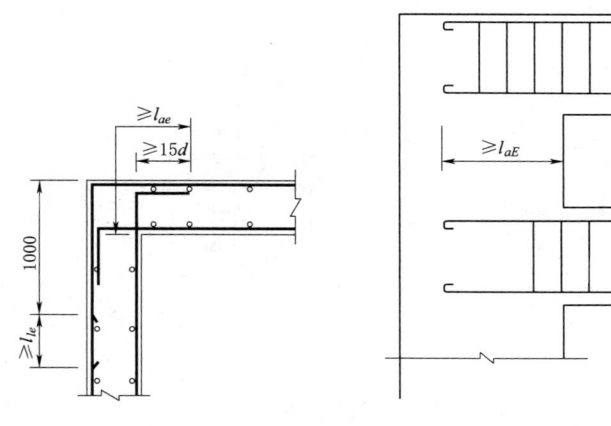

图 5-36 转角节点　　图 5-37 剪力墙的连梁上、下水平钢筋伸入墙内长度 l_{aE}

（4）剪力墙的连梁沿梁全长的箍筋构造要符合设计和规范的要求，在建筑物的顶层连梁伸入墙体的全部锚固长度范围内，应设置间距不小于 150mm 的构造箍筋，如图 5-38 所示。

（5）剪力墙洞口周围应绑扎补强钢筋，其锚固长度要符合设计及规范要求。补强钢筋尽量不做成斜筋，而做成十字形加强钢筋。可不增加钢筋层数，有利于洞口抗裂且墙内下插混凝土振捣棒。

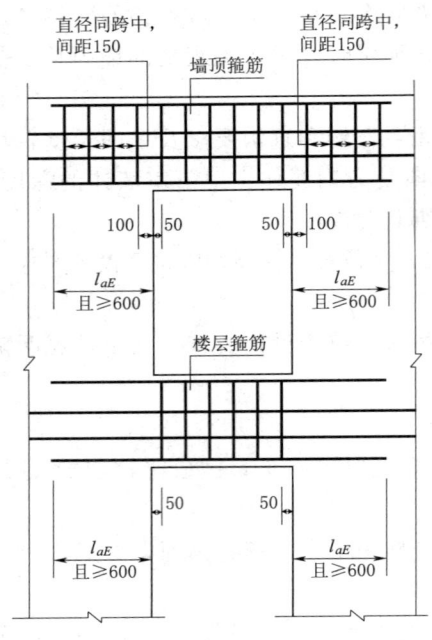

图 5-38 剪力墙的连梁
沿梁全长的箍筋构造
（单位：mm）

5. 预制点焊网片绑扎搭接

网片立起后应用木方临时支撑，然后逐根绑扎根部搭接钢筋，搭接长度要符合规范要求。在钢筋搭接部分的中心和两端共绑3个扣。门窗洞口加固筋需同时绑扎，门口两侧钢筋位置应准确。

6. 剪力墙钢筋与预制外墙板连接

外墙板安装就位后，将本层剪力墙边柱竖筋插入预制外墙板侧面钢筋套环内，竖筋插入外墙板套环内不得少于3个，并绑扎牢固。

7. 剪力墙钢筋与外砖墙连接

剪力墙钢筋与外砖墙连接：先砌外墙，绑扎内墙钢筋时，先将外墙预留的$\phi6$拉结筋理顺，然后再与内墙钢筋搭接、绑牢，如图5-39所示。

8. 全现浇内外墙钢筋连接绑扎构造

全现浇内外墙钢筋连接绑扎构造，如图5-40所示。

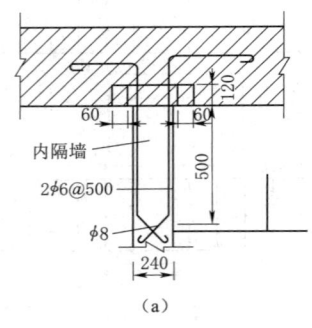
(a)

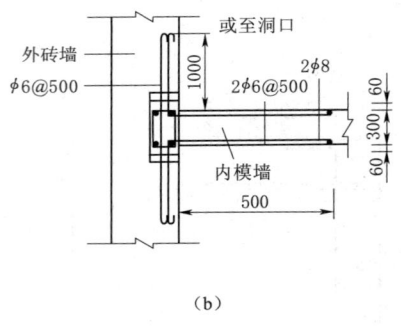
(b)

图 5-39 剪力墙钢筋与外砖墙连接（单位：mm）

9. 修整

大模板合模之后，对伸出的墙体钢筋进行修整，并在距混凝土顶面约150mm处设置水平梯子筋，固定伸出筋的间距（甩筋的间距），同时在模板上口加扁铁与水平梯子筋一起控制墙体竖向钢筋的保护层。墙体浇筑混凝土时，派专人看管钢筋，混凝土浇筑完后，立即对伸出的钢筋（甩筋）再进行整理。

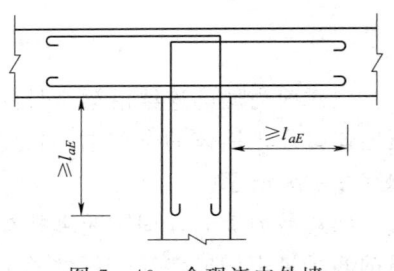

图 5-40 全现浇内外墙
钢筋连接绑扎构造

5.3.5.2 墙板（双层网片）钢筋绑扎

1. 绑扎顺序

立外模并画线→绑扎外侧钢筋网片→绑扎内侧钢筋网片→绑扎拉筋→安放保护层垫块→设置撑铁→检查→立内模。

2. 施工要点

（1）垂直钢筋每段长度不宜超过 4m。

（2）水平钢筋每段长度不宜超过 8m。

（3）钢筋的弯钩应朝向混凝土。

（4）采用双层钢筋网时，必须设置直径 6～12cm 的钢筋撑铁，间距为 80～100cm，相互错开排列。

5.3.5.3 滑动模板（滑模）工艺中的钢筋绑扎

滑动模板（简称滑模）装置由模板系统、操作系统和滑升系统三部分组成。

滑模适用于现场浇筑高耸的钢筋混凝土结构，如筒仓、烟囱、双曲线冷却塔及高层建筑中的剪力墙等。

1. 钢筋加工

（1）钢筋加工的长度，应根据结构尺寸及滑模工艺要求计算得出。

（2）竖向钢筋的长度，以楼层高度为依据确定，并且其钢筋顶端需高出停滑时模板上口停置高度，还应加上钢筋搭接长度。一般钢筋上端不宜加弯钩。

（3）水平钢筋长度，一般以一个轴线间距为一个水平配筋单元，环形钢筋长度以 6～7m 为宜。

（4）大直径受拉钢筋，一般采用焊接连接。

2. 钢筋的绑扎

（1）应在模板组装前提前绑扎首段钢筋。

（2）钢筋绑扎的施工速度根据浇筑混凝土的速度确定，合理划分区段，定人定岗。

（3）为确保钢筋位置准确，应采取以下措施：

1）对竖向钢筋，可利用提升架横梁上的通长槽钢定位。

2）对于墙体双排钢筋，可在一定距离焊上短筋。

3）柱子钢筋可在一定高度绑上临时定位箍筋。

4）梁的钢筋边滑边绑扎。

（4）应保持混凝土表面比模板上口低 100～150mm，同时还应使最上一道水平钢筋留在混凝土外，作为绑扎上一道钢筋的标志。

（5）如果支承杆作为结构受力钢筋，其接头的焊接质量应满足钢筋焊接规范的要求。

5.3.6 其他混凝土构件钢筋绑扎操作

5.3.6.1 牛腿柱钢筋骨架的绑扎

图 5-41 为牛腿柱配筋图，柱内钢筋说明如下：①号、②号钢筋为柱外侧钢筋，沿柱通长布置；③号、④号钢筋为上柱内侧钢筋，长度从牛腿底部到柱顶；

⑤号、⑥号钢筋为下柱内侧钢筋，长度从柱底到牛腿顶；⑦号钢筋是上柱的箍筋，其间距为 200mm；⑧号钢筋是下柱的箍筋，其间距为 200mm；⑨号钢筋是牛腿部分的箍筋，其间距为 100mm，牛腿斜线处箍筋为变截面；⑩号钢筋放在牛腿两边最外侧；⑪号钢筋是下柱的两根腰筋，放在下部截面长边的中部，长度从下柱底到牛腿底；⑫号、⑬号钢筋位置见图；⑭号钢筋是固定⑩号腰筋和上柱插到牛腿中③号钢筋的拉筋，在 6500mm 长度内配置，其间距为 200mm。绑扎要点如下。

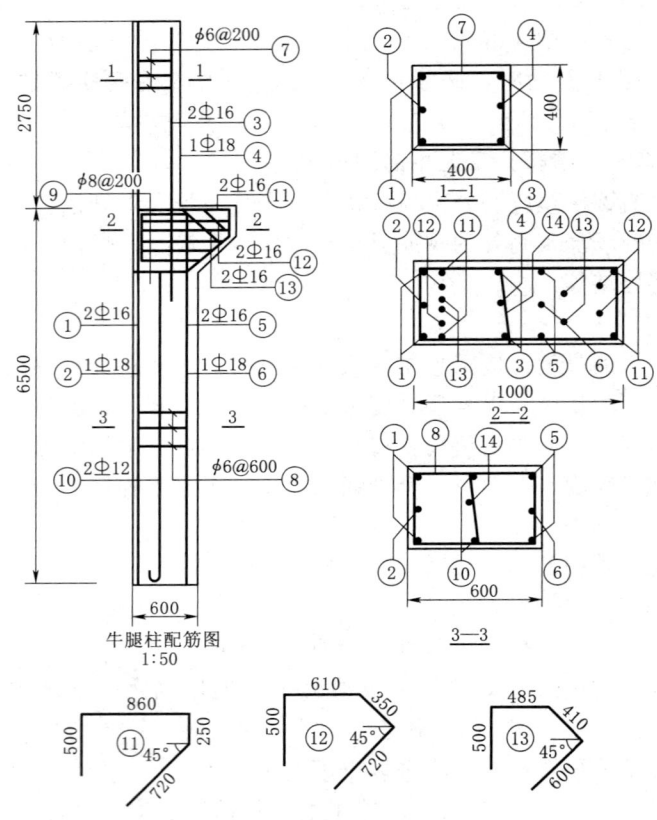

图 5-41 牛腿柱配筋图（单位：mm）

(1) 钢筋绑扎顺序为：绑扎下柱钢筋→绑扎牛腿钢筋→绑扎上柱钢筋。
(2) 操作要点。
1) 在搭接长度内，绑扣要朝向柱内，便于箍筋向上移动。
2) 柱子主筋若有弯钩，弯钩应朝向柱中心。
3) 绑扎接头的搭接长度，应符合设计要求和规范规定。
4) 牛腿部位的⑨号箍筋，应按变截面计算加工尺寸。
5) 当结构为多层时，下层柱的钢筋露出楼面部分，宜用工具式柱箍将其收进一个柱主筋直径，以便上、下层钢筋的连接。
6) 牛腿钢筋应放在柱纵向钢筋的内侧。

5.3.6.2 现浇悬挑雨篷钢筋的绑扎

雨篷板为悬挑式构件，为防止板倾覆，雨篷板与雨篷梁必须次整浇。雨篷板的上部受拉，下部受压，雨篷板的受力筋配置在构件断面的上部，并将受力筋伸进雨篷梁内，如图 5-40 所示。

施工要点如下：

(1) 主筋、副筋摆放位置应正确，不可放错。
(2) 雨篷梁与板的钢筋应保证锚固尺寸。
(3) 雨篷钢筋骨架在模板内绑扎时，不准踩在钢筋骨架上进行绑扎。
(4) 钢筋的弯钩应全部向内。
(5) 雨篷板的上部受拉，故 $\phi 8$ 钢筋在上，$\phi 6$ 钢筋在下，切勿颠倒。
(6) 雨篷板双向钢筋的交叉点均应绑扎，钢丝方向呈"八"字形。
(7) 应垫放足够数量的马凳，确保钢筋位置的准确。
(8) 高空作业时要注意安全。

附件 5.4 钢筋安装与验收

钢筋工程质量关系到建筑结构安全问题，特别是高层框架建筑，钢筋工程是框架结构的核心，控制好钢筋工程质量是整个建筑结构安全的基本保障，因此钢筋工程质量验收至关重要。

5.4.1 钢筋工程质量验收一般标准

(1) 钢筋的品种和质量、焊条、焊剂的标号、性能必须符合设计和有关标准的规定，必须有出厂质量证明书和试验报告。

(2) 钢筋规格、形状、尺寸、数量、间距、锚固长度、接头、设置等必须符合设计要求和施工规范的规定。

(3) 钢筋焊接接头、焊接制品的机械性能必须符合现行《钢筋焊接及验收规程》(JGJ 18—2012)的规定，焊接必须在监理工程师监督下取样复试。复试后方可大批量施工焊接。

(4) 钢筋的表面必须清洁，无油污、无锈，严禁使用经除锈后留有麻点的钢筋。

(5) 钢筋原材料方面：①质量必须符合有关标准规定；②钢筋强度比值应满足抗震等级要求；③钢筋原材料发现脆断、焊接性能不良、力学性能显著不正常等现象时应进行专项检验；④受力钢筋弯钩角度、弯弧内径、弯后平直长度应符合设计或规范要求；⑤箍筋端部弯钩的弯折角度、弯弧内径、弯后平直长度应符合设计或规范要求；⑥钢筋应平直、无损伤、油污、老锈；钢筋调直方法应符合规范要求。项目允许偏差有以下要求：

a. 受力钢筋顺长度方向全长净尺寸±10mm。
b. 弯起钢筋的弯折位置±20mm，箍筋内净尺寸±5mm。

5.4.2 建筑隐蔽工程钢筋安装质量检验一般要求

钢筋安装完成之后,在浇筑混凝土之前,应进行钢筋隐蔽工程验收,其一般要求包括:

(1) 纵向受力钢筋的品种、规格、数量、位置等。

(2) 钢筋连接方式、接头位置、接头数量、接头面积百分率等。

(3) 箍筋、横向钢筋的品种、规格、数量、间距等。

(4) 预埋件的规格、数量、位置等。钢筋隐蔽工程验收前,应提供钢筋出厂合格证与检验报告及进场复验报告,钢筋焊接接头和机械连接接头力学性能试验报告。

(5) 钢筋保护层的厚度必须符合设计规范的要求。特别是控制悬挑的结构梁、板,钢筋保护层厚度至关重要。如果钢筋保护层过薄,不仅钢筋和混凝土不能很好地共同工作,而且钢筋锈蚀(特别是地梁和基础等)将直接影响结构安全,因此,必须严格控制钢筋保护层的厚度,绝不可掉以轻心。

(6) 钢筋绑扎时,要有绕扣和兜扣,绑扣必须牢固,不得松动。

(7) 钢筋工程必须经监理工程师检查验收合格,在隐蔽工程记录上签字确认后,方可进行下道工序——浇筑混凝土。

(8) 钢筋工程施工中常出现的问题:

1) 结构中梁、柱节点处,易造成缩颈、轴线位移等问题。

2) 结构中,边梁上设构造柱,易造成构造柱外侧钢筋锚固长度不足。

3) 对钢筋保护层理解错误,造成箍筋尺寸偏小。

4) 构造柱的箍筋和加密区,只注重上、下部分的加密而易忽视搭接范围的加密区。

5) 阳台等悬挑构件的钢筋位置不准确造成钢筋保护层过厚,板的有效高度减小。

6) 楼板开洞处,洞口四周加强钢筋易遗漏。

7) 在楼板混凝土施工中,施工操作人员、车辆易将钢筋踩踏碾压变形。

第4篇

模 板

6 学习活页——模板

【课程信息】

1. 基本信息

学生姓名		课程地点		课程时间		
指导教师		哪些同学对我起到帮助？	1.	2.	3.	
课程项目	学习模板的类型					

2. 学习目标

知识目标	了解模板的分类
能力目标	能说出各类模板的应用范围
素质与思政目标	(1) 养成学习积累习惯和不断进取、严谨求实的工作态度； (2) 能够进行有效的沟通和交流，具备团队合作意识； (3) 培养学生工程质量意识，坚守职业道德，增强学生的使命感、责任感和爱国主义情怀

【项目背景】

模板技术往往就是指混凝土施工革新的技术，其中欧洲在20世纪70年代开始发展爬升模板。中国是在推广使用滑动模板的过程中，鉴于模板贴着混凝土面滑升，摩阻力很大，会拉裂或带起模内已灌筑的混凝土，对于倾度大的筒壁，出现了使模板拉离混凝土面之后再进行提升的做法，或是采取滑框倒模的做法，以减少提升时的摩阻力。又鉴于滑动模板提升的着力点是在支承杆（或称爬杆）的上端，需要采取多种措施维持稳定，

不如把提升的着力点降落在模板下部已硬化的墙体上更为简便而稳固。如此，国内有许多工地在不同工程和设备条件下，出现了不同形式的爬模结构，用卷扬机（倒链）或丝杠作为提升设施，都取得了成功的经验，用于高层建筑施工，也能节省支模工料，加速施工进度。

【课前活动】

讨论：浏览教学课件，思考哪些模板支设时需要起重机械的帮助？

_____

_____

_____

_____

6.1 模板工程PPT

【必备知识】

1. 有关概念、术语

术语名称	概　念	考核结果
滑动模板	在浇筑混凝土的过程中沿混凝土表面连续地缓慢移动的混凝土成型装置，由模板、工作平台、混凝土表面休整平台、提升架、液压系统、提升机械和控制系统组成。词条来源于《水工建筑物滑动模板施工技术规范》（SL 32—2014）	
爬模	爬模是爬升模板的简称，国外也叫跳模，由爬升模板、爬架（也有的爬模没有爬架）和爬升设备三部分组成，在施工剪力墙体系、筒体体系和桥墩等高耸结构中是一种有效的工具。由于具备自爬的能力，因此不需起重机械的吊运，这减少了施工中运输机械的吊运工作量	

2. 使用规范

序号	规　范　名　称	对规范熟悉情况	考核结果
1	《水工混凝土施工规范》（SL 677—2014）	1. 是/否准备好规范手机/纸质 2. 是/否提前预习规范能准确说出，还是能大致说出	
2	《水电水利工程模板施工规范》（DL/T 5110—2013）		

【课程实施】

6.2 水闸施工

6.3 一座拱坝的从无到有

模　板

教学阶段	教　学　流　程	学　习　成　果	教师核查	能力指标
（一）课前准备	1. 观看两个动画，谈一下什么是结构混凝土，什么是大体积混凝土施工			G1

学习活页——模板 6

续表

教学阶段	教学流程	学习成果	教师核查	能力指标
C1 阶段性小结				
（二）课中实施	2. 讲授模板分类及结构			C1
	3. 观看动画爬模施工，谈一下爬升模板的安装是否需要起重机械			G1
	4. 模板的拆除非常重要，是水利强制性条文收录技术条款。观看视频模板拆除。某工程为预制梁施工，在混凝土养护期间，施工人员发现构建底部有开裂现象，经检查施工日志发现，系为提高模板周转效率，项目部提前拆除了模板，虽然取得一定的利润但由于构建不合格，最终得不偿失。查《水工混凝土施工规范》（SL 677—2014），谈一下模板拆除有哪些要求			A2 F1
	5. 查《水利水电工程单元工程施工质量验收评定标准——混凝土工程》（SL 632—2012），谈一下混凝土模板验收需要检查哪些项目			D1

6.4 爬升模板

6.5 模板拆除

6.6 SL 632—2012

续表

教学阶段	教学流程	学习成果	教师核查	能力指标
阶段性小结	模板有哪些荷载？包括一般荷载和特殊荷载。 模板的拆除要求有哪些？ 模板的验收要求有哪些？			C1
（三）课后拓展	6. 总结哪些模板形式的安装需要起重机械			G1

【检查与记录】

课程核心能力权重	课程侧重								合计
	A. 责任担当	B. 人文素养	C. 工程知识	D. 学习创新	E. 专业技能	F. 职业操守	G. 问题解决	H. 沟通合作	
	5%	5%	35%	10%	10%	15%	15%	5%	100%
课程能力指标权重	A1　A2	B1　B2	C1　C2	D1　D2	E1　E2	F1　F2	G1　G2	H1　H2	合计

【课后反思】

反思内容	实际效果	改进设想
课程思政情况		
成果导向应用情况		
本课评分		

【参考资料】

[1] 孙友良. 水利工程施工技术 [M]. 北京：中国水利水电出版社，2022.
[2] 水工混凝土施工规范：SL 677—2014 [S]. 北京：中国水利水电出版社，2014.
[3] 水电水利工程模板施工规范：DL/T 5110—2013 [S]. 北京：中国电力出版社，2013.
[4] 水利水电工程单元工程施工质量验收评定标准——混凝土工程：SL 632—2012 [S]. 北京：中国水利水电出版社，2012.

附件6.1 模板的作用、基本要求及分类

6.1.1 模板的作用及重要性

模板在混凝土工程中起成型和支撑作用，同时还具有保护和改善混凝土表面质量的功效。模板是钢筋混凝土工程的重要辅助作业，具有工程量大、材料和劳动力消耗多等特点。因此，正确选择材料组成和合理施工，对加快混凝土施工速度及降低工程造价意义重大。在一般混凝土工程中，模板安拆劳动量占总劳动量的30%~60%，模板费用占混凝土工程造价的15%~30%，在大体积混凝土中也占到5%~15%。

6.1.2 模板的基本要求

模板及其支撑系统必须满足下列要求：
（1）保证混凝土结构和构件各部分设计形状、尺寸和相互位置正确。
（2）具有足够的强度、刚度和稳定性，能可靠地承受各项施工荷载，并保证变形在允许范围内。
（3）面板板面平整、光洁，拼缝密合、不漏浆。
（4）结构简单，安装和拆卸方便、安全，尽量能够多次周转使用。
（5）模板宜标准化、系列化。

6.1.3 模板的分类

6.1.3.1 按材料不同分类

模板按材料不同可分为木模板、钢模板、复合模板、竹模板、混凝土模板、土模板、砖模板等。

（1）木模板。以白松为主的木材组成，板厚为20~30mm，可按模数要求形成标准系列，便于加工。

（2）钢模板。以2~3mm厚的热轧或冷轧薄板经轧制形成，根据几何条件不同可分为：

1）定型组合钢模板。由2.5mm厚钢板轧制成槽状，再根据模数要求，形成不同宽度与长度的模板。由标准扣件与相应的支撑体系形成的模板系列，是目前我国使用较广泛的模板品种。

2）定型钢模板。由型钢与6~8mm较厚钢板组成骨架，再配合组合钢模板或3~4mm厚钢板形成整体而便于多次使用的模板，如基础梁、吊车梁、屋面梁等结构的固定模板。

3) 翻转模板。用于形状单一、重量不大的小型混凝土构件连续生产时的胎具，利用混凝土的干硬性翻转成型，一块模板重复使用，随即成型。

(3) 复合模板。由金属材料与高分子材料或木材根据组成材料的各自长处组合的模板体系，如铝合金、玻璃钢、高密度板、五合板组成的模板等。

(4) 竹模板。以竹材为主，辅以木材或金属边框组成的模板，或以竹材经胶合形成的大面积平板模板均属此类模板。

(5) 混凝土模板。对巨大厚重的结构，由结构本体的一部分，再配以钢筋形成的一次性模板，多用于水工结构、设备基础等。模板中配置的钢筋可以和结构统一使用，也可用于楼板体系，以叠合的形式形成一次性混凝土模板，也是楼板结构的一部分。

(6) 土模板。在地下水水位不高的硬塑黏性地层表面，经人工修挖，并抹以低强度等级水泥砂浆，形成的一次性凹性模板。多用于预制混凝土板、梁柱构件。构件外表较粗糙，但经济效益较好。

(7) 砖模板。由低强度等级砂浆与红砖砌成的一次性模板，多用于沉井刃脚，与形状单一的就地生产的柱、梁构件的边模及底模。

6.1.3.2 按构件结构的类型分类

模板按构件结构的类型分类，可分为基础模板、柱模板、楼板模板、墙模板、壳模板和烟囱模板等。

6.1.3.3 按模板形式不同分类

按模板形式不同分类，可分为组合式模板、工具式模板、胶合板模板、永久性模板等。

(1) 组合式模板。组合式模板包括组合钢模板（55型、中型）、钢框木（竹）胶合板模板。

(2) 工具式模板。工具式模板包括大模板、滑动模板、爬升模板、飞模、模壳以及柱模等。

(3) 胶合板模板。胶合板模板包括木胶合板模板、竹胶合板模板等。

(4) 永久性模板。永久性模板包括压型钢板模板、混凝土涂板模板等。

6.1.3.4 按模板工艺条件分类

(1) 现浇混凝土模板。根据混凝土结构形状不同就地形成的模板，多用于基础、梁、板等现浇混凝土工程。模板支承系多通过支于地面或基坑侧壁以及对拉的螺栓承受混凝土的竖向和侧向压力。这种模板适应性强，但周转较慢。

(2) 预组装模板。由定型模板分段预组成较大面积的模板及其支承体系，用起重设备吊运到混凝土浇筑位置，多用于大体积混凝土工程。

(3) 大模板。由固定单元形成的固定标准系列的模板，多用于高层建筑的墙板体系。用于平面楼板的大模板又称为飞模。

(4) 爬升模板。由两段以上固定形状的模板，通过埋设于混凝土中的固定件，形成模板支承条件承受混凝土施工荷载，当混凝土达到一定强度时，拆模上翻，形成新的模板体系。多用于变直径的双曲线冷却塔、水工结构以及设有滑升设备的高耸混凝土结构工程。

（5）水平滑动隧道模板。由短段标准模板组成的整体模板，通过滑道或轨道支于地面沿结构纵向平行移动的模板体系，多用于地下直行结构，如隧道、地沟、封闭顶面的混凝土结构。

（6）垂直滑动模板。由小段固定形状的模板与提升设备，以及操作平台组成的可沿混凝土成型方向平行移动的模板体系，适用于高耸的框架烟囱、圆形料仓等钢筋混凝土结构。根据提升设备的不同，又可分为液压滑模螺旋丝杠滑模以及拉力滑模等。

附件6.2 模板施工机械机具

6.2.1 量具、画线工具及画线要求

模板工要把木材、胶合板等制成一定形状、尺寸、比例的模板构件或制品，其第一道工序就是画线。常用画线工具有量尺、墨斗、勒子、直角尺、划规、墨株等。

1. 量尺

（1）直尺。画直线的尺子，标有刻度，刻度单位为 m、cm、mm。

（2）折尺。能折叠的尺子，刻度同直尺，携带和使用方便，故为模板制作安装中常用工具。

（3）钢卷尺（盒尺）。刻度清晰、标准，使用和携带方便，常用的长度有 1m、2m、3m、10m 等。

2. 直角尺

直角尺是用来画线及检查工件或物体是否符合标准的重要工具，由尺梢和尺座构成。尺梢需用竹笔直接靠紧直角尺进行画线，尺座上有刻度，可测量工件长度。尺梢与尺座成垂直角度。直角尺的用途：

（1）用于在木料上画垂直线或平行线。

（2）检查工件或制品表面是否平整。

（3）用于检查或校验木料相邻两面是否垂直，是否成直角。

（4）用于校验画线时的直角线是否垂直。

（5）校验半成品或成品拼装后的方正情况。

3. 活尺

活尺也称活络尺，用以画任意斜线。由尺座、活动尺翼和螺栓组成。活尺使用时，先将尺翼调整为所需角度，再将螺母旋紧固定，然后把尺座紧贴木料的直边，沿尺翼画线。

4. 三角尺

三角尺也称斜尺，是用不易变形的木料或金属片制成，由两条直角边和一条斜边组成的等腰三角形尺，是画45°斜角结合线不可少的工具。使用时，将尺座靠于木料直边，沿尺翼斜边画斜线，也可沿直边画横线、平行线。

5. 画线笔

画线笔有木工铅笔和竹笔两种。

(1) 木工铅笔笔杆呈椭圆形，笔芯有黑、红、蓝等几种。画线时，将铅笔芯削成扁平形状，把铅芯紧靠在尺沿上顺画。

(2) 竹笔，也称墨衬，在建筑施工时，制作木构件如门窗、屋架等和民用木工制作家具方面广泛使用。竹笔的制作材料是有韧性的，笔端宽15~18mm，笔杆越来越窄，以手握合适为宜，长约20cm。笔端削扁并呈约40°的斜面，纵向切许多细口以便吸墨。笔端扁刃越薄，画线越细，切口越深，吸墨越多，使用时将笔蘸墨即可画线。

6. 墨斗

用硬质木料凿削而成，也有用塑料、金属等材料的。前部是斗槽，后部是线轮、摇把和执手。斗槽内装满丝绵、棉花或海绵类吸墨材料，倒入适量墨汁，墨线一端在后部线轮上，另一端通过斗槽前后的穿线孔再与定钩连接好。使用时，定钩挂在木料前端，墨斗拉到木料后端，墨线虚悬于木料面上，左手拉紧并压住线索绳，右手垂直将墨线中部提起，松手回弹，即在木料上绷出墨线迹。

7. 墨株

在较齐整的木料上需画大批纵向直线时，也可用固定墨株画线。

8. 划规

也被称作圆规、划卡、划线规等，在钳工划线工作中可以划圆和圆弧、等分线、等分角度以及量取尺寸等，是用来确定轴及孔的中心位置、划平行线的基本工具。

9. 勒子

有线勒子和榫勒子两种。勒子由勒子杆、勒子档和蝴蝶母组成。两种勒子使用方法相同，使用时，按需要尺寸调整好导杆及刀刃，把蝴蝶母拧紧，将档靠紧木料侧面，由前向后勒线。如果刨削木料，可用线勒子画出木料的大小基准线。榫勒子一次可画出两条平行线，在画榫头和榫眼的线时使用。

10. 画线要求与符号

(1) 画线的要求。下料画线时，必须留出加工余量和干缩量。锯口余量一般留2~4mm，单面刨光余量为3mm，双面刨光优质产品量为5mm，木材应先经干燥处理后使用。如果下料后做干燥处理，则毛料尺寸应增加4%的干缩量。画对向料的线时，必须把料合起来，相对地画线（即画对称线）。制品的结合处必须避开节子和裂纹，并把允许存在的缺陷放在隐蔽处或不易看到的地方。榫头和榫眼的纵向线，要用线勒子紧靠正面画线。画线时必须注意尺寸的精确度，一般画线后要经过校核才能进行加工。

(2) 画线符号。即木料加工过程中使用的一种"语言"，为避免加工中出现差错，必须使用统一的符号。目前，画线符号标准在全国还不统一，各地使用符号各有差异。在建筑施工中使用的符号也有差异，因此，当共同工作时，必须要事先统一画线符号，以便能顺利地工作，相互之间密切配合。

6.2.2 模板配制用手工工具及机械

1. 锛

锛一般用于砍削较大木料的平面，是大木制作所用的工具，操作比较简单。

砍削木料时，一手在前，一手在后，握住锛把的后部，脚站在木料左（或右）

侧，由木料的后端向前等距离断成断口，断砍到前端时，左（或右）脚在前，站稳在地面上，右脚略向后侧踏在木料上面，脚尖向右前，脚的内前侧脚掌略翘起，由木料的前端开始按已划好的线茬向后锛削。被砍削木料必须放置稳固，锛头的刃口必须锋利。锛刃砍进木料后，要将锛把稍加摇晃再起锛，防止木碴木片垫着刃口而发生滑移。

2. 斧子

由钢制斧头和木把组成，分单刃斧和双刃斧两种，斧头重量约1kg。单刃斧的刃在一侧，适合砍而不适合劈；双刃斧的刃在中间，砍劈均可。斧刃要保持锋利，钝斧砍削既影响质量又降低效率，且不安全。斧子的操作要点：

（1）下斧要准确，手要把握落斧方向和力度的大小，顺茬砍削。

（2）以墨线为准，留出刨光余量，不得砍到墨线以内。

（3）若必须砍削的部分较厚，则必须隔约10cm斜砍一斧，以便砍到切口时木片容易脱落掉。

（4）砍料遇到节子，若为短料应调头再砍；若为长料应从双面砍；若节子在板材中心时，应从节子中心向两边砍。节子较大时，可将节子砍碎再左右砍。如果节子坚硬，应选择锯掉而不宜硬砍。

（5）砍削软材，不要用力过猛，要轻砍细削，以免将木料顺纹撕裂。

（6）在地面砍削时，木料底部应垫木块，以防砍地而损坏斧刃。砍削木料时，应将其稳固在木马架上。

（7）斧把安装要牢固。砍削开始，落斧用力要轻、稳，逐渐加力，方向和位置把握要准确。

（8）平砍适用于砍较长板材的边棱。将木料固定放在工作台上，被砍面朝上，两手握斧把，一手在前一手在后，斧刃向侧下，顺木纹方向砍削，如图6-1（a）所示。

（9）立砍适用于砍短料。将料垂立，左手握木料左上部，右手握斧把，由上向下沿画好的线顺茬砍削，如图6-1（b）所示。

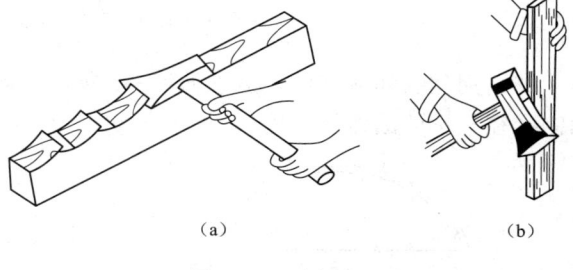

图6-1 砍削方法
(a) 平砍；(b) 立砍

（10）斧刃的研磨。以双手食指和中指压住刃口部位，或一手握斧把，一手压刃口，紧贴磨石向前推为研磨行程，刃口斜面要始终贴在磨石面上。向后拉为空程，要轻带，斧刃与磨石的角度要保持一致，切勿翘起。当刃口磨得发青、平整、平直时，则表示已研磨锋利，一般常用拇指横着斧刃试之。

3. 手工锯类

常用的锯有框锯、刀锯、手锯、侧锯、钢丝锯、横锯、板锯等多种。较常用的有框锯和刀锯两种。

图 6-2 框锯

(1) 框锯。框锯也称拐子锯,由锯拐、锯梁和锯条、锯绳(钢串杆)、锯标组成。锯拐一端装麻绳,用锯标绞紧(装钢串杆,用蝴蝶螺母旋紧),如图 6-2 所示。框锯又分为截锯、顺锯和穴锯。

1) 截锯:也称横向锯,用于垂直木纹方向的锯割。锯条尺寸略短,齿较密。锯齿刃为刀刃型,前刃角度小,锯齿应拨成左、右料路。

2) 顺锯:也称纵向锯,用于顺木纹纵向锯割。锯条较宽,便于直线导向,锯路不易跑弯。锯齿前刃角度较大,拨齿为左、中、右、中料路。

3) 穴锯:也称曲线锯,适用于锯割内外曲线或弧线工件。锯条长度为 600mm 左右,锯条较窄,料度较大,前刃角介于截锯和顺锯中间,拨齿为左、中、右料路。

框锯操作方法:首先把锯条方向调整好,使整个锯条调到一个平面上,然后绷紧锯绳(钢串杆)即可。

(2) 刀锯。刀锯有双刃刀锯、夹背刀锯、鱼头刀锯等。刀锯由锯片、锯把组成,如图 6-3 所示。刀锯携带方便,适用于框锯使用不便的地方。

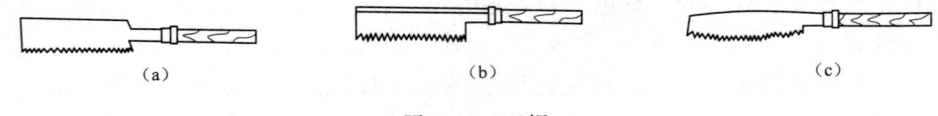

图 6-3 刀锯
(a) 双刃刀锯;(b) 夹背刀锯;(c) 鱼头刀锯

(3) 钢丝锯和侧锯的构造如图 6-4 所示。侧锯为刹肩等细部所用;钢丝锯为锯割半径较小的圆弧等所用。

图 6-4 钢丝锯和侧锯
(a) 钢丝锯;(b) 侧锯

(4) 锯的使用要点。锯割时,把木料放在工作台上,用脚踏牢。下锯时,右手紧握锯拐,锯齿向下,左手大拇指靠住线的端头处,右手把锯齿挨住左手大拇指,轻轻推拉几下(预防跳锯伤手)。当木料棱角处出现锯口后,左手离开,可加大锯割的速度,两手握锯或右手握锯、左手扶料进行锯割。

锯割时,推锯用力要重,锯回拉时用力要轻;锯路沿墨线走,不要跑偏;锯割速度要均匀、有节奏；尽量加大推拉距离，锯的上部向后倾斜，使锯条与料面的夹角大约呈70°。当锯到料的末端时，要放慢锯速，并用左手拿住要锯掉的部分，以防木料撕裂，或将木料调头锯割。横截木料时，左脚踏木料，身体与木料呈90°角。顺截木料时，用右脚踏木料，身体与木料呈60°角。

（5）锯的维修保养。锯在使用中，若锯齿不锋利，就会感到进锯慢而又费力，表明需要锉伐锯齿；若感到夹锯，则表明锯的料度因受摩擦而减小；若总是向一侧跑锯，表明料度不均，应进行拨料修理。修理锯齿时，应先拨料，然后再锉伐锯齿。

1）拨料。料路是用拨料器进行调整的。拨料时，将拨料器的槽口卡住锯齿，用力向左或向右拨开，拨开程度要符合料度要求。

2）锉伐。锉伐锯齿时，把锯条卡在木桩顶上或三脚凳端部预先锯好的锯缝内，使锯齿露出。根据锯齿大小，用100～200mm长的三角钢锉或刀锉，从右向左逐齿锉伐。锉伐时，两手用力要均匀，锉的一面要垂直地紧贴邻齿的后面。向前推时要使锉用力磨齿，锉出钢屑，回拉时只轻轻拖过，轻抬锉面，如图6-5所示。常用的钢锉有三种：平锉、刀锉和三棱锉。

锉伐刀锯时，要先钉一个锯夹。锯夹由两块木板、一块固定夹木、一块活动夹木组成。使用时将活动夹木取出，使锯夹上口张开，把锯板嵌入锯夹内，露出锯齿，再用活动夹板在锯夹下端楔紧固定，如图6-6所示。

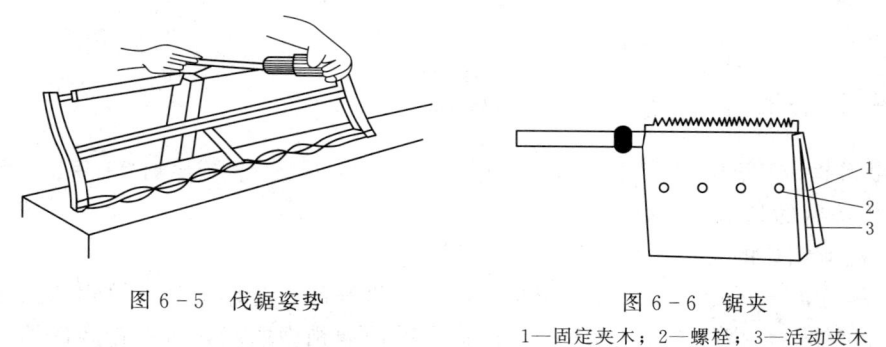

图6-5 伐锯姿势　　　　图6-6 锯夹
1—固定夹木；2—螺栓；3—活动夹木

锉锯分描尖和掏膛两种。描尖是把磨钝的锯齿尖端锉削锋利，掏膛是在锯齿被磨短而影响排屑时才需要。掏膛是用刀锉的边棱按锯齿的长度，使两锯齿之间锯槽加深。

锉锯的操作方法：把锯身固定在锯夹或三脚马凳上，用右手握住锉把，左手拇、食指和中指捏住锉的前端，适当加压力向前推锉，以锉出钢屑为宜，回锉时不加压力，轻抬而过即可。

对锉伐后的锯齿要求是：锯齿尖高低要一致，在同一直线上，不得有参差不齐现象；锯齿的大小相等，间距均匀一致；锯齿的角度要正确，符合齿形状的要求。每个锯齿都应有棱有角，刃尖锋利。

4. 锯割类机械

锯割类机械是用来纵向或横向锯割原木或方木的加工机械，一般常用的有带锯机、吊截锯机、手推电锯或圆锯机（圆盘锯）等。这里主要介绍圆锯机的使用与维修。

圆锯机主要用于纵向锯割木材，也可配合带锯机锯割板方材，是建筑工地或小型构件厂应用较广的一种机械。圆锯机由机架、台面、电动机、锯比、防护罩等组成，如图6-7所示。

锯片的规格一般以锯片的直径、中心孔直径或锯片的厚度为基数。

(1) 圆锯片。圆锯机所用的圆锯片两面是平直的，锯齿经过拨料，用来作纵向锯割或横向截断板方材及原木，是广泛采用的一种锯片。

(2) 圆锯片的齿形与拨料。锯齿的拨料是将相邻各齿的上部互相向左右拨弯，如图6-8所示。

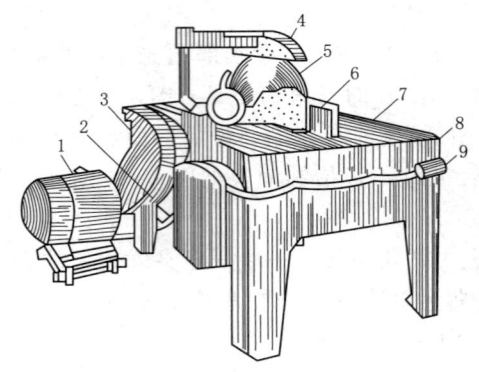

图6-7 圆锯机

1—电动机；2—开关盒；3—皮带罩；4—防护罩；
5—锯片；6—锯齿；7—台面；8—机架；9—双联按钮

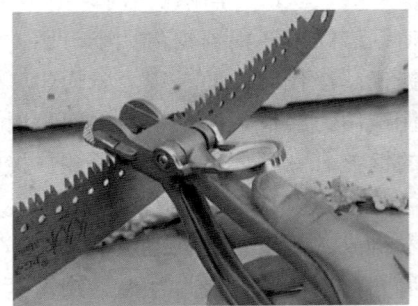

图6-8 锯齿的拨料

圆锯片锯齿形状与锯割木材的软硬、进料速度、光洁度及纵割或横割等有密切关系。正确拨料的基本要求如下：

1) 所有锯齿的每边拨料量都应相等。

2) 锯齿的弯折处不可在齿的根部，而应在齿高的一半以上处，厚锯约为齿高的1/3，薄锯为齿高的1/4。弯折线应向锯齿的前面稍微倾斜，所有锯齿的弯折线锯齿尖的距离都应当相等。

3) 拨料大小应与工作条件相适应，每一边的拨料量一般为0.2~0.8mm，大致等于锯片厚度的1.4~1.9倍，最大不应超过2倍。软料湿材取较大值，硬材与干材取较小值。

4) 锯齿拨料一般采用机械和手工两种方法，目前多以手工拨料为主，即用拨料器或锤打的方法进行。

(3) 圆锯机的基本操作。

1) 操作前应检查锯片有无断齿或裂纹现象，然后安装锯片，并装好防护罩和安全装置。

2) 安装锯片应与主轴同心，其内孔与轴的间隙不应大于0.15~0.2mm，否则会产生离心惯性力，使锯片在旋转中摆动。法兰盘的夹紧面必须平整，要严格垂直于主轴的旋转中心，同时保持锯片安装牢固。

3）先检查被锯割的木材表面或裂缝中是否有钉子或石子等坚硬物，以免损伤锯齿，甚至发生伤人事故。操作时应站在锯片稍左的位置，不应与锯片站在同一直线上，以免木料弹出伤人。

4）送料不要用力过猛，木料应端平，不要摆动或抬高、压低。锯到木节处要放慢速度，并应注意防止木节弹出伤人。

5）纵向破料时，木料要紧靠锯比，不得偏歪；横向截料时，要对准锯料线，端头要锯平齐。木料锯到尽头，不得用手推按，以防锯伤手指。如系两人操作，下手应待木料出锯台后，方可接位。木料卡住锯片时应立即停车，再做处理。

6）锯短料时，必须用推杆送料，以确保安全。锯台上的碎屑、锯末，应用木棒或其他工具待停机后清理。

7）锯割作业完成后要及时关闭电门，拔去插头，切断电源，确保安全。

5. 刨削类工具

刨子是模板加工的重要工具，它可以把木料等刨成光滑的平面、圆面、凸形、凹形等各种形状的面。所以，熟悉各种刨子的构造，掌握其使用方法，是木料加工的重要基本功。刨子的种类很多，按用途分为平刨、槽刨、线刨、边刨、轴刨等。

（1）平刨。平刨是木料加工使用最多的一种刨，主要用来刨削木料的平面。按用途平刨可分为荒刨、长刨、大平刨、净刨。它们构造相同，差异主要在长度上。

1）荒刨。又称二刨，长度为200～250mm，主要刨削木料的粗糙面。

2）长刨。又称大刨，长度为450～500mm，经长刨刨削后的木料较为平直。

3）大平刨。又称邦克，长度为600mm左右，因刨床较长，用于木材加宽的刨削拼缝。

4）净刨。又称光刨，长度为150～180mm，用于木制品最后的细致刨削，加工后的木料表面平整光滑。平刨主要由刨床、刨刃、刨楔、盖铁、刨把组成，如图6-9所示。

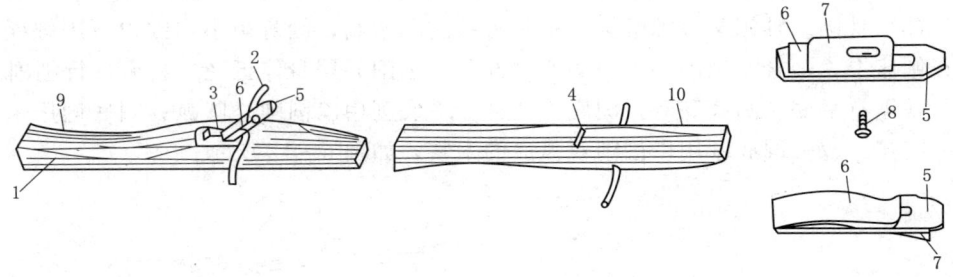

图6-9 平刨
1—刨床；2—刨把；3—刨羽；4—刨口；5—刨刃；
6—盖铁；7—刨楔；8—螺钉；9—刨背；10—刨底

刨床用耐磨的硬木制成，宽度比刨刃约宽16mm，厚度一般为40～45mm。为防止刨床翘曲变形，要选择纹理通直，经过干燥处理的木料制作。刨床上面开有刨刃槽，槽内横装一根横梁。也可将刨刃槽前部开成燕尾形，将刨刃等卡在刨口，刨床底面有刨口，刨刃嵌入后，刃口与刨口的空隙要适当，一般长刨和净刨间隙不大于 1mm，荒刨不小于 1mm。

刨刃宽度为 25～64mm，最常用的是 44mm 和 51mm 两种，刨刃装入刨床内与刨腹的夹角视用途而定，长刨约 45°，荒刨约 42°，净刨约 51°。

刨把用硬木制成，可做成椭圆断面形状。刨把整个形状可做成燕翅形，其安装方式有三种：用螺钉固定；卡入刨刃后面的槽内；将刨把穿入刨床上。

（2）槽刨。槽刨是供刨削凹槽用的。有固定槽刨和万能槽刨两种，如图 6-10 所示。

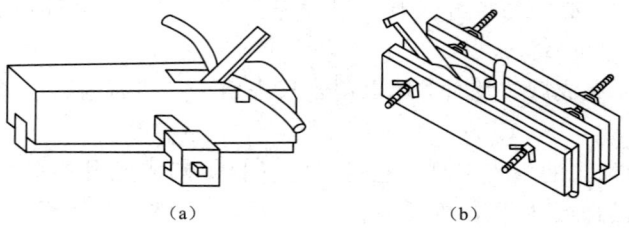

图 6-10　槽刨
（a）固定槽刨；（b）万能槽刨

常用槽刨的刨刃规格为 3～15mm，使用时应根据需要选用适当的规格。万能槽刨由两块 4mm 厚的铁板将两侧刨床用螺栓结合在一起，在两侧铁板上锉有斜刃槽、槽刨刃槽。使用时将斜刃插入燕尾形刃槽内固定，槽刨刃装入刨床槽内，利用两只螺栓拧紧两侧刨床，将刨刃夹紧固定。万能槽刨可以有不同宽度的刨刃，根据刨削槽的宽度，可更换适当规格的刨刃使用。

（3）线刨。线刨有单线刨和杂线刨，刨床长度约 200mm，高度约 50mm，宽度按需要而定，一般为 20～40mm，刨刃与刨床的刨腹夹角一般为 51°左右。

（4）边刨。边刨又名裁口刨，是用于木料边缘裁口的刨削，如图 6-11 所示。

（5）轴刨。轴刨又称蝙蝠刨，轴刨有铁制和木制，刨身短小，刨刃可用螺栓固定在刨床上，适合于刨削小木料的弯曲部分。刨削时用身体抵住木料后进行刨削。

铁刨有平底、圆底和双弧圆底等几种。平底刨用以刨削外圆弧；圆底刨用来刨削内圆弧；双弧圆底刨用以刨削双弧面的木料，如图 6-12 所示。

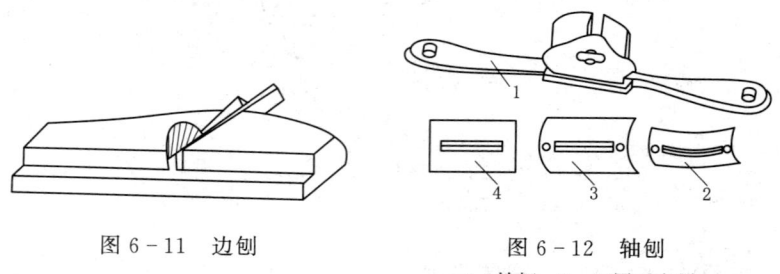

图 6-11　边刨　　　　　图 6-12　轴刨
1—铁柄；2—双圆弧底刨；
3—圆底刨；4—平底刨

（6）推刨子的要领。使用刨子需注意三法，即步法、手法、眼法，这三法是推刨的基本功。

1）步法。原地推刨时，身体一般站在工作台的左边，左脚在前，右脚在后，左腿成弓步，右腿成箭步，两手端刨，用力向前推，身体向前压。若木料较长时，就需要走动，走动的基本步法为提步法、踮步法、跨步法和行走法四种，如图 6-13 所示。

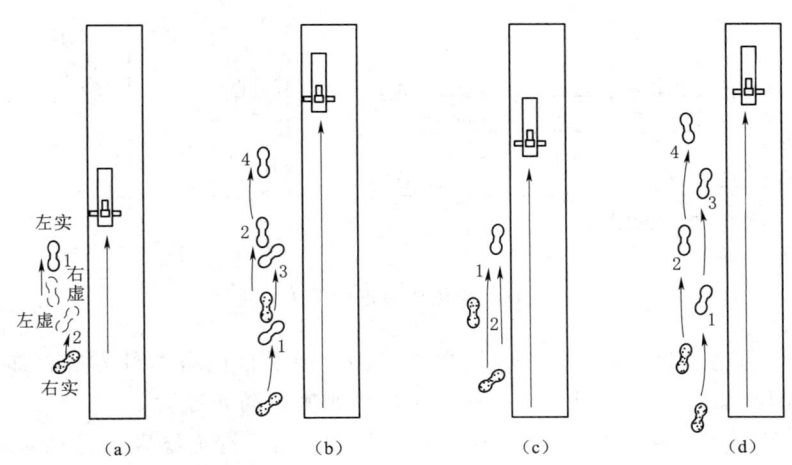

图 6-13 推刨步法
(a) 提步法；(b) 踮步法；(c) 跨步法；(d) 行走法

提步法是在原地运动。开始推刨时，左脚提起，右脚站定，并用力向前蹬，当左脚移到木料长度的一半以上时即落地站稳，此时右脚快速蹬地，使身体继续向前运动。当刨到尽头时，右脚复原位，左脚稍向后蹬，待身体平稳后，左脚恢复到原提起状态，以便再次推刨。此法适用于一次能刨到头的木料。

踮步法是冲刺式向前运动。在原地推刨姿势的基础上，先以右脚接近左脚跟站稳，这时左脚迅速跨前一步，落地站稳后，右脚再靠近左脚跟站稳，左脚再迅速向前跨一步。此法适用于长刨刨长料。

跨步法是以左脚为定点，右脚向左脚前跨一步，当刨推到头时，右脚马上向后蹬，引到原位，此法适用于一刨推到头的起线、裁口等工作。

行走法是以走路的方式推刨前进。即右脚跨过左脚落地站定时，左脚向前走一步，以此类推。此法适用于刨长线、长槽、长缝等，推刨时，身体向前下方向要有一定的冲刺力。

2）手法。推刨时，两食指分别压在刨膛的两边，两拇指同压在刨背上，其余手指握刨柄，也可根据具体情况掌握。开刨时，两食指要紧压刨背的前身；推刨到中间时，两拇指和食指要同时用力；推刨到末端头，两拇指紧压刨背的后身。刨腹要始终平贴材面运动。两手腕尽量向下压，手腕、肘、臂和身体的力要全部集中于刨床上。手腕不可高吊，以防遇到节子割伤手指。

刨削时，手是掌握刨削方向、位置及平稳的，刨推的力量主要靠身体运动，特别是腰力在刨推中起决定性的作用。

刨推应拉长距,不要碎刨短推,最好将刨子拉到身后向前长推。每刨一块料,都要先用短手刨净,用长手推刨。两相接处要先轻后重,逐渐加大压力,两刨衔接处不留刨痕,推刨时要养成直推习惯,以防斜推木料翘曲,如图6-14所示。

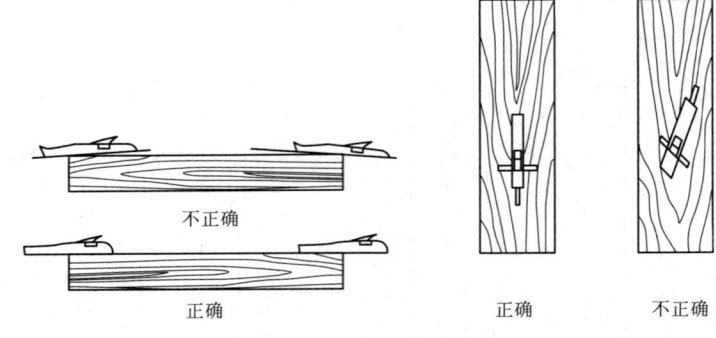

图6-14 推刨要领正确手法参照图

在刨削倒棱、断面时,一般采用单手推刨。单手推刨有两种方法,如图6-15所示。刨削断面时要先刨斜一面,然后再翻面刨削,防止戗劈。

3) 眼法。木料刨削后是否方正平直,木板拼粘后有无缝隙,是衡量木料加工刨削水平和眼力的重要标准。用眼力测定木料的方法一般有两种:一是站在料旁,以看平面的纵长线为标准,看对面边线是否与其重合,若重合则表示材面平直,否则表示不平直;二是站在料的端部,以所看平面的横端线和身边的两角为标准,看另一头的两角和端部是否平直,来判断和测定材面是否平直。看料一般用右眼顺光看,但也要练习背光看。看料方法如图6-16所示。

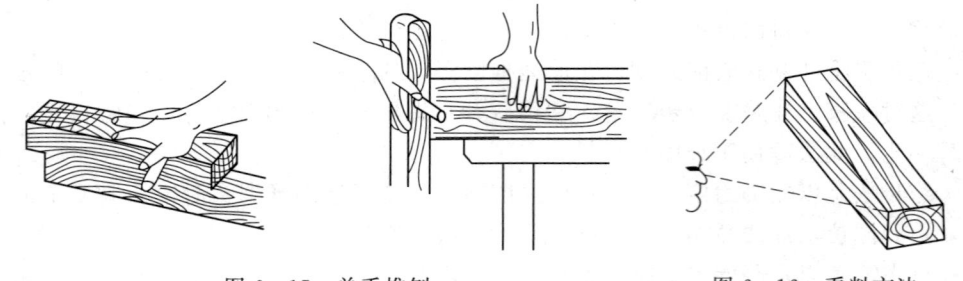

图6-15 单手推刨　　　　图6-16 看料方法

(7) 刨子的使用要点。

1) 平刨的使用。无论是何种刨子在使用前都要先将刨刃量调好,刨刃露出刨身量应以刨削量而定,一般为0.1~0.5mm,最多不超过1mm。粗刨大一些,细刨小一些。若露出量大,可轻刨床后部直到合适为止。

在开始刨料之前,应对材面进行选择,先看木料的平直程度,再识别是心材还是边材,是顺纹还是逆纹。一般应选比较洁净、纹理清楚的心材作正面,先刨心材面,再刨其他面,要顺纹刨削,既省力又使刨削面平整、光滑。

第一个面刨好后，用眼检查材面是否平直，确认无误后，再刨相邻的侧面。该面刨好后应用线勒子画出所需刨材面的宽度线和厚度线，依线再刨其他面，并检查其刨好后的平直和垂直程度。

2）线刨、边刨的使用。在使用前首先要调整好刨刃的露出量。这两种刨的操作方法基本相似，用右手拿刨，左手扶料。刨削时应先从离木料前端约200mm处向前刨削，然后再后退一定距离向前刨。依此方法，一直刨到后端。最后再从后端一直刨到前端，使线条深浅一致。

3）槽刨的使用。使用前先调整刨刃的露出量及挡板与刨刃的位置，以右手拿刨，左手扶料，先从木料后半部向前端刨削，然后逐渐从前半部开始刨削。如果是带刨把的槽刨，应将木料固定后，双手握刨，从木料的前半部向前刨，逐步后退到木料末端刨完为止。

开刨时要轻，待刨出凹槽后再适当增加力量，直到最后刨出深浅一致的凹槽。

4）轴刨的使用。先将木料稳固住，调整好刨刃，两手握刨把，刨底紧贴材面，均匀用力向前推刨。轴刨一般是刨削曲线部分，在刨削中，常遇戗茬，为使刨削面光滑，可调刨头后两手向后拉刨。

（8）刨刃的研磨。刨刃用久后，刃口就会变钝，刨削效率降低而且费力，同时也刨不出平整光滑的表面，因此需要磨刃。

磨刃所用磨石，有粗磨石和细磨石。一般先用粗磨石磨刨刃的缺口或平刃口的斜面，再用细磨石把刃口研磨锋利。

研磨时，先在粗磨石面上洒水，用右手捏住刨刃上部，食指、中指（亦可只用食指）压在刨刃上面，左手食指和中指也压在刨刃上，使刃口斜面紧贴磨石面，前后推磨，如图6-17所示。刨刃锋口磨得极薄时再换细磨石研磨，当锋刃磨到稍向正面倒卷时，可把刨刃正面贴到磨石上横磨，直到反复磨至刃锋锋利为止。

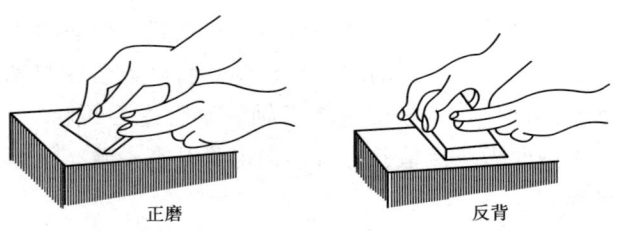

图6-17 刨刃的研磨

6. 刨削类机械

刨削类机械主要有压刨机、平刨机和四面刨床等，这里主要介绍平刨机。

平刨机的主要用途是刨削厚度不同的木料表面，平刨经过调整导板、更换刀具、加设模具后，也可用于刨削斜面和曲面，是施工现场用得比较广的一种刨削机械。

（1）平刨机的构造。平刨又名手压刨，主要由机座、电动机、工作台面、刀轴、导板、工作台面、扇形防护罩等组成，如图6-18所示。

（2）平刨机安全防护装置。平刨机是用手推工件前进，为了防止操作中伤手，必须装有安全防护装置，确保操作安全。平刨机的安全防护装置常用的有扇形防护罩、双护罩、护指键等，平刨机的双护罩如图6-19所示。

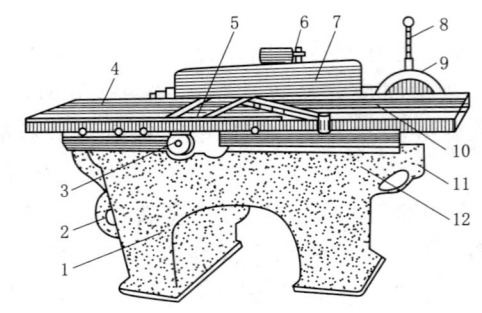 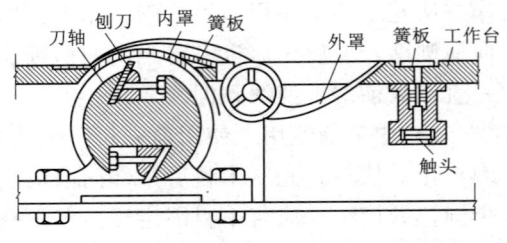

图6-18 平刨机

1—机座；2—电动机；3—刀轴轴承座；4—工作台面；
5—扇形防护罩；6—导板支架；7—导板；
8—前台面调整手柄；9—刻度盘；10—工作台面；
11—电钮；12—偏心轴架护罩

图6-19 平刨机的双护罩

（3）刨刀。刨刀有两种：一种是有孔槽的厚刨刀；另一种是无孔槽的薄刨刀。厚刨刀用于方刀轴及带弓形盖的圆刀轴；薄刨刀用于带楔形压条的圆刀轴。常用刨刀尺寸：长度200～600mm，厚刨刀厚度7～9mm，薄刨刀厚度3～4mm。

刨刀变钝一般使用砂轮磨刀机修磨。刨刀的磨修要求达到刨削锋利、角度正确、刃口成直线等。刃口角度：刨软木为35°～37°，刨硬木为37°～40°。斜度允许误差为0.02%。修磨时在刨刀的全长上，压力应均匀一致，不宜过重，每次行程磨去的厚度不宜超过0.015mm，刃口形成时适当减慢速度。磨修时要防止刨刀过热退火，无冷却装置的应用冷水浇注退热。操作人员应站在砂轮旋转方向的侧边，以防止砂轮破碎飞出伤人。

为保证刨削木料的质量，需要精确地调整刀刃装置，使各刀刃离转动中心的距离一致。刀刃的位置，一般用平直的木条来检验，将刨刀装在刀轴上后，用木条的纵向放在后台面上伸出刨口，木条端头与刀轴的垂直中心线相交，然后转动刀轴，沿刨刀全长取两头及中间做三点检验，看其伸出量是否一致。

（4）平刨的操作。

1）操作前，应全面检查机械各部件及安全装置是否有松动或失灵现象，如有问题，应修理后使用。

2）检查刨刃锋利程度，调整刨刃吃刀深度，经过试车1～3min后，没有问题才能正式操作。吃刀深度一般调为1～2mm。

3）操作时，人要站在工作台的左侧中间，左脚在前，右脚在后，左手压住木料，右手均匀推送，如图6-20所示。当右手离刨口150mm时即应脱离料面，靠左手用推棒推送。

4）刨削时，先刨大面，后刨小面；木料退回时，不要使木料碰到刨刃。遇到节子、戗槎、纹理不顺时，推送速度要慢，必须思想集中。

5)刨削较短、较薄的木料时,应用推棍、推板推送,如图 6-21 所示。长度不足 400mm 或薄且窄的小料,不要在平刨上刨削,以免发生伤手事故。

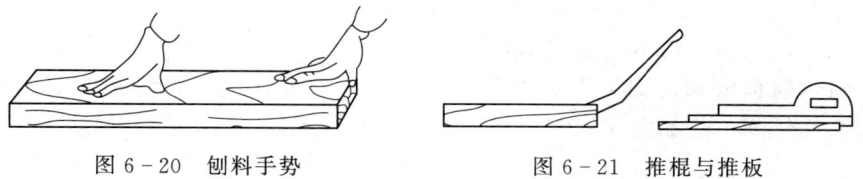

图 6-20 刨料手势　　　　图 6-21 推棍与推板

6)两人同时操作时,要互相配合,木料过刨刃 300mm 后,下手方可接拉。操作人员衣袖要扎紧,不得戴手套。

7)平刨机发生故障,应切断电源后再仔细检查,及时处理,要做到勤检查、勤保养、勤维修。

7. 凿孔类工具

凿子可分为平凿、圆凿和斜凿,如图 6-22 所示。一般最常用的是平凿。平凿有窄刃和宽刃两种。

(1)窄刃凿。窄刃凿是凿眼的专用工具。其宽度规格有 3mm、5mm、6.5mm、8mm、9.5mm、12.5mm、16mm 等,刃口角度为 30°左右。凿宽即为所加工的榫眼之宽度。由于窄凿很厚,所以凿深眼撬屑时不易折弯折断。

(2)宽刃凿。宽刃凿也称薄凿或铲,主要用以铲削,如铲棱角、修表面等。其宽度一般在 20mm 以上,刃口角度为 15°～20°。由于凿身较薄,故不宜凿削使用。

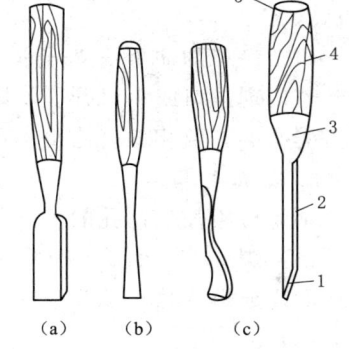

(3)凿子的使用方法。凿眼前,先将已划好榫眼墨线的木料放置于工作台上。凿孔时,左手握凿(刃口向内),右手握斧敲击,从榫孔的近端 1 逐渐向远端 2 凿削,先从榫孔后部下凿,以斧击凿顶,使凿刃切入木料内,然后拔出凿子,依次向前移动凿削。一直凿到前边墨线 3,最后再将凿面反转过来凿削孔的后边 4,如图 6-23 所示。

图 6-22 凿子
(a)平凿;(b)圆凿;(c)反口圆凿
1—凿刃;2—凿身;
3—凿库;4—凿柄;5—凿箍

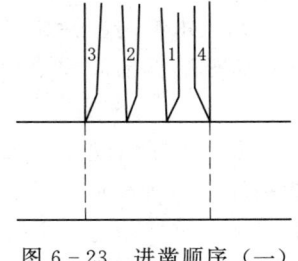

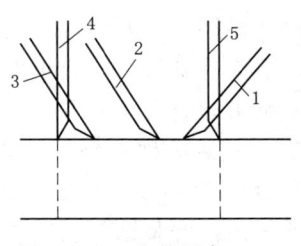

图 6-23 进凿顺序(一)　　　图 6-24 进凿顺序(二)

另外，还有一种下凿顺序是先从孔的后部（近身）下凿，凿斜面向后，第2、第3凿翻转凿面亦是斜向下凿，第4、第5凿均为下直凿做两端收口，如图6-24所示。

凿完一面之后，将木料翻过来，按以上的方式凿削另一面。当孔凿透以后，须用顶凿将木屑顶出来。如果没有顶凿，可以用木条或其他工具将孔内的木屑顶出来，凿孔和铲削方法如图6-25所示。

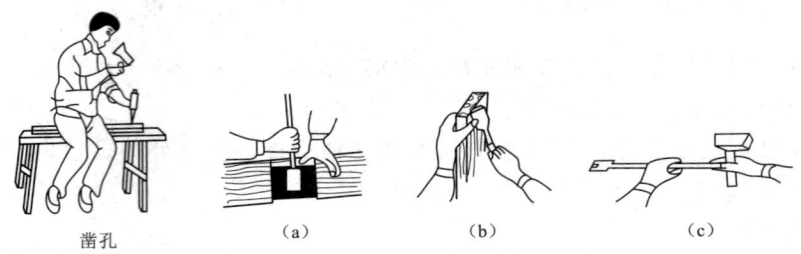

图6-25 凿孔和铲削方法
(a) 单手垂直铲削；(b) 单手平行铲削；(c) 双手平行铲削

(4) 凿刃的研磨。凿子长时间使用，刃口就会变钝，严重时会出现缺口或断裂。若出现缺口或刃口开裂，则必须先在砂轮机或油石上磨锐。凿子的研磨方法与刨刃的研磨大致相似。凿子不可在磨石中间研磨，以防磨石中间出现凹沟现象。

8. 钻孔类工具

钻是模板加工钻孔的工具，常用的有螺旋钻、手摇钻和牵钻。

(1) 螺旋钻。螺旋钻又称麻花钻。钻杆长度为500~600mm，用优质钢制成，钻杆前段成螺旋状，端头呈螺钉状，钻杆上端另穿木柄作为旋转把手，钻的直径为6.5~44.5mm。

螺旋钻的使用要点：先在木料正面划出孔的中心，然后将钻头对准孔中心，两手紧握把手稍加压力，向前扭拧；当钻到孔的一半时，再从反面钻通。钻孔时，要使钻杆与木料面垂直，斜向钻孔要把握钻杆的角度。

(2) 手摇钻。手摇钻又称摇钻。钻身用钢制成，上端有圆形顶木，可自由转动；中段弯曲处有木摇把；下端是钢制夹头，用螺纹与钻身连接，夹头内有钢制夹簧，可夹持各种规格的钻头。

手摇钻的使用要点：左手握住顶木，右手将钻头对准孔中心，然后左手用力压顶木，右手摇动摇把，按顺时针方向旋转，钻头即钻入木料内。钻孔时要使钻头与木料面垂直，不要左右摆，防止折断钻头。钻透后将倒顺器反向拧紧，摇把按逆时针方向旋转，钻头即退出。

(3) 牵钻。牵钻又称拉钻，是古老的钻孔工具。钻杆用硬木制成，长400~500mm，直径30~40mm，分上下两节。上节为握把，呈套筒形；下节有卡头，卡头内呈方锥形深孔，可装钻头。在钻杆上部绕上皮索与拉杆相连，推拉拉杆，即可反复旋转。此钻的钻力较小，只适用于钻直径2~8mm的小孔。

牵钻的使用要点：左手握把，钻头对准孔中心，右手握住拉杆水平推拉，使钻杆旋转，钻头即钻入木料内。钻孔时，要保持钻杆与木料面的垂直，不得倾斜。

9. 常用轻便机具

轻便机具用以代替手工工具，用电或压缩空气作动力，可以减轻劳动强度，加快施工进度，保证工程质量。轻便机具总的特点是：质量轻、大部分机具单手自由操作；体积小，便于携带与灵活运用；工效快，与手工工具相比，具有明显的优势。常用的有手锯、手电刨钻、电动起子机、电动砂光机等，本书以锯为例。

（1）电动曲线锯。电动曲线锯又称反复锯，分水平和垂直两种，如图6-26所示。

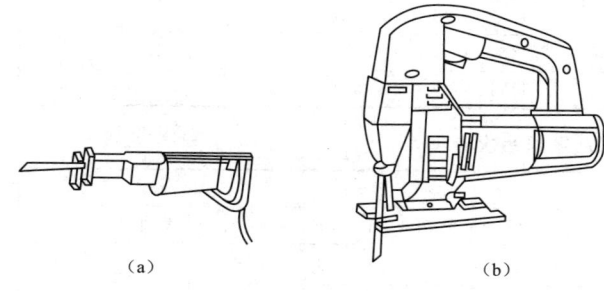

图6-26 电动曲线锯
(a) 水平曲线锯；(b) 垂直曲线锯

对不同材料，应选用不同的锯条，中、粗齿锯条适用于锯割木材；中齿锯条适用于锯割有色金属板、压层板；细齿锯条适用于锯割钢板。

曲线锯可以用作中心切割（如开孔）、直线切割、圆形或弧形切割。为了切割准确，要始终保持和体底面与工件成直角。

操作中不能强制推动锯条前进，不要弯折锯片，使用中不要覆盖排气孔，不要在开动中更换零件、润滑或调节速度等。操作时人体与锯条要保持一定的距离，运动部件未完全停下时不要把机体放倒。

对曲线锯要注意经常维护保养，要使用与金属铭牌上相同的电压。

（2）手提式电动圆锯。手提式电动圆锯如图6-27所示。手提式电锯的锯片有圆形的钢锯片和砂轮锯片两种。钢锯片多用于锯割木材，砂轮锯片用于锯割铝、铝合金、钢铁等。操作中要注意的事项同电动曲线锯。

6.2.3 模板安装施工机械机具

1. 模板垂直运输设备

垂直运输设备要依据建筑物的高度、外形及最大构件或模板的重量来选择，而垂直运输设备的数量则取决于流水段的大小、数量及施工进度的要求。主要用于大模板的吊装，常用的有塔式起重机。塔式起重机的选用参见表6-1。

在大模板结构工程施工中，由于全部吊运量主要依靠塔式起重机来完成，因此，塔式起重机的台班吊次是决定结构施工工期的主要因素，必须进行认真的核算和规划。以每个流水段5条轴线配备1台塔式起重机，其吊次和劳动力的配备参见表6-2。

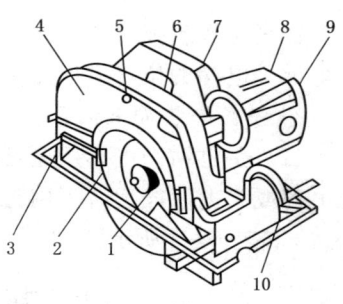

图6-27 手提式电动圆锯
1—锯片；2—安全护罩；3—底架；
4—上罩壳；5—锯切深度调整装置；
6—开关；7—接线盒手柄；
8—电机罩壳；9—操作手柄；
10—锯切角度调整装置

表 6-1　　　　　　　　　　塔式起重机选型参考表

机型	起重能力 /(kN·m)	起重量 /t	起重半径 /m	提升高度 /m	适用范围 单件质量/t	适用范围 层数
QT-6	400	2	20	26.4	3	12层以内
		3	15	36.2		
		6	8.5	40.1		
QT-60/80	600	2.8	25	47	5	16层以内
		6	10	60		
QT-80	800	1.23	35	70（附着）	5	24层以内
		6	14.2	100（内爬）		
QT-80A	1000	1.8	40	70（附着）	8	24层以内
		9	11.1	100（内爬）		

表 6-2　　　　　　　　　　塔式起重机吊次参考表

工程类别		吊次 钢筋	模板	外墙板（外砖）	混凝土	楼板	隔墙	其他	合计
内浇外砌		4	30	33	35	23	16	46	187
内浇外板		2~3	36~38	10~14	35~44	45	10~12	10~15	148~171
全现浇		4~6	44~50	—	46~58	45	10~12	10~15	159~186
大开间	普通外墙板	4~6	22	14	45	18	6~14	10~15	119~134
	岩棉复合外墙板	4~6	16~18	8	45~55			10~15	83~102

注　1. 墙体钢筋为点焊网片，集中吊运，人工分散就位。
　　2. 模板基本不落地，但其中一部分须吊离墙体清理和涂刷隔离剂，然后才能就位，故模板吊次系按模板数乘以 1.5 倍计算。
　　3. 模板包括门口模板的和小角模堵头模等。
　　4. 混凝土料斗容量以 0.8~1.0m² 计。
　　5. 楼板按 90~120cm 宽的标准预制楼板，阳台按整阳台计算吊次。
　　6. 其他包括门窗口扇、水电设备材料等。

在高层建筑施工中，为了使施工人员上下方便，最好在建筑物侧端安装外用施工电梯，电梯的位置应事先结合装修施工的需要考虑，做到人货两用。

2. 模板安装常用机具

（1）手电钻。主要用途是在建筑上用来在钢材、铝材、木材、墙上钻孔。现场无电源或离电源较远时可用充电电钻，狭窄处可用角电钻，手电钻外形和规格如图 6-28 和表 6-3 所示。

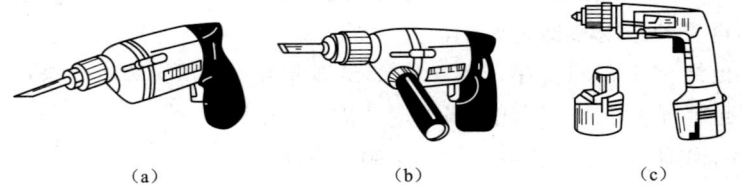

（a）　　　　　　　（b）　　　　　　　（c）

图 6-28　手电钻
（a）小型手电钻；（b）大型手电钻；（c）充电式手电钻

表 6-3　　　　　　　　　　　规格（以加工钢材为例）

手电钻	最大钻孔/mm	6	6	6	10	10	13	19	23
	额定电压/V	36	110	220（单相）					
	额定功率/W	190	190	220~250	325~270	431	390~460	640~740	1000
	最大钻孔/mm	13.0		19.0	23.0	32.0	38	49	
	额定电压/V	380（三相）							
	额定功率/W	270		400	500	800/900	870	890	
充电电钻	最大钻孔/mm	10		10		充电角电钻		10	
	充电时间/h	1		1				1	
	额定电压/V	7.2		9.6				7.2	

（2）冲击电钻。主要用途是在混凝土等脆性材料及结构上钻孔，一般在混凝土上钻孔直径在30mm以下，如图6-29、图6-30和表6-4所示。

（3）扳手。扳手的作用是用于安装拆卸四方头和六方头螺栓及螺母、活接头、阀门、根母等零件和管件，包括活扳手、呆扳手、梅花扳手、套筒扳手等。活扳手的开口大小是可以调整的；呆扳手、梅花扳手、套筒扳手的开口不能进行调节，其中梅花扳手和套筒扳手是成套工具。活扳手的规格见表6-5。

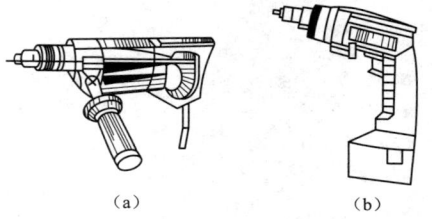

图6-29　冲击电钻
(a) 冲击电钻；(b) 充电式冲击电钻

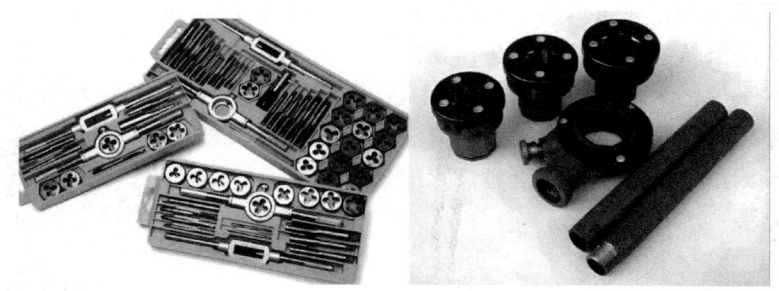

图6-30　套丝板

表6-4　　　　　　　　　冲击钻规格

	钻孔直径/mm	钢	6	10	13	13		10	13	13	16
国产冲击钻		混凝土	10	16	16	18	进口产品	10	11	20	20
	额定电压/V		220			380		200			
进口充电式冲击钻	钻孔直径/mm	钢	10				10		10		
		混凝土	10				10		10		
	额定电压/V		9.6				12		12		

表 6-5　　　　　　　　　　　活扳手的规格　　　　　　　　　　单位：mm

全长	100	150	200	250	300	370	450	600
最大开口宽度	14	19	24	30	36	46	55	65

3. 模板安装常用量具

模板安装常用量具包括线坠、托线板、方尺、水平仪、塞尺、钢尺、靠尺等，前面已叙述的此处不再重复介绍。

(1) 塞尺（厚薄规）。塞尺是检查间隙的一种精密量具，用它来检查两个接合面之间的间隙大小，如图 6-31 所示。

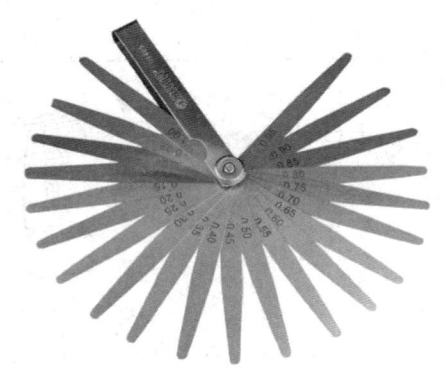

图 6-31　塞尺

1) 测量范围。塞尺用于检查两结合面精度（即结合面缝隙大小），由一组薄钢片制成，长度有 50mm、100mm、200mm 等。

测量范围分为 5 组号码：

1 号 13 片，测量范围：0.02～0.10mm。

2 号 16 片，测量范围：0.03～0.50mm。

3 号 11 片，测量范围：0.03～0.50mm。

4 号 14 片，测量范围：0.25～1.00mm。

5 号 11 片，测量范围：0.50～1.00mm。

2) 塞尺使用要点。使用时应根据被测间隙的大小，选择塞尺片的厚度，可用一片或数片组合进行测量。使用前应先清除工件及塞尺上的油污或杂物。测量时，塞尺塞入力度不能太大，并用拇指和食指握住距塞尺前端 1cm 处，以免塞尺产生褶皱。使用完后，应擦拭干净，并涂上防锈油。

(2) 水平仪。水平仪是由铸铁框架、主水准器（纵向水泡）、定位水准器（横向水泡）等组成。它是一种测角仪器，主要工作部分是水准器，如图 6-32 所示。水平仪用于测量平面对水平或垂直位置的偏差。根据外形尺寸分有框式（方形）和条式（长方形）水平仪。

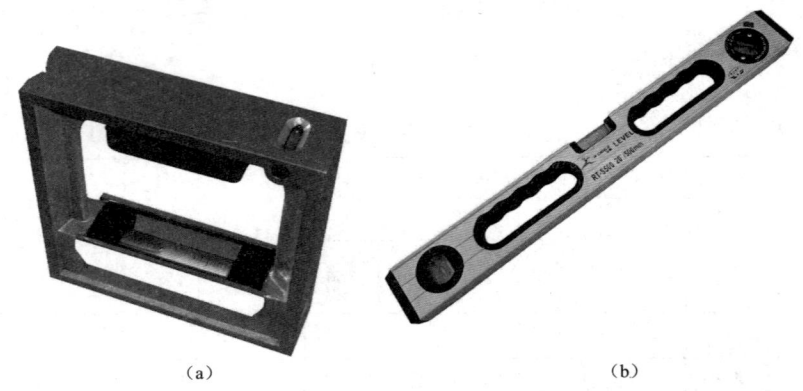

(a)　　　　　　　　　　　　　(b)

图 6-32　水平仪

(a) 框式；(b) 条式

水平仪在水平位置或垂直位置时，气泡处于水准器中央位置。精度用 mm/m 表示。如精度 0.02/1000，其意义为：当气泡移动一格时，水平仪的底面倾斜角度 θ 是 $4''$，每米高度差为 0.02mm。

使用水平仪注意事项如下：

1）使用前，被测表面和工件表面必须擦拭干净；温度对水平仪测量精度影响很大，操作者手离气泡管较近或对气泡管呼气都有一定的影响，测量时，水平仪应远离热流或隔热。

2）操作水平仪时应手握水平仪护木，不得用手接触水准器，或对着水准器呼气；在读数时，视线要垂直对准水准器，以免产生视差。

3）使用误差比较小的水平仪测量设备水平度时，应在被测量面上原地转 180° 进行测量；水平仪测量时，应轻拿轻放，不得碰撞和在所测工件表面上滑移。被测的部位必须是加工面光滑的平面。在调整被测物水平度时，水平仪一定要拿开。

4）测量工件铅垂直面时，应用力均匀地紧靠在工件立面上；水平仪使用后应擦拭干净，涂上一层无酸无水的防护油脂，置于盒内和干燥处，并不得与其他工具混放。

（3）靠尺。主要用于垂直水平及任何平面平整度的检测。为 2m 折叠式铝合金制作，仪表为机械指针式 2m 靠尺，如图 6-33 所示。

用靠尺和楔形塞尺检查墙、柱表面平整度时，要双手拿靠尺，手臂平举伸直，靠到墙面上后扶稳，然后用楔形塞尺，垂直地塞入最大缝隙处，楔形塞尺要塞实后再读出偏差值。

（4）托线板。用于检测垂直度。托线板如图 6-34 所示。

图 6-33　靠尺　　　　　　　托线板挂垂直　　　　　图 6-34　托线板

检查墙面的平整时，将尺子靠在墙上，若板边与墙面接触严密，则说明墙面平整。检查墙面的垂直时，将板的一侧垂直紧靠墙面，当线坠停止自由摆动时，线坠的小线如与板中的竖直墨线重合，说明墙面垂直，否则墙面不垂直。

（5）线坠。供测量工作及修建房屋时吊垂直基准线用。线坠如图6-35所示。规格线坠规格见表6-6。

表6-6　　　　　　　　　　线　坠　规　格

材料	质　量/kg
铜质	0.0125，0.025，0.05，0.1，0.15，0.2，0.25，0.3，0.4，0.5，0.6，0.75，1，1.5
钢质	0.1，0.15，0.2，0.25，0.3，0.4，0.5，0.75，1，1，25，2，2，5

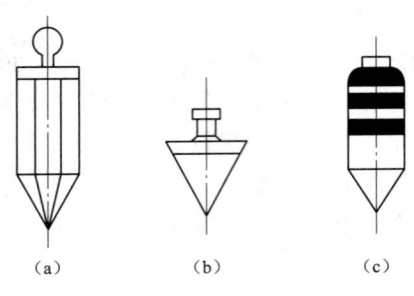

图6-35　线坠
(a) 棱柱形线坠；(b) 圆锥形线坠；
(c) 圆柱形线坠

1）线坠圆锥尖与顶帽轴线应在一个同心轴上，表面清洁，螺纹连接可靠，线坠镀层无脱落缺陷。

2）使用时注意保护锤体圆锥尖，切勿磨钝或碰歪，以免影响测量基准的准确度。

3）经常检查线坠垂直悬吊线绳是否牢固，顶帽是否松动脱扣，以免落地砸脚或圆锥尖刺伤脚面。

4）圆柱形线坠分整体基准尖和活络基准尖两种，当使用活络基准尖时可将顶尖由圆柱体旋出，用完将活络基准尖旋回圆柱体内，以免顶尖损坏影响基准度。

附件6.3　模板工程施工质量及验收要求

6.3.1　大体规定

模板及其支架应依照工程结构形式、荷载大小、地基土类别、施工设备和材料供给等条件进行设计。模板及其支架应具有足够的承载能力、刚度和稳固性，能靠得住地经受浇筑混凝土的重量、侧压力和施工荷载。

在浇筑混凝土之前，应付模板工程进行验收。

模板安装和浇筑混凝土时，应付模板及其支架进行观看和保护。发生异样情形时，应按施工技术方案及时进行处置。

模板及其支架拆除的顺序及平安方法应按施工技术方案执行。

6.3.2　模板安装

6.3.2.1　主控项目

（1）安装现浇结构的上层模板及其支架时，基层楼板应具有经受上层荷载的承载能力，或加设支架；上、基层支架的立柱应对准，并铺设垫板。

检查数量：全数检查。

查验方式：对照模板设计文件和施工技术方案观看。

（2）在涂刷模板隔离剂时，不得沾污钢筋和混凝土接槎处。

检查数量：全数检查。

查验方式：观看。

6.3.2.2 一般项目

（1）模板安装应满足以下要求：

1）模板的接缝不该漏浆；在浇筑混凝土前，木模板应浇水湿润，但模板内不该有积水。

2）模板与混凝土的接触面应清理干净并涂刷隔离剂，但不得采纳阻碍结构性能或妨碍装饰工程施工的隔离剂。

3）浇筑混凝土前，模板内的杂物应清理干净。

4）对清水混凝土工程及装饰混凝土工程，应利用能达到设计成效的模板。

检查数量：全数检查。

查验方式：观看。

（2）用作模板的地坪、胎模等应平整光洁，不得产生阻碍构件质量的下沉、裂痕、起砂或起鼓。

检查数量：全数检查。

查验方式：观看。

（3）对跨度不小于4m的现浇钢筋混凝土梁、板，其模板应按设计要求起拱；当设计无具体要求时，起拱高度宜为跨度的1/1000～3/1000。

检查数量：在同一查验批内，对梁，应抽查构件数量的10%，且多于3件；对板，应按有代表性的自然间抽查10%，且多于3间；对大空间结构，板可按纵、横轴线划分检查面，抽查10%，且多于3面。

查验方式：水准仪或拉线、钢尺检查。

（4）固定在模板上的预埋件、预留孔洞均不得遗漏，且应安装牢固，其允许偏差应符合表6-7的规定。

表6-7　　　　　　　　预埋件和预留孔洞的允许偏差

项　　目		允许偏差/mm
预埋钢板中心线位置		3
预埋管、预留孔中心线位置		3
插筋	中心线位置	5
	外露长度	+10，0
预埋螺栓	中心线位置	2
	外露长度	+10，0
预留洞	中心线位置	10
	尺寸	+10，0

注　检查中心线位置时，应沿纵、横两个方向量测，并取其中的较大值。

检查数量：在同一查验批内，对梁、柱和独立基础，应抽查构件数量的10%，且多于3件；对墙和板，应按有代表性的自然间抽查10%，且多于3间；对大空间结构，墙可按相邻轴线间高度 5m 左右划分检查面，板可按纵横轴线划分检查面，抽查 10%，且均多于 3 面。

查验方式：钢尺检查。

（5）现浇结构模板安装的允许偏差应符合表 6-8 的规定。

表 6-8　　　　　　现浇结构模板安装的允许偏差及检验方法

项　　目		允许偏差/mm	检验方法
轴线位置		5	钢尺检查
底模上表面标高		±5	水准仪或拉线、钢尺检查
截面内部尺寸	基础	±10	钢尺检查
	柱、墙、梁	+4，-5	钢尺检查
层高垂直度	≤5m	6	经纬仪或吊线、钢尺检查
	>5m	8	经纬仪或吊线、钢尺检查
相邻两板表面高低差		2	钢尺检查
表面平整度		5	2m 靠尺和塞尺检查

注　检查轴线位置时，应沿纵、横两个方向量测，并取其中的较大值。

检查数量：在同一查验批内，对梁、柱和独立基础，应抽查构件数量的 10%，且多于 3 件；对墙和板，应按有代表性的自然间抽查 10%，且多于 3 间；对大空间结构，墙可按相邻轴线间高度 5m 左右划分检查面，板可按纵、横轴线划分检查面，抽查 10%，且均多于 3 面。

（6）预制构件模板安装的允许偏差应符合表 6-9 的规定。

表 6-9　　　　　　预制构件模板安装的允许偏差及检验方法

项　　目		允许偏差/mm	检验方法
长度	板、梁	±5	钢尺量两角边，取其中较大值
	薄腹梁、桁架	±10	
	柱	0，-10	
	墙板	0，-5	
宽度	板、墙板	0，-5	钢尺量一端及中部，取其中较大值
	梁、薄腹梁、桁架、柱	+2，-5	
高（厚）度	板	+2，-3	钢尺量一端及中部，取其中较大值
	墙板	0，-5	
	梁、薄腹板、桁架、柱	+2，-5	
侧向弯曲	梁、板、柱	$l/1000$ 且不大于 15	拉线、钢尺量最大弯曲处
	墙板、薄腹梁、桁架	$l/1500$ 且不大于 15	
	板的表面平整度	3	2m 靠尺和塞尺检查
	相邻两板表面高低差	1	钢尺检查

续表

项　　目		允许偏差/mm	检验方法
对角线差	板	7	钢尺量两个对角线
	墙板	5	
翘曲	板、墙板	$l/1500$	调平尺在两端量测
设计起拱	薄腹梁、桁架、梁	±3	拉线、钢尺量跨中

注　l 为构件长度（mm）。

检查数量：第一次利用及大修后的模板应全数检查；利用中的模板应按期检查，并依照利用情形不按期抽查。

6.3.3　模板拆除

6.3.3.1　主控项目

（1）底模及其支架拆除时的混凝土强度应符合设计要求；当设计无具体要求时，混凝土强度应符合表6-10的规定。

表6-10　　　　　　　底模拆除时的混凝土强度要求

构件类型	构件跨度/m	达到设计的混凝土立方体抗压强度标准值的百分率/%
板	≤2	≥50
	>2，≤8	≥75
	>8	≥100
梁、拱、壳	≤8	≥75
	>8	≥100
悬臂构件	—	≥100

检查数量：全数检查。

查验方式：检查同条件养护试件强度实验报告。

（2）对后张法预应力混凝土结构构件，侧模宜在预应力张拉前拆除；底模支架的拆除应按施工技术方案执行，当无具体要求时，不该在结构构件成立预应力前拆除。

检查数量：全数检查。

查验方式：观看。

（3）后浇带模板的拆除和支顶应按施工技术方案执行。

检查数量：全数检查。

查验方式：观看。

6.3.3.2　一般项目

（1）侧模拆除时的混凝土强度应能保证其表面及棱角不受损伤。

检查数量：全数检查。

查验方式：观看。

（2）模板拆除时，不该让楼层形成冲击荷载。拆除的模板和支架宜分散堆放并及时清运。

检查数量：全数检查。

查验方式：观看。

6.3.4 相关标准

（1）《组合钢模板技术规范》（GB 50214—2013）。

（2）《钢框胶合板模板技术规程》（JGJ 96—2011）。

（3）《混凝土结构工程施工质量验收标准》（GB 50204—2015）。

（4）《木结构设计标准》（GB 50005—2017）。

（5）《钢结构设计标准》（GB 50017—2017）。

（6）《低层冷弯薄壁型钢房屋建筑技术规程》（JGJ 227—2011）。

第5篇

模板工岗位操作技能

7 学习活页——坝面模板

【课程信息】

1. 基本信息

学生姓名		课程地点		课程时间	
指导教师		哪些同学对我起到帮助？	1.	2.	3.
课程项目	学习水工大坝模板施工				

2. 学习目标

知识目标	掌握水工大坝模板的类型、组成和技术要点
能力目标	能说出模板的施工质量控制要点
素质与思政目标	(1) 养成学习积累习惯和不断进取、严谨求实的工作态度； (2) 能够进行有效的沟通和交流，具备团队合作意识； (3) 培养学生工程质量意识，坚守职业道德，增强学生的使命感、责任感和爱国主义情怀

【项目背景】

某重力坝施工坝高50m，下游坡比1∶0.7，坝顶宽6m，地基条件为岩基，大坝采取常态混凝土浇筑技术，三级配混凝土，流动性为坍落度（60±10）mm，大坝坝面模板是悬臂模板组合钢模结构，大坝分层施工每层1.5m，夏季约21d一个升程。坝体上有溢流段、底孔段、门库挡水段、挡水段等功能坝段，混凝土采用跳仓浇筑施工，采用上游门机和下游塔机垂直运输混凝土，堆坡反铲入仓方式进行岸坡混凝土运输。

第5篇 模板工岗位操作技能

7.1 水工大坝模板施工

【课前活动】

讨论：浏览教学录像，思考组合钢模板和有支腿的多卡（悬臂）模板在结构上有什么不同？_____

_____

_____

【必备知识】

1. 有关概念、术语

术语名称	概　　念	考核结果
围图	固定模板面板的肋条，为模板提供刚性支持	

2. 使用规范

序号	规 范 名 称	对规范熟悉情况	考核结果
1	《水工混凝土施工规范》（SL 677—2014）	1. 是/否准备好规范手机/纸质 2. 是/否提前预习规范能准确说出，还是能大致说出	
2	《水电水利工程模板施工规范》（DL/T 5110—2013）		
3	《水利水电工程单元工程施工质量验收评定标准——混凝土工程》（SL 632—2012）		

【课程实施】

水 工 坝 面 模 板

7.2 混凝土的浇筑与养护

教学阶段	教学流程	学习成果	教师核查	能力指标
（一）课前准备	1. 观看微课混凝土的浇筑与养护，谈一下混凝土模板的安装质量如何影响混凝土形状、外观和施工进程			G1
阶段性小结				C1

续表

教学阶段	教 学 流 程	学 习 成 果	教师核查	能力指标	
（二）课中实施	2. 观看微课"组合钢模板结构"，总结模板组成和工艺要点			C1	 7.3 组合钢模板结构 7.4 反铲入仓大坝模板 7.5 止水施工 7.6 水工大坝预埋件施工课件
	3. 观看视频"反铲入仓大坝模板"，谈一下此种施工需要哪些工种和机械配合			G1	
	4. 观看微课"止水施工"，谈一下混凝土止水用于大坝的什么结构缝中			C1	
	5. 查看课件"水工大坝预埋件施工"，总结止水施工技术要点			D1	
阶段性小结				C1	
（三）课后拓展	6. 观看视频"仓面及模板施工"，谈一下组合钢模板外部撑拉和内部撑拉的应用条件？廊道模板施工的进程和大坝模板施工进程有什么关系			G1	 7.7 仓面及模板施工

【检查与记录】

课程核心能力权重	课程侧重								合计
	A. 责任担当	B. 人文素养	C. 工程知识	D. 学习创新	E. 专业技能	F. 职业操守	G. 问题解决	H. 沟通合作	
	5%	5%	35%	10%	10%	15%	15%	5%	100%
课程能力指标权重	A1　A2	B1　B2	C1　C2	D1　D2	E1　E2	F1　F2	G1　G2	H1　H2	合计

【课后反思】

反思内容	实际效果	改进设想
课程思政情况		
成果导向应用情况		
本课评分		

【参考资料】

[1] 孙友良. 水利工程施工技术 [M]. 北京：中国水利水电出版社，2022.
[2] 水工混凝土施工规范：SL 677—2014 [S]. 北京：中国水利水电出版社，2014.
[3] 水电水利工程模板施工规范：DL/T 5110—2013 [S]. 北京：中国电力出版社，2013.
[4] 水利水电工程单元工程施工质量验收评定标准——混凝土工程：SL 632—2012 [S]. 北京：中国水利水电出版社，2012.

附件 7.1　坝面模板

7.1.1　定型组合钢模板类型

定型组合钢模板具有重量轻、不易漏浆、成本低以及混凝土表面平整、光滑等优点，广泛应用于一般混凝土工程中。模板包括平面模板、拐角模板；连接件有U形卡、L形插销、蝶形扣件、钩头螺栓、对拉螺栓等；支撑件有圆钢管、薄壁矩形钢管、单管伸缩支撑等。组装定型钢模板时，边肋上U形卡的距离不大于0.3m，钩头螺栓间距不大于0.6m，纵横围图上的紧固螺栓间距不大于2m。定型钢模板类型有平面模板、阴角模板、阳角模板及联接角模四种，如图7-1所示。钢模板面板厚度一般为2.3mm或2.5mm；封头横肋板中间加肋板的厚度一般为2.8mm。钢模板采用模数制设计，宽度以100mm为基础，以50mm为模数进级；长度以

450mm 为基础，以 150mm 为模数进级；肋高 55mm。

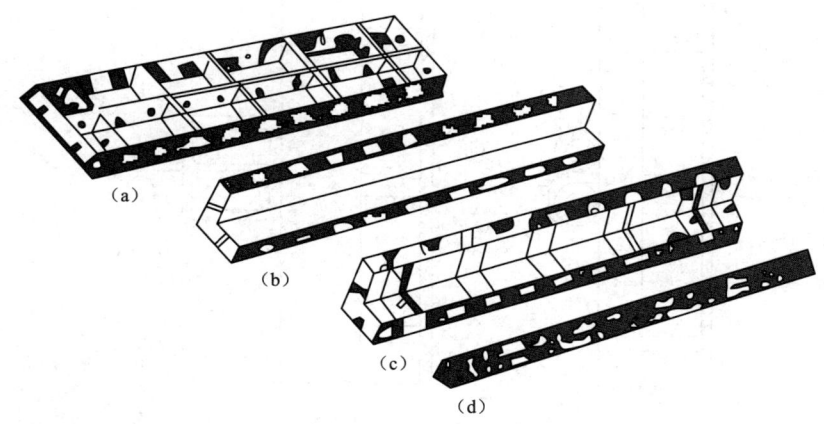

图 7-1 钢模板类型
(a) 平面模板；(b) 阳角模板；(c) 阴角模板；(d) 联接角模

7.1.2 组合钢模板的连接配件

组合钢模板的连接配件包括：U 形卡、L 形插销、钩头螺栓、对拉螺栓、紧固螺栓扣件等。

U 形卡用于钢模板与钢模板间的拼接，其安装间距一般不大于 300mm，即每隔一孔卡插一个，安装方向一顺一倒相互错开，如图 7-2（a）所示。

L 形插销用于两个钢模板端肋相互联接，将 L 形插销插入钢模板端部横肋的插销孔内，以增加两相邻模板接头处联接刚度和保证接头处板面平整，如图 7-2（b）所示。

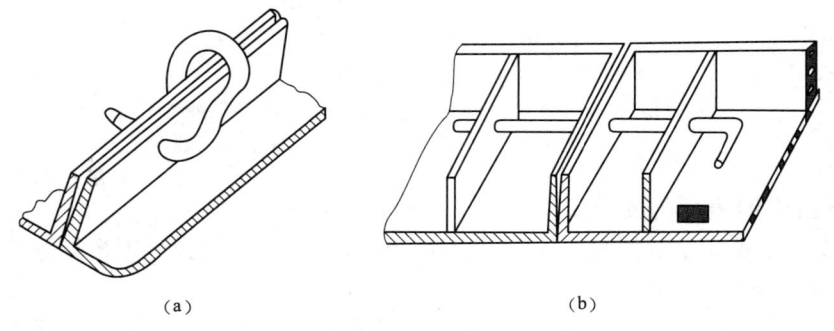

图 7-2 组合钢模板
(a) U 形卡；(b) L 形插销

当需将钢模板拼接成大块模板时，除了用 U 形卡及 L 形插销外，在钢模板外侧要用钢楞（圆形钢管矩形钢管、内卷边槽钢等）加固，钢楞与钢模板间用钩头螺栓（图7-3）及"3"形扣件、蝶形扣件连接。

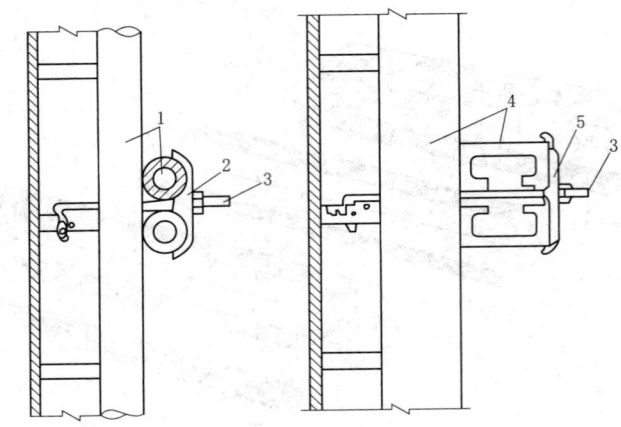

图7-3 钩头螺栓
1—圆形钢管；2—"3"形扣件；3—钩头螺栓；4—内卷边桥钢；5—蝶形扣件

浇筑钢筋混凝土墙体时，墙体两侧模板间用对拉螺栓连接，见图7-4，对拉螺栓截面应保证安全承受混凝土的侧压力。

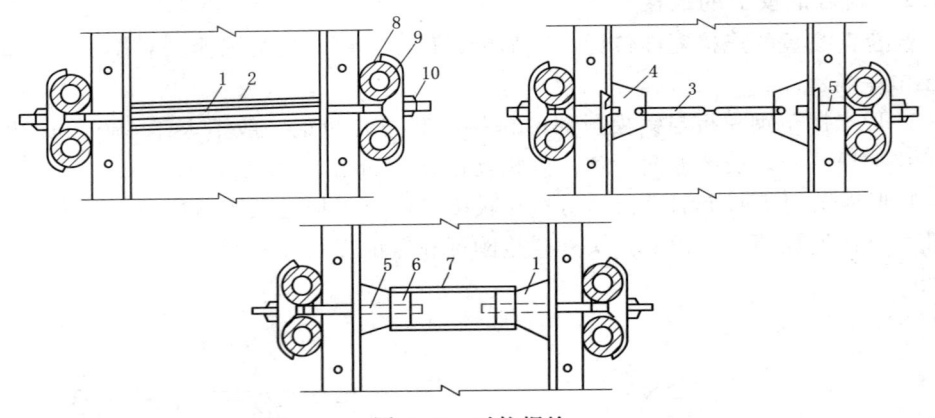

图7-4 对拉螺栓
1—钢拉杆；2—塑料套管；3—内拉杆；4—顶帽；5—外拉杆；
6—2~4根钢筋；7—螺母；8—钢楞；9—扣件；10—螺母

7.1.3 组合钢模板的支承工具

组合钢模板的支承件包括柱箍、钢楞、支柱、卡具、斜撑、钢桁架等。

1. 钢管卡具及柱箍

图7-5所示钢管卡具适用于矩形梁，用于固定侧模板。卡具可用于把侧模固定在底模板上，此时卡具安装在梁下部；卡具也可用于梁侧模上口的卡固定位，此时卡具安装在梁上方。

柱模板四周设角钢柱箍，角钢柱箍由两根互焊相成直角的角钢组成，用弯角螺栓及螺母拉紧，如图7-6（a）所示；也可用60mm×5mm扁钢制成扁钢柱箍，如图7-6（b）所示；或用槽钢柱箍，如图7-6（c）所示。

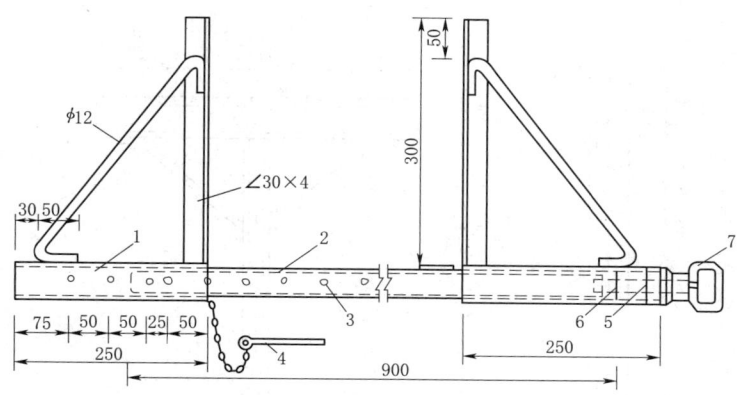

图 7-5 钢管卡具（单位：mm）

1—$\phi29$ 钢管；2—$\phi25$ 钢管；3—$\phi10$ 圆孔；4—$\phi9$ 钢销；
5—螺栓；6—螺母；7—钢筋环

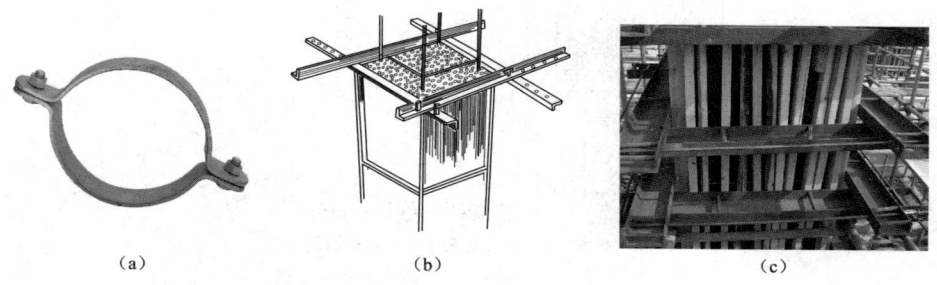

图 7-6 柱箍

(a) 扁钢柱箍；(b) 角钢柱箍；(c) 槽钢柱箍

2. 钢管支柱

钢管支柱由内外两节钢管组成，可以伸缩以调节支柱高度。在内外钢管上每隔 100mm 钻一个 $\phi14$ 销孔，调整好高度以后用 $\phi12$ 销子固定，支座底部垫木板，100mm 以内的高度调整可在垫板处加木楔调整，见图 7-7。也可在钢管支柱下端装调节螺杆，用以调节 100mm 以内的高度。

3. 钢桁架

钢桁架作为梁模板的支撑工具可取代梁模板下的立柱，跨度小、荷载小时桁架可用钢筋焊成；跨度或荷重较大时可用角钢或钢管制成；也可制成两个半榀，再拼装成整体，见图 7-8。每根梁下边设一组（两榀）桁架。梁的跨度较大时，可以连接安装桁架，中间加支柱。

桁架两端可以支承在墙上、工具式立柱上或钢管支架上。

桁架支撑在墙上时，可用钢筋托具，托具用 $\phi8\sim\phi12$ 钢筋制成。托具可预先砌入或砌完墙后 $2\sim3d$ 打入墙内，见图 7-9。

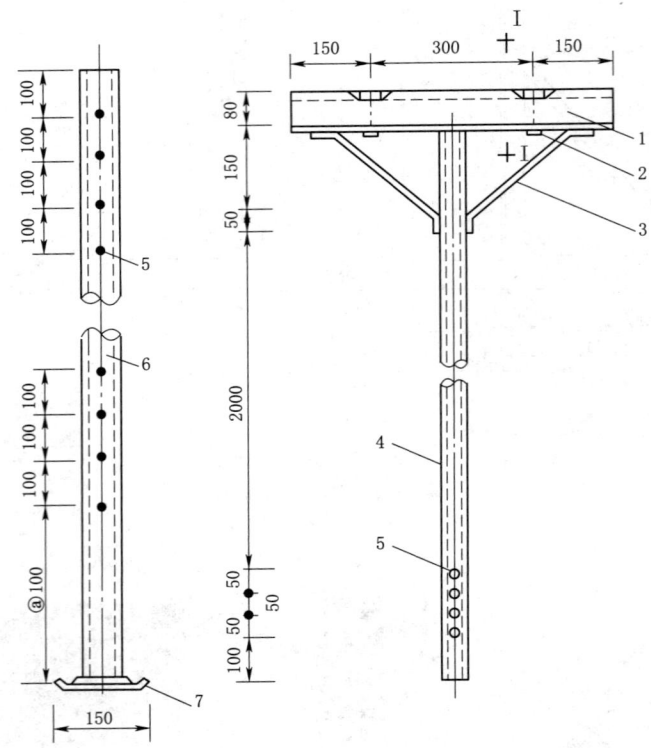

图 7-7 钢管支柱（单位：mm）
1—垫木；2—ϕ12 螺栓；3—ϕ16 钢筋；
4—内径管；5—ϕ14 孔；6—50mm 内径钢管；
7—150mm×80mm 钢板

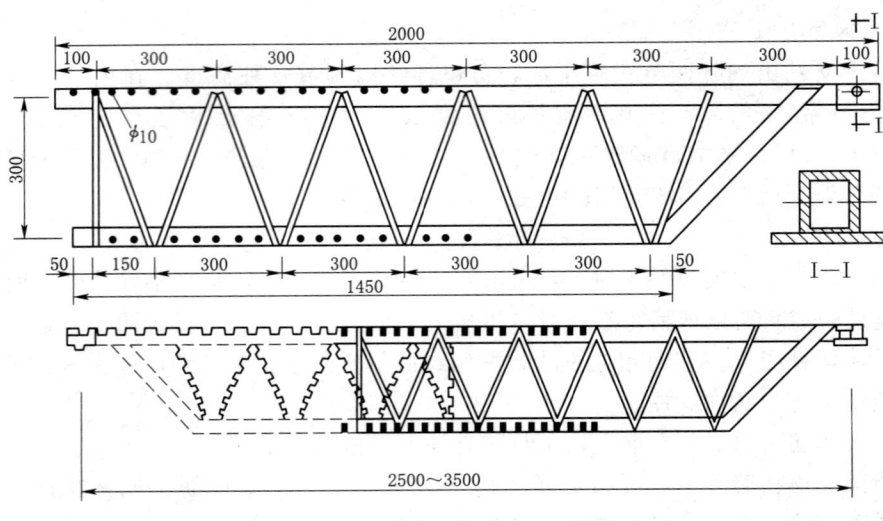

图 7-8 拼装式钢桁架（单位：mm）

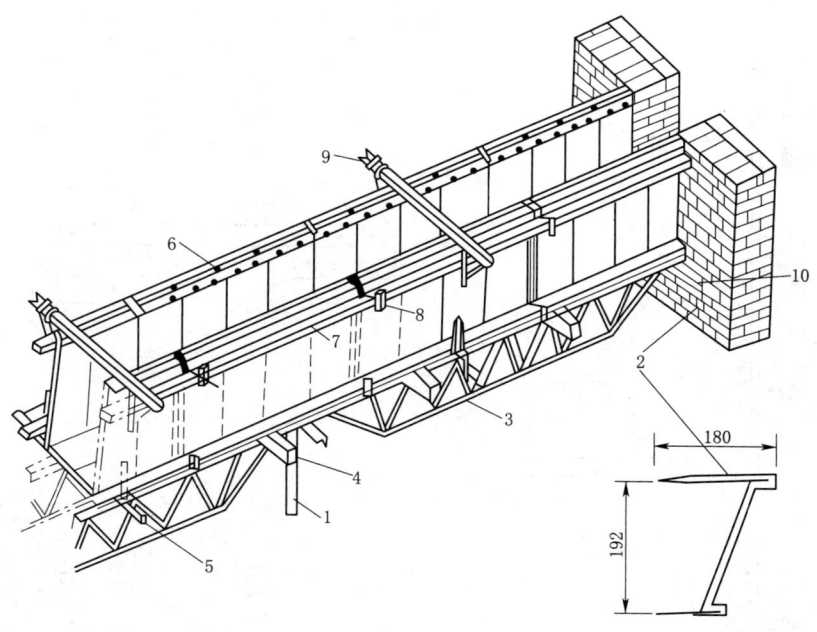

图 7-9 桁架支撑在墙上的安装示意图（单位：mm）
1—钢管支柱；2—钢筋托具；3—桁架；4—垫楞木；5—横梁；6—定型模板；
7—50mm×100mm 方木；8—钢钩；9—卡具；10—楔形垫木

附件 7.2 悬臂模板

7.2.1 模板尺寸

悬臂模板是大体积混凝土普遍采用的模板形式。

二滩拱坝悬臂模板如图 7-10（a）所示。面板为厚 21mm 的木压合板，其表面覆盖一层釉质防水层，使面板平整、光滑不吸水，不因混凝土泌水的浸泡而发生脱层。压合板四周用钢条加固，保护边角。面板的加强格栅采用型钢。模板的支撑系统采用三角形桁架，由型钢制成。面板的倾角通过调节可变支撑的长度来控制，面板的水平和铅直调整分别通过设置在下部刚体三角形的横梁和竖梁内的水平和铅直调节装置来完成。下部刚体三角形可单独作为其他模板的支撑使用。

模板面板高 3.15m，宽有 4.8m、3.6m 和 0.6m 三种，其中宽 3.6m 的采用最广泛。

7.2.2 悬臂模板安装

一块约 3t 的悬臂模板，用吊车安、拆，模板的固定系统由图 7-10（b）所示的预埋锚筋、图 7-10（c）所示的锥形连接螺栓和高强紧固螺杆组成。预埋锚筋埋设在混凝土表面下 50cm 处，由 $\phi36$mm 钢筋加工而成，其头部为内螺纹套管。锥形螺栓旋进预埋锚栓套管，高强螺杆再旋进锥形螺栓，从而将模板固定在已凝固的混凝土先浇块上。

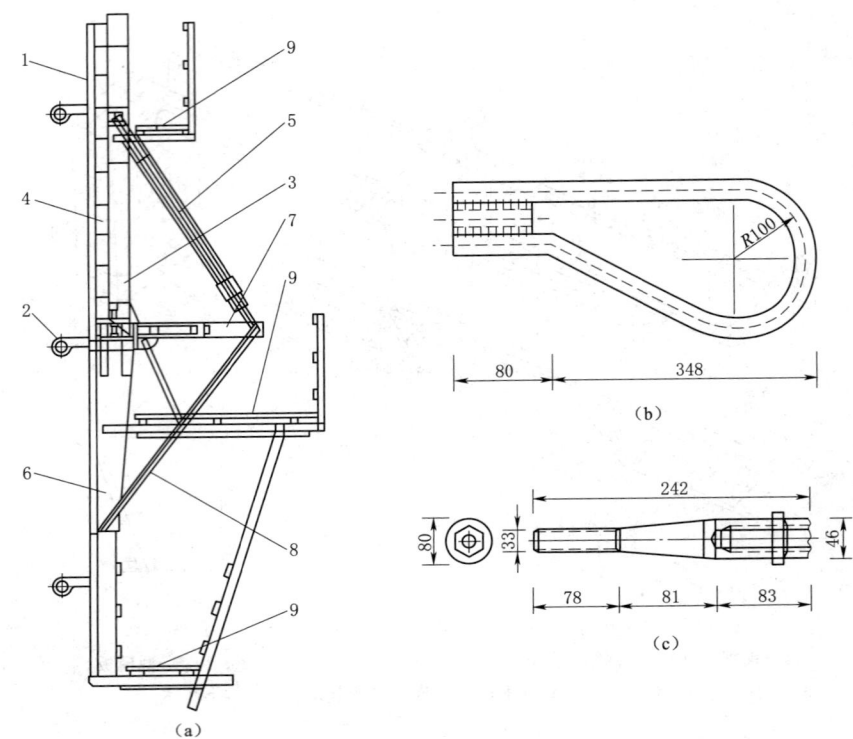

图 7-10 二滩拱坝悬臂模板（单位：cm）
1—压合板；2—预埋锚筋；3—上部大梁；4—加强格栅；5—可变支杆；6—下部竖梁；
7—横梁；8—下支架腹杆；9—工作平台

预埋锚筋的安装：模板提升、固定后，在面板上距浇筑层顶部50cm的预留孔处，将锥形螺栓穿入预留孔并与锚筋连接，临时用与高强螺杆同直径的短螺栓将锥形螺栓和锚筋一起固定在加强格栅上。

调整模板时，首先要操作下支架横梁内的水平调节装置，使面板紧贴老混凝土表面；然后操作竖梁内的竖向调节装置，调整模板与老混凝土的搭接长度达到要求；最后通过上部斜向可变支杆的伸缩来调整面板的倾角，从而完成一块模板的一次调整过程。考虑到在浇筑混凝土时模板将有微小的外倾变形，事先将模板的顶边设置为内倾5mm。

锥形螺栓和高强螺杆的旋紧和松开都采用配套的气动扳手。拆模后预埋锚筋预留在混凝土内，锥形螺杆和高强螺杆循环使用。拆除锥形螺栓后，混凝土上面留下一个圆形的孔洞，用砂浆封堵。

东风水电站双曲拱坝悬臂模板，其面板具有后退和横移功能，使用性强。差挂式锚钩定位准，装拆快，并配有计算机辅助立模系统，能显示各种立模参数和图形，可按施工要求重新布置。模板结构简图如图7-11所示。

多卡模板是一种典型的悬臂模板，其结构简图如图7-12所示。模板的支撑结构采用三角形桁架、可调撑杆。模板的固定系统采用略弯成蛇形的 $\phi 15mm$ 高强度预埋锚筋，其本身即是螺距为10mm的特殊牙型螺杆，可与多种卡紧固件连接。面板可采用整体钢框大块钢板、胶合板、铝合金板和复合型塑料板等多种方案。用于三峡工程的多卡模板型号为D15型，单套模板由面板、竖围图、支撑系统、锚固装置、辅助支架和工作平台等部分组成，多卡大坝模板应用流程见图7-13，多卡大坝模板锚固系统见图7-14。

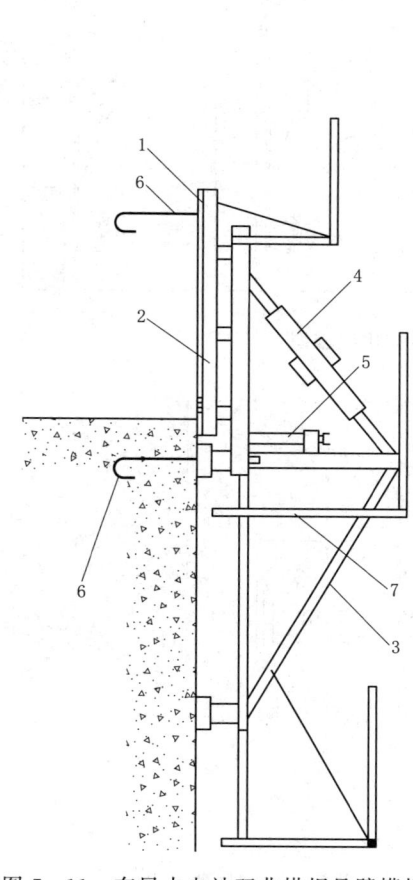

图7-11 东风水电站双曲拱坝悬臂模板
1—面板；2—围圈；3—支撑桁架；
4—可调斜撑；5—平移丝杠；
6—锚固件；7—工作平台

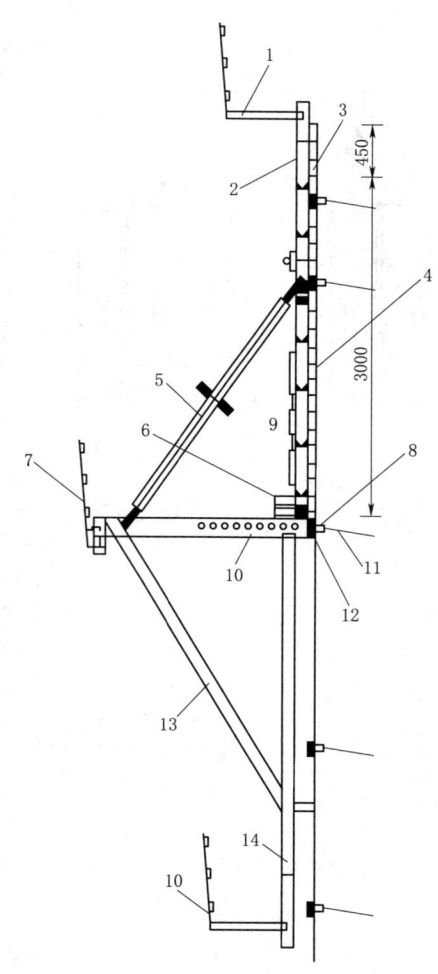

图7-12 多卡模板结构简图
1—工作平台；2—竖围图；
3—120mm×450mm×3000mm 面板；
4—120mm×3000mm×3000mm 面板；5—螺杆；
6—连接模块；7—主工作平台栏杆；8—定位锥；
9—调节器钩头螺丝；10—工作平台；11—锚筋；
12—钩挂螺栓；13—三脚架；14—悬挂

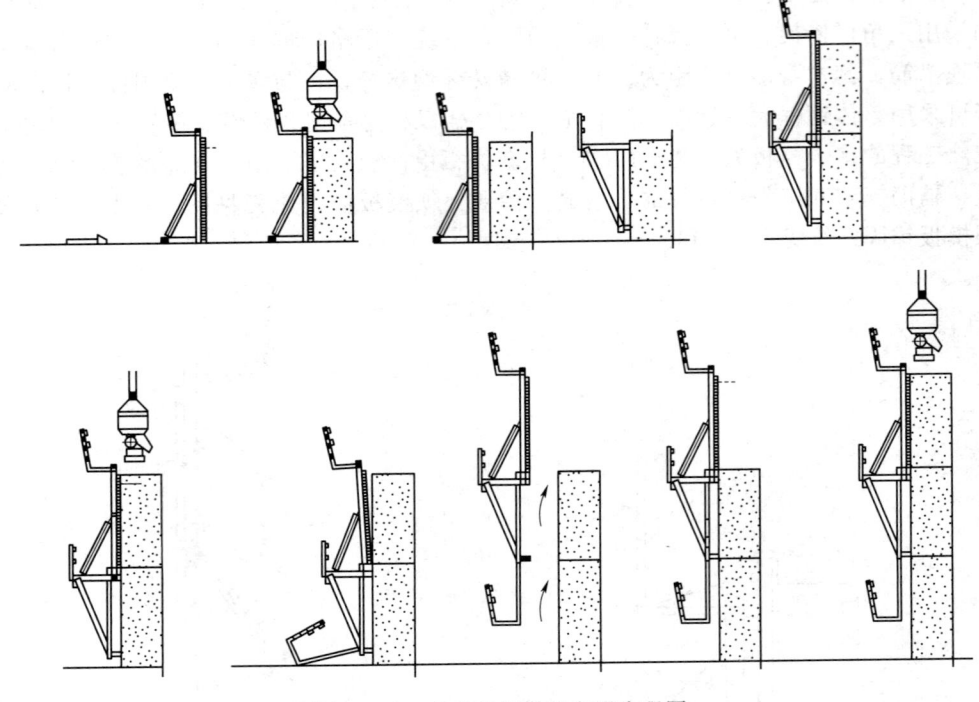

图 7-13 多卡大坝模板应用流程图

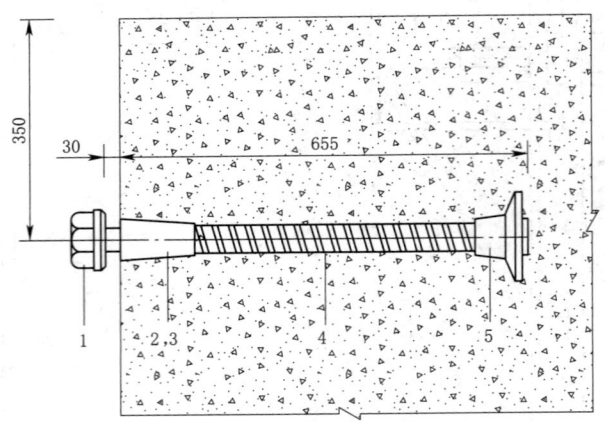

图 7-14 多卡大坝模板锚固系统图（单位：mm）
1—钩挂螺栓；2—定位锥；3—密封壳；4—锚筋；5—锚固盘

附件 7.3 溢流面模板

溢流面一般由顶部溢流段、中间直线段和下部反弧段三部分组成。如图 7-15 所示，以利水流顺利宣泄。

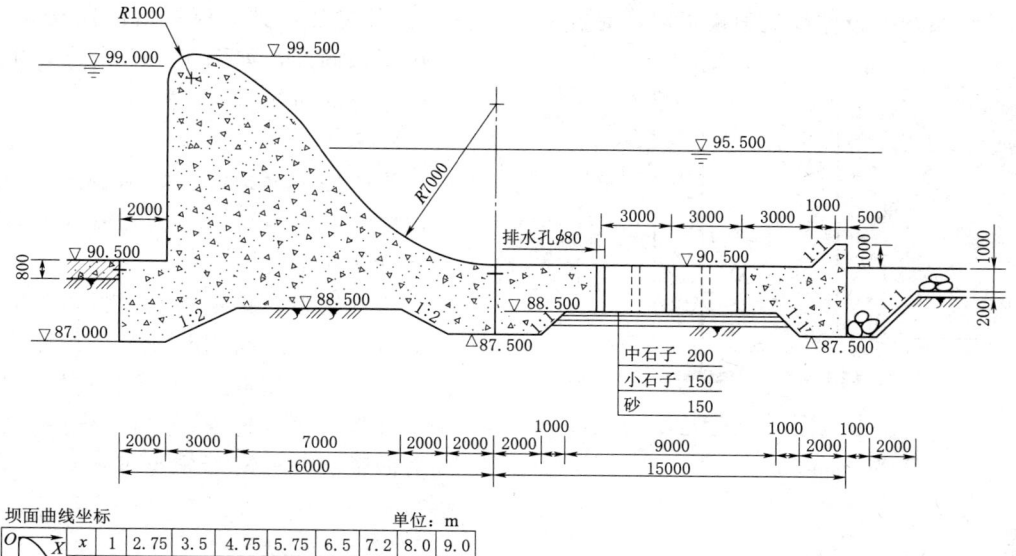

坝面曲线坐标									单位：m
x	1	2.75	3.5	4.75	5.75	6.5	7.2	8.0	9.0
y	0	0.5	1.0	2.0	3.0	4.0	5.0	6.0	7.0

图 7-15　某水库溢流坝段横断面图（单位：mm）

7.3.1　现支模板施工

1. 模板形式

溢流面模板与一般斜坡段的模板相似，一是先应安设临时支撑控制桁架的位置，并承受模板及桁架的自重；二是拉丝固定模板，承受混凝土浇筑时的浮托力。

用组合钢模板作溢流面模板时，模板用 U 形卡连接，再用钩头螺栓固定在弧木下，如图 7-16 所示，桁架间距一般为 750mm。

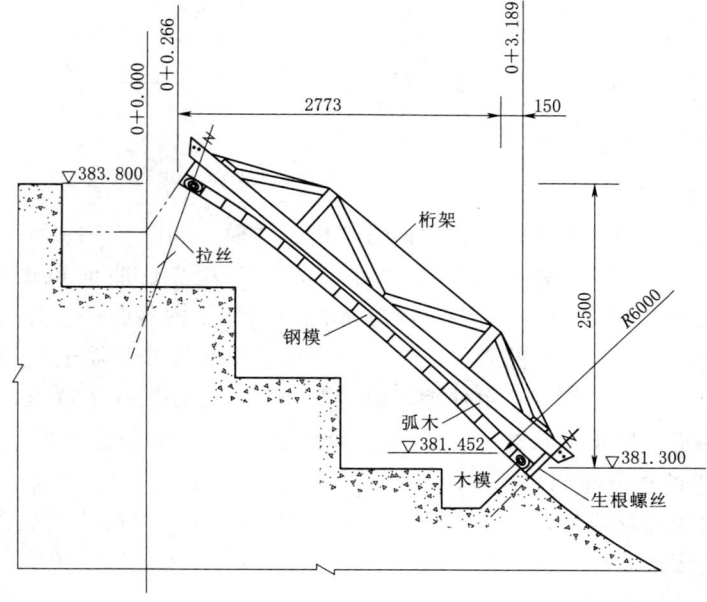

图 7-16　溢流面钢模板安装图（单位：mm）

用木模板作溢流面模板时，是在弧木下先安置外挑的扁铁，模板由扁铁支承，并用压条固定，如图7-17所示，桁架间距一般为800mm。

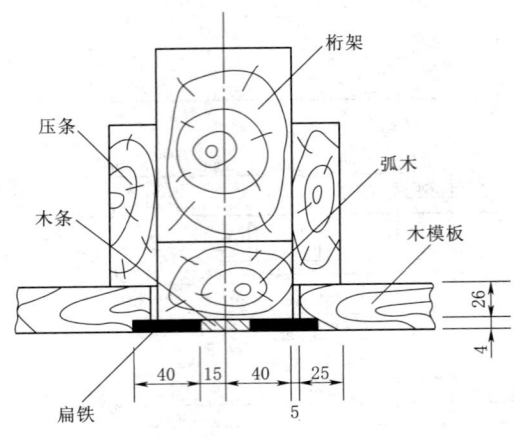

图7-17 溢流面模板安装示意图（单位：cm）

2. 弧木加工

当采用木模板时，弧木表面与溢流面曲线基本重合，可利用曲线方程直接计算弧木的尺寸。

当利用组合钢模板时，弧木表面与溢流面曲线之间相差一个模板厚度值（55mm），因此，先利用曲线方程依次计算后描点连线，并在该点的法向方向量取55mm后定点再连线，即得弧木表面线，如图7-18所示。

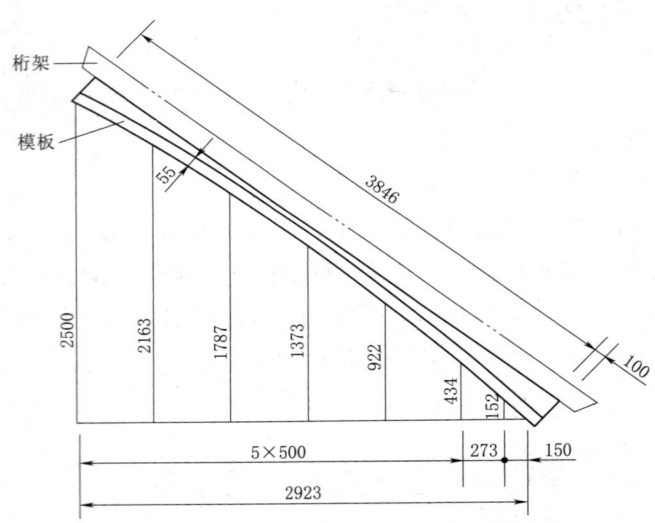

图7-18 弧木加工示意图（单位：mm）

水口水电站大坝溢流面采用了曲面可变桁架立模，如图7-19所示。曲面可变桁架成形方便，装拆便利，施工效率高，材料消耗少。曲面可变桁架尺寸为250mm×500mm（高×长），每榀质量为50kg。桁架由内外弦杆、腹筋及连接件组成。内弦杆通过节点板与腹筋焊接固定。外弦杆装在焊接与腹筋上的扣件内，松开扣件上的螺栓，外弦杆便可自由伸缩，以调节曲面的弧度；拧紧螺栓，外弦杆便压紧且与腹杆固定，桁架形状被固定。曲面可变桁架用于单曲面立模，桁架间距约1.5m，桁架下的钢支撑间距约1m。桁架之间用φ48钢管及扣件连接；桁架和钢支撑之间通过对接螺栓连接，对接螺栓的作用是便于浇筑完混凝土后拆除可变桁架。钢模板用钩头螺栓固定在桁架上。拆模时间一般控制在混凝土初凝时，拆模后立即抹面并填平对接螺栓孔。

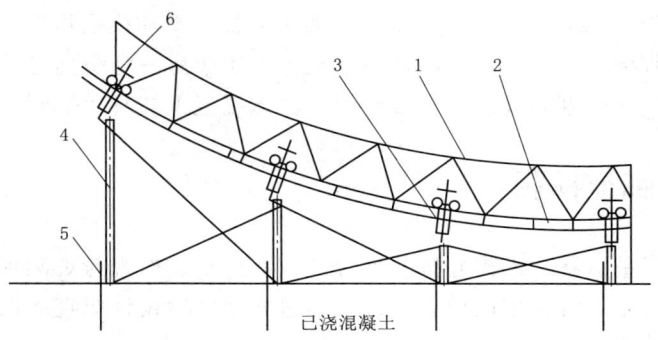

图 7-19 可变桁架模板
1—可变桁架；2—钢模板；3—对接螺栓；4—钢支撑；
5—预埋钢筋；6—连接钢管

7.3.2 滑动模板

1. 模板形式

目前，溢流面混凝土浇筑普遍采用滑动模板，其优点是工效高、节省材料且混凝土入仓、平仓、振捣方便。滑动轨迹由固定在两侧闸墩混凝土上的导轨决定，因此要求导轨的制作、安装精度不得超过溢流面的尺寸允许偏差。浇筑混凝土时产生的混凝土侧压力和浮脱力通过模板传递到支撑梁，再通过支撑梁传递到导轨。滑动模板牵引方式一般有以下三种：①采用固定在溢流堰顶一期混凝土上的卷扬机，通过钢丝绳牵引模体；②将空心千斤顶固定在溢流堰顶，抽拔固定在模体上的钢筋拉杆而牵引模体；③安装在模体上的液压爬钳沿导轨爬行，牵引模体。红石水电站大坝溢流面采用了液压钳牵引的滑模施工，如图 7-20 所示。

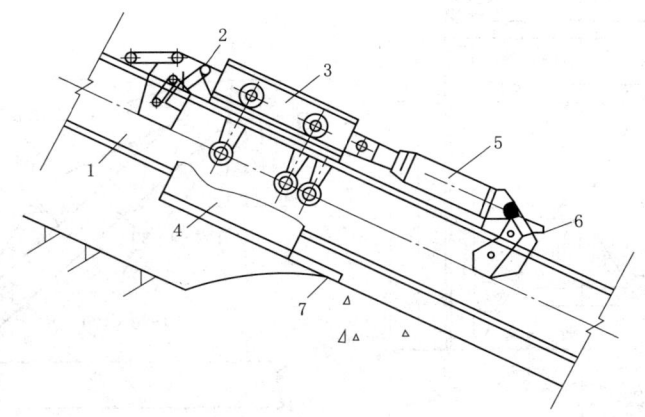

图 7-20 溢流面液压爬钳滑动模板
1—轨道；2—上爬钳；3—端架；4—模体；5—油缸；6—下爬钳；7—脱水装置

2. 模板施工

滑动模板脱模强度应控制在 0.2～0.4MPa，且坡度小段位的可以早脱模，坡度大的段位应晚脱模。滑动模板滑动速度应与混凝土早期强度增长速度向适应，平均滑升速度宜为1～2m。为增加混凝土表面耐久性，滑动模板后应设置工作架，采用人工方式对脱模后的混凝土表面抹面压光。工作架后一定距离悬挂喷淋水管，距离长度决定于爬升进度和混凝土初凝时间，保障混凝土初凝后得到及时养护。

附件7.4 廊道模板

为了进行坝基灌浆、汇集并排除坝身及坝基渗水、检查与观测坝体工作情况以及坝内交通的需要，常在坝内设置廊道。廊道断面一般设计成直墙拱顶形。

7.4.1 廊道直墙模板

廊道直墙常采用对撑的方式支撑，支模的重点是保证墙模板的整体稳定，同时也要求混凝土浇筑时均匀下料，以减小前后混凝土混合料重力形成的压力差。

廊道底板分层一般在直墙的底部位置，当廊道内有排水沟时，宜先将廊道底板混凝土浇至水沟底而将底板作二期混凝土施工，以减少水沟模板的安装工作量，同时增加墙模板下部的支撑点。图7-21为廊道模板安装图。

7.4.2 廊道顶拱模板

廊道顶拱模板常采用三铰拱支模，如图7-21所示。三铰拱结构如图7-22所示，为方便施工，需在顶部设置木楔，并使压杆的下缘与拱脚位置线重合。拆模时先拆除木楔及拱架，再拆除散模板及弧模板。

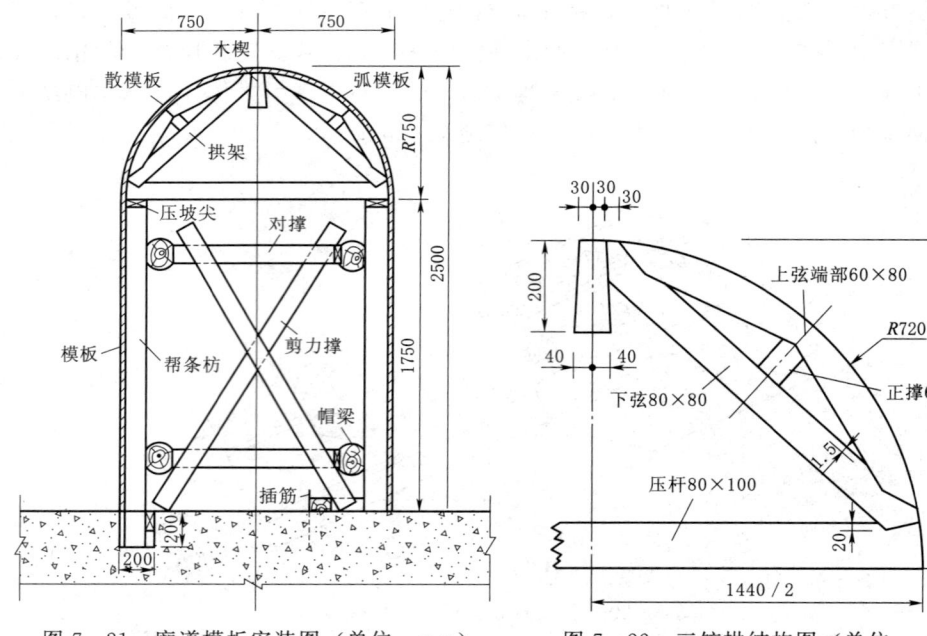

图7-21 廊道模板安装图（单位：mm）　　图7-22 三铰拱结构图（单位：mm）

7.4.3 混凝土预制模板

混凝土预制模板可以工厂化生产，安装时多依靠自重维持稳定，因而可以节约大量的木材和钢材；因它既是模板，又是建筑物的组成部分，可提高建筑物表面的抗渗、抗冻和稳定性；简化了施工程序，可以加快工程进度。但安装时必须配合吊装设备进行。

混凝土预制模板主要用于挡土墙、大坝垂直部位、坝内廊道等处。施工中应注意模板与新浇混凝土表面结合处的凿毛处理，以保证结合。预制钢筋混凝土整体式廊道模板如图 7-23 所示。

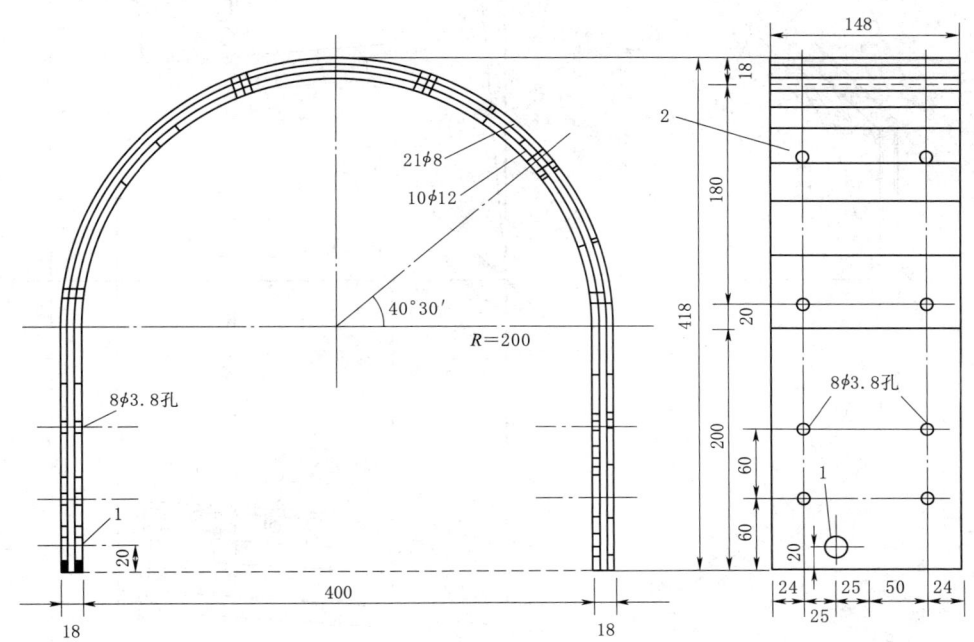

图 7-23　预制钢筋混凝土整体式廊道模板（单位：cm）
1—坝内排水孔（$\phi 20$）；2—起吊孔（$\phi 8$）

附件 7.5　闸墩模板

闸墩的作用主要是形成闸孔，支承闸门并作为工作桥及交通桥的支座，其外形应使水流平顺，以减少侧向收缩的影响，提高闸孔的泄流能力，为此头部及尾部常做成半圆型、流线型及夹角型。

7.5.1　墩头模板

圆型闸墩模板，如图 7-24 所示，其支撑结构是用 [8 槽钢焊接成折线形的骨架，然后在骨架上安置弧木（用穿墙止水螺杆固定在槽钢上），并钉置较窄的木条作面板。

7.8　闸墩模板

骨架分成左右对称的两块制作，安装时用螺栓连接成整体，另外为保证阳角处模板接缝密合，弧形模板应加宽 100~150mm。

当墩头半径较大时，墩头模板也可用宽 200mm 的钢模作面板，用弯成弧形的架管（$\phi 48 \times 3.5$）作支撑固定，如图 7-25 所示。

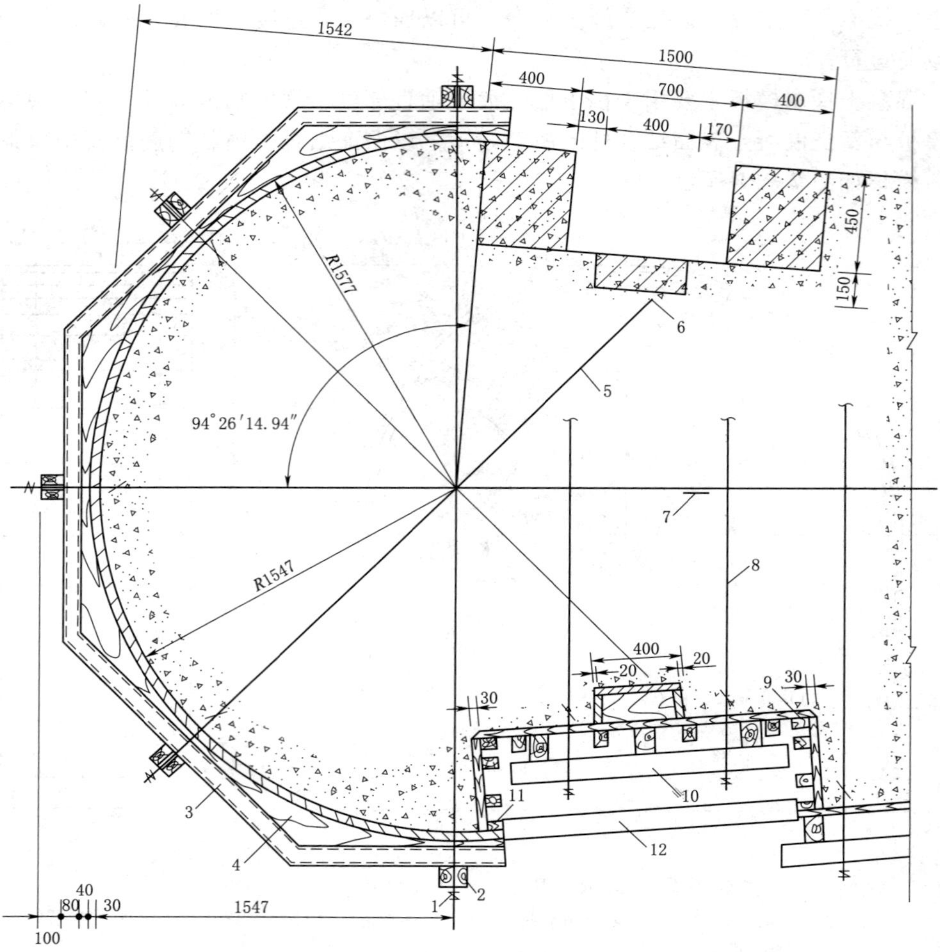

图 7-24 圆型闸墩模板图（单位：mm）

1—穿墙止水螺杆；2、10—围图木；3—槽钢；4—弧木；5—拉丝；6—立筋；7—插铁；8—对拉丝；
9—压枋；11—压条；12—撑子

7.5.2 门槽模板

门槽的细部结构尺寸如图 7-24（左侧）所示。

门槽模板应与闸墩部分的模板较好地连接，如图 7-24（右侧）所示。为拆除方便，阴角模板可做成斜角或圆弧，二期混凝土模板则宜做成一定的斜度。

当门槽模板尺寸较大时，可做成定型的散件现场拼装，较小的则宜做成整体，同时模板串应避开二期混凝土插筋，且不影响支撑件的安装。

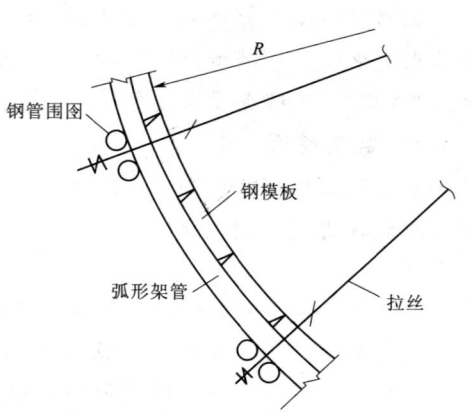

图 7-25 墩头钢模板示意图

8　学习活页——隧洞模板

【课程信息】

1. 基本信息

学生姓名		课程地点		课程时间	
指导教师		哪些同学对我起到帮助？	1.	2.	3.
课程项目	学习隧洞衬砌模板施工				

2. 学习目标

知识目标	了解隧洞衬砌流程，掌握衬砌施工技术要点
能力目标	能说出模板的施工质量控制要点
素质与思政目标	（1）养成学习积累习惯和不断进取、严谨求实的工作态度； （2）能够进行有效的沟通和交流，具备团队合作意识； （3）培养学生工程质量意识，坚守职业道德，增强学生的使命感、责任感和爱国主义情怀

【项目背景】

某水电站枢纽工程，由挡水坝、引水隧洞、交通隧洞和发电站厂房为主要水工建筑物组成，引水隧洞为圆形隧洞，洞宽4m，交通隧洞为拱墙形，洞宽6m。挡水坝坝高50m，引水隧洞头部为岸塔式进水口，尾部通过压力管道接入电站。枢纽布置在河弯道处，使发电落差达到100m。

【课前活动】

讨论：观看教学录像，思考隧洞衬砌混凝土施工在整个隧洞施工流程中的第几个环节？

8.1 隧洞工程

【必备知识】

1. 有关概念、术语

术语名称	概　念	考核结果
衬砌	衬砌指的是为防止围岩变形或坍塌，沿隧道洞身周边用钢筋混凝土等材料修建的永久性支护结构。衬砌技术通常是应用于隧道工程、水利渠道	

2. 使用规范

序号	规范名称	对规范熟悉情况	考核结果
1	《水工混凝土施工规范》（SL 677—2014）	1. 是/否准备好规范手机/纸质 2. 是/否提前预习规范能准确说出，还是能大致说出	
2	《水工建筑物地下开挖工程施工规范》（SL 378—2007）		
3	《水利水电工程单元工程施工质量验收评定标准——混凝土工程》（SL 632—2012）		

【课程实施】

水 工 隧 洞 模 板

教学阶段	教学流程	学习成果	教师核查	能力指标
（一）课前准备	1. 观看下图，思考隧洞开挖和隧洞支护之后，洞内并不平整，为满足日常安全运行和过水等要求，隧洞衬砌是一段一砌还是等贯通再衬砌  隧洞开挖  隧洞钢拱架支护和喷射混凝土			G1

续表

教学阶段	教 学 流 程	学 习 成 果	教师核查	能力指标
阶段性小结	查《水工建筑物地下开挖工程施工规范》（SL 378—2007）相关表述			C1
（二）课中实施	2. 观看"隧道衬砌台车施工"动画，理解衬砌与隧洞关系，思考如何能让衬砌混凝土密实以保证钢混结构质量			G1
	3. 观看微课"隧道衬砌施工"，分析圆形隧洞和拱墙隧洞在施工上的差别			G1
	4. 观看教学录像"隧洞衬砌施工"，总结隧洞施工技术要点			C1
	5. 查看《水工混凝土施工规范》（SL 677—2014），说说衬砌模板拆模的时间要求			D1
阶段性小结				C1

8.2 SL 378—2007

8.3 隧道衬砌台车施工动画

8.4 隧道衬砌施工

8.5 隧洞衬砌施工

续表

教学阶段	教学流程	学习成果	教师核查	能力指标
(三)课后拓展	6. 此图为该项目隧洞施工过程中的防水板安装，防水板是防止围岩内地下水侵入隧洞增加隧洞防水能力的做法，水利工程在近年来大量借鉴交通工程的这种做法，在洞内达到了很好的防水效果，尤其是洞内的防滑和增强结构耐久性方面，思考这种做法是应用在交通隧洞还是输水隧洞 			G1

【检查与记录】

课程核心能力权重	课程侧重								合计
	A. 责任担当	B. 人文素养	C. 工程知识	D. 学习创新	E. 专业技能	F. 职业操守	G. 问题解决	H. 沟通合作	
	5%	5%	35%	10%	10%	15%	15%	5%	100%
课程能力指标权重	A1 A2	B1 B2	C1 C2	D1 D2	E1 E2	F1 F2	G1 G2	H1 H2	合计

【课后反思】

反思内容	实际效果	改进设想
课程思政情况		
成果导向应用情况		
本课评分		

【参考资料】

[1] 孙友良. 水利工程施工技术 [M]. 北京：中国水利水电出版社，2022.
[2] 水工混凝土施工规范：SL 677—2014 [S]. 北京：中国水利水电出版社，2014.
[3] 水电水利工程模板施工规范：DL/T 5110—2013 [S]. 北京：中国电力出版社，2013.
[4] 水工建筑物地下开挖工程施工规范：SL 378—2007 [S]. 北京：中国水利水电出版社，2007.

附件 8.1 隧洞模板

引水隧洞是将水流从水库内引入发电厂房的水工隧洞，一般由进口段、渐变段、洞身段等部分组成。洞身断面一般为圆形或直墙拱顶形。

引水隧洞一般较长且只有进、出两个工作面，而出口又与厂房的引水部分相连接，施工条件差，但为了加快工程进度、缩短直线工期，常增设施工支洞。

直墙拱顶形断面的隧洞分底板、侧墙及顶拱三次浇筑。

圆形隧洞一般分二次浇筑，下部可用手推车供料，上部一般用输送泵供料。

隧洞纵向一般按设计分缝，跳块浇筑或连续几块一次浇筑，缝间用分缝板隔开。

8.1.1 进口段模板

隧洞进水口一般为矩形断面，顺水流方向做成曲线收缩的喇叭口形，顶板常采用四分之一的椭圆或圆弧，边墙则采用椭圆、圆弧或直线。

图 8-1、图 8-2 为某电站引水洞进口段结构图，其顶板是由正垂圆柱面 E 和与之相切的正垂平面 F 组成。边墙后部为铅垂圆柱面 C 和与之相切的正平面，边墙前部 D 为正平面 A 和与之相交的 B 面（B 面和柱面 C 相切），详见图 8-3。另外，从图中可知 B 面是由水平线 NK 沿直导线 n_0n_1（正平线）及曲导线 k_0k_1（柱面上切点的连线）运动而形成，故 B 面为扭锥面，体形较为复杂。

进口段顶板模板如图 8-4 所示，模板由承重排架和拱架支撑，其两端搁置在边墙模板上。为保证弧形部分平顺，可将弧形模板一次做好，并利用其作为下次模板的支承（模板的接头及顺梁与拱架的接头宜错位 50~100mm）。另外，为保证阳角部分不漏浆，宜加长顶板模板 30mm，而将侧面模板搁在其上，并使顺梁能下伸。

当进口段体形较大时，可利用顺梁作柱子（轴线不变），分层搭设承重排架（每层的柱顶部均应纵、横向搁置帽梁，柱间辅以平联和剪刀撑加固）作为顶板模板的支撑架。

对于边墙模板可加工水平支撑件，利用对撑支模。

8.1.2 渐变段模板

闸门处的孔口通常是矩形断面，当其与前后洞身断面的形状尺寸不同时，应设置渐变段以保证水流平顺衔接。

最常见的是由矩形断面渐变成圆形断面的渐变段，如图 8-5 所示，是由四个斜椭圆锥面和与之相切的四个平面组成。

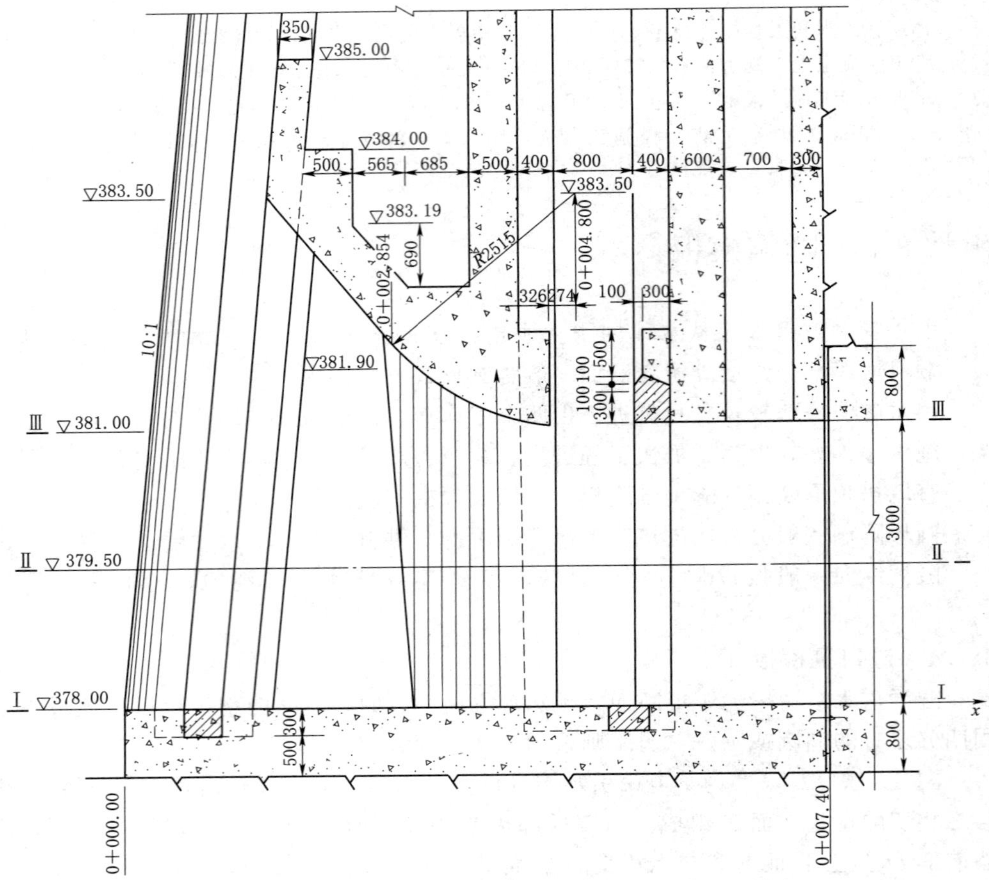

图 8-1 引水洞进口段结构图（一）（单位：mm）

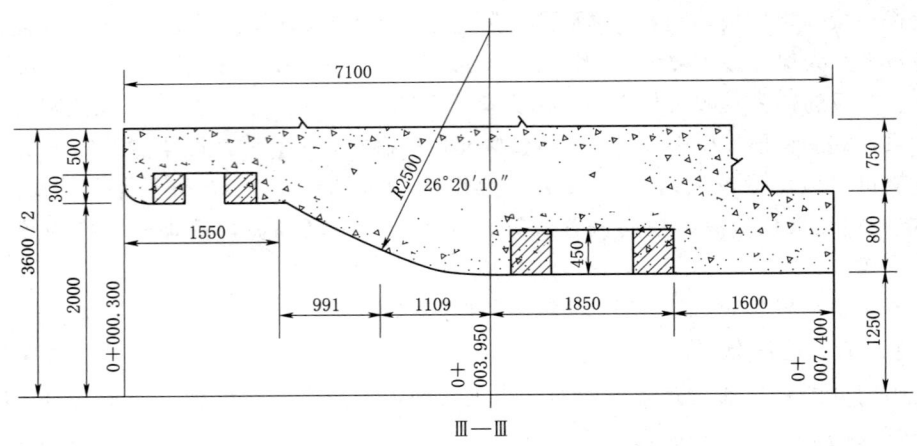

Ⅲ—Ⅲ

图 8-2（一） 引水洞进口段结构图（二）（单位：mm）

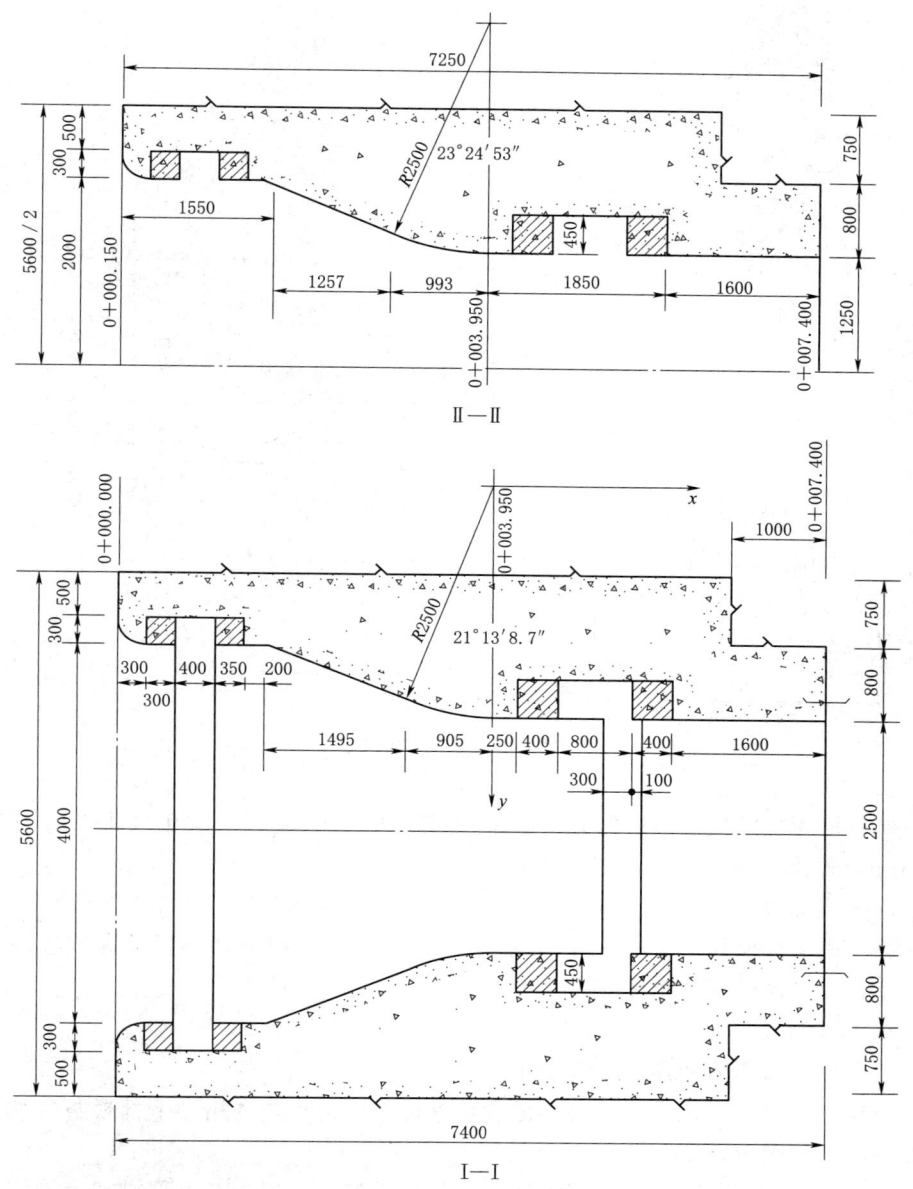

图 8-2（二） 引水洞进口段结构图（二）（单位：mm）

渐变段混凝土一般分三次浇筑，第一次浇筑底板如图 8-6 所示，样架一般用角钢制作，支点位置钻孔用螺杆固定，并利用上下螺母调整样架高程，而圆弧部分则用样板控制抹面的形状。渐变段第二次、第三次混凝土浇筑时，则采用木拱架支撑模板。

渐变段支撑拱架的间距一般为 600~800mm，如图 8-7 所示，施工时要求左侧面及右侧面拱架下弦之间的距离相同，且顶拱的下弦呈水平，以方便于拱架支撑件的安装。当拱架尺寸变化较大时可分段调平，以减少拱架尺寸。

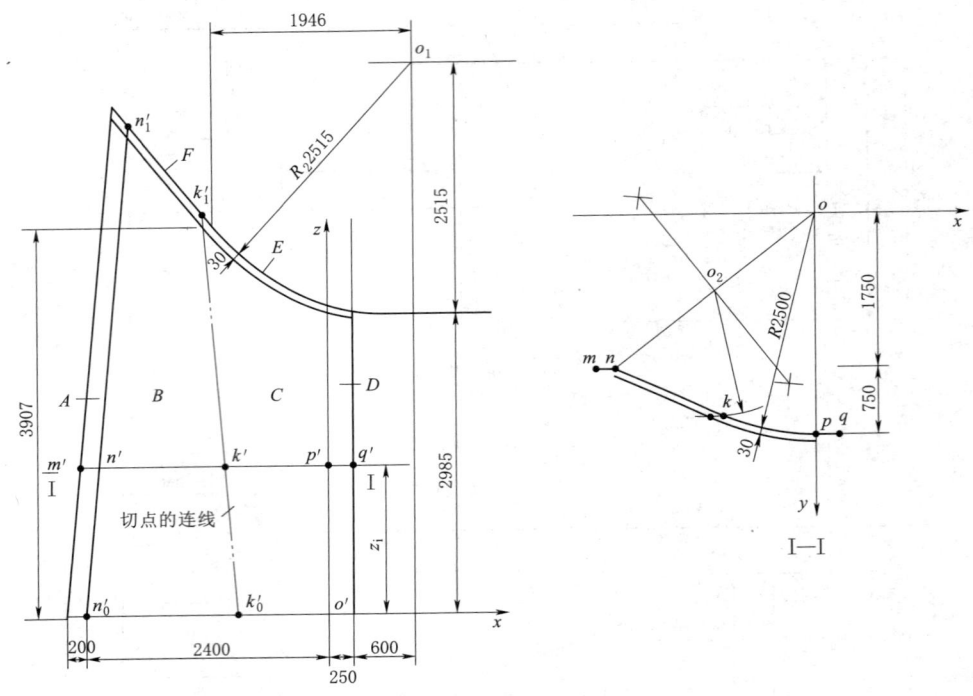

图 8-3 进口段边墙模板放样图（单位：mm）

模板尺寸也应根据拟定的施工方案调整，搭在已浇筑混凝土面上的长度宜取 100mm，伸出未浇混凝土分缝约 200mm。

1. 渐变段下部（侧墙）模板

渐变段下部模板安装如图 8-8 所示，其支模时应在上部设置反撑或在底部设置拉筋，以确保模板的整体稳定。

2. 渐变段上部模板

渐变段上部侧墙和顶拱一起浇筑。

当渐变段上下对称时，一般先搭设承重排架，再重复利用"下部模板"作上部模板使用，如图 8-9 所示。

当渐变段上下不对称时，则需制作全部的拱架、模板，且上部拱架直接安装在下部拱架之上，同时为了方便拆除，可在顶拱与侧拱相接处设置高 50～80mm 的木楔。

8.1.3 圆形隧洞模板

有压的引水隧洞一般设计成圆形断面结构，施工时分上、下两次浇筑混凝土。

1. 隧洞底部模板

圆形隧洞的底部模板结构如图 8-10 所示，为支撑模板和承受混凝土的浮托力，一般应沿线设置锚筋、焊接支撑，增设拉筋或反撑。为方便施工，拱架下弦宜外伸，底部模板也可不装满。

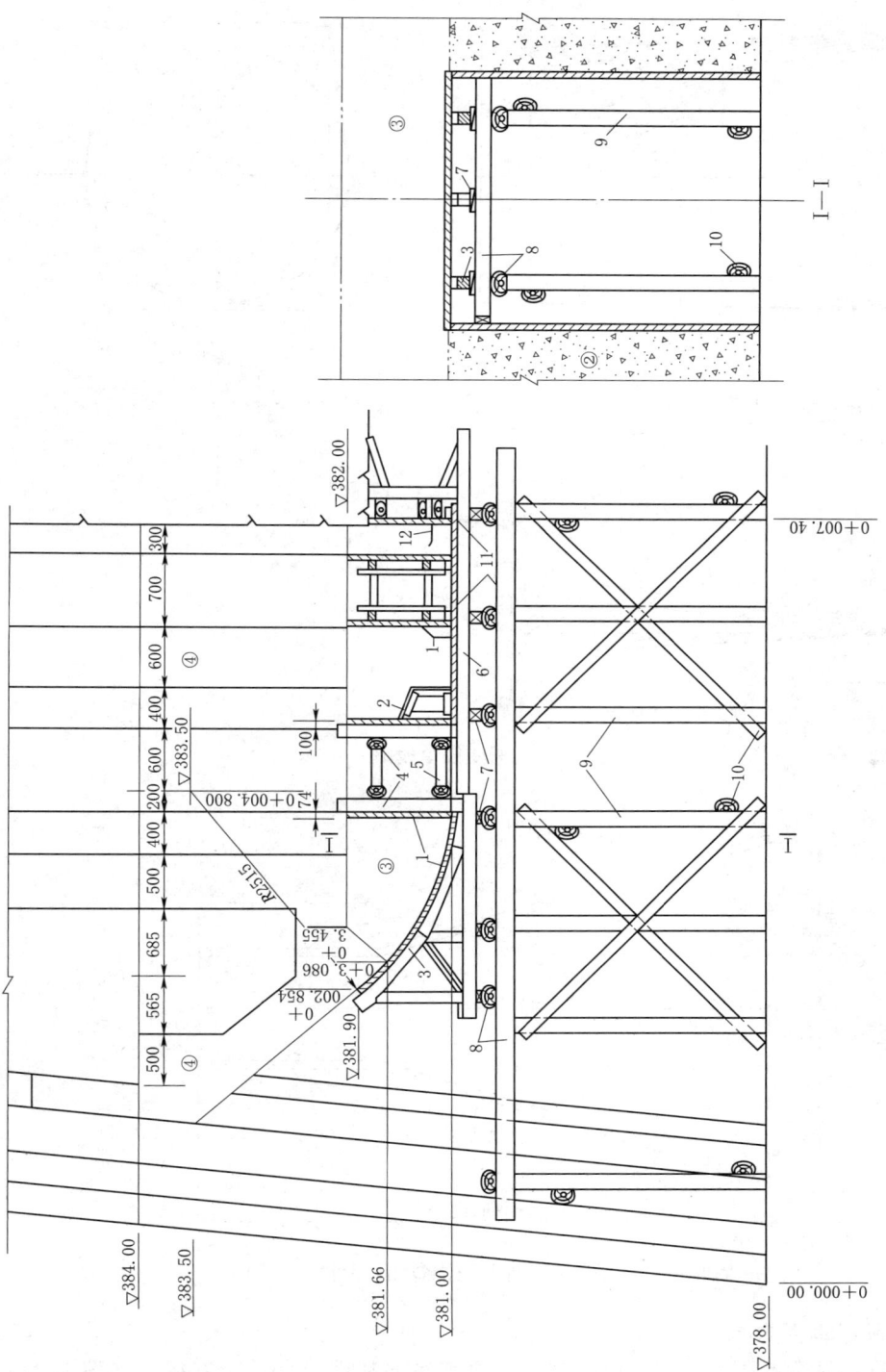

图 8-4 进口段顶板模板图（单位：mm）

1—模板；2—二期混凝土木盒；3—拱架；4—顺梁或帮条筋；5—对撑；6—顺梁；7—木楔；8—帽梁；9—立柱；10—剪刀撑；11—压条；12—止水片

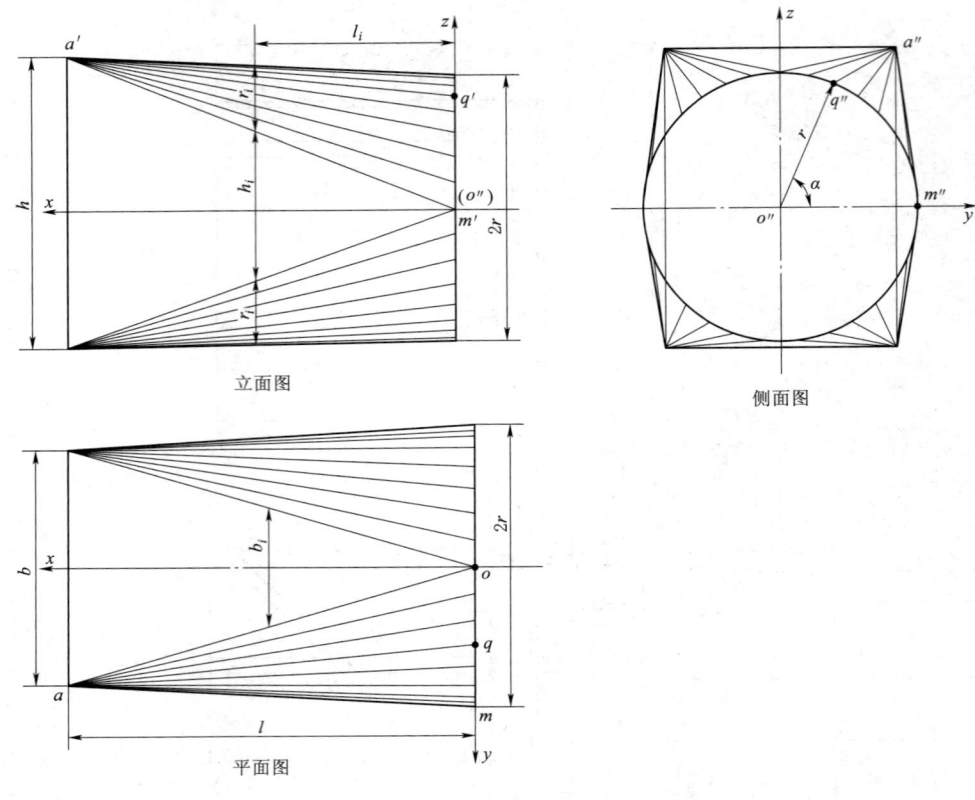

图 8-5 渐变段单线图

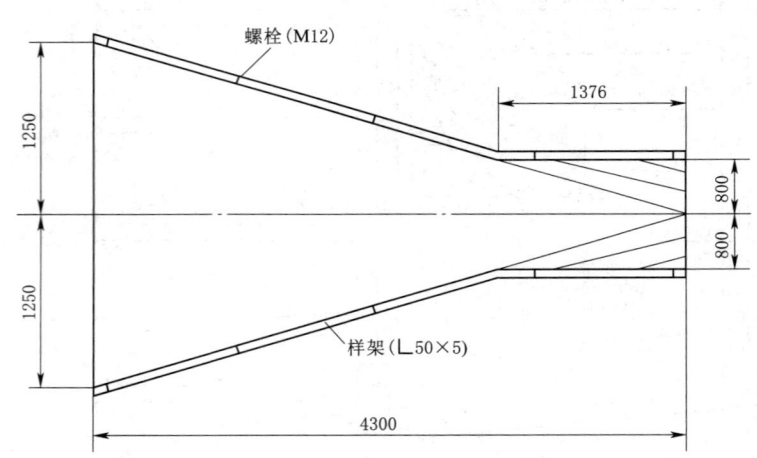

图 8-6 渐变段底板混凝土浇筑图（单位：mm）

2. 隧洞上部模板

隧洞上部模板一般采用三铰拱支模，而其底部利用简易拱架支撑，如图 8-11 所示。支模时要在顶部及侧面增设反撑，保证三铰拱整体稳定。

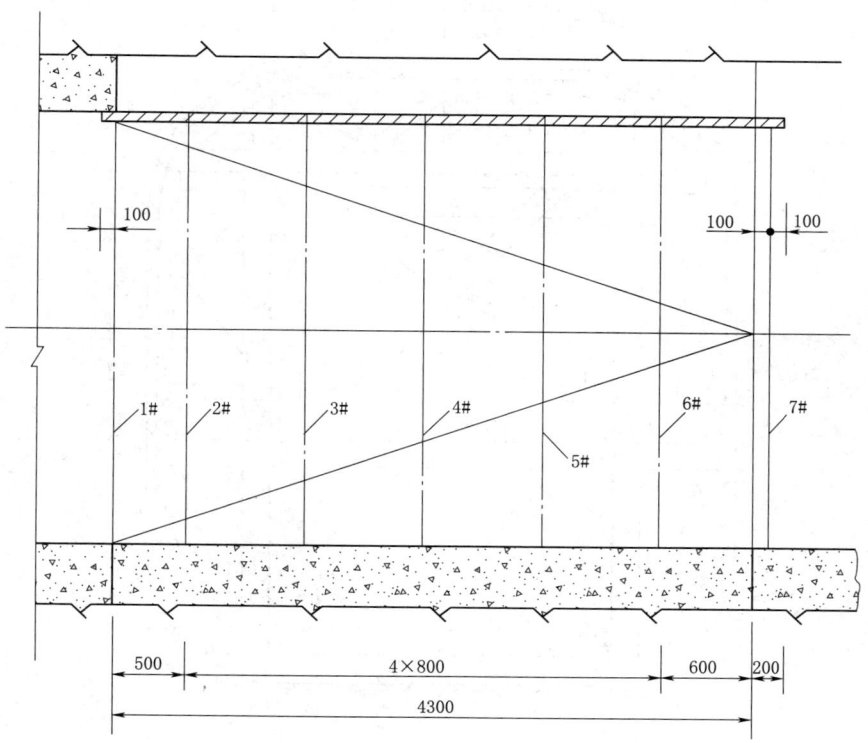

图 8-7 渐变段拱架布置图（单位：mm）

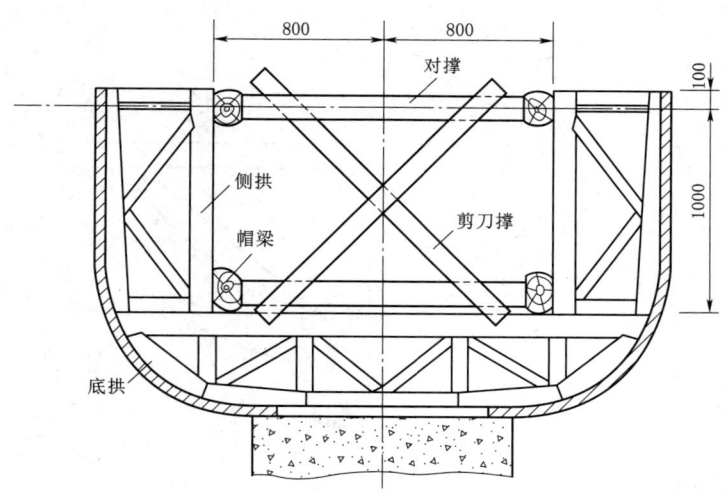

图 8-8 渐变段下部模板安装图（单位：mm）

8.1.4 隧洞分缝模板

圆形隧洞的结构分缝上，一般设置了环形的止水片及分缝柏油板，为了安装方便，需将洞身模板伸出缝面约 200mm。

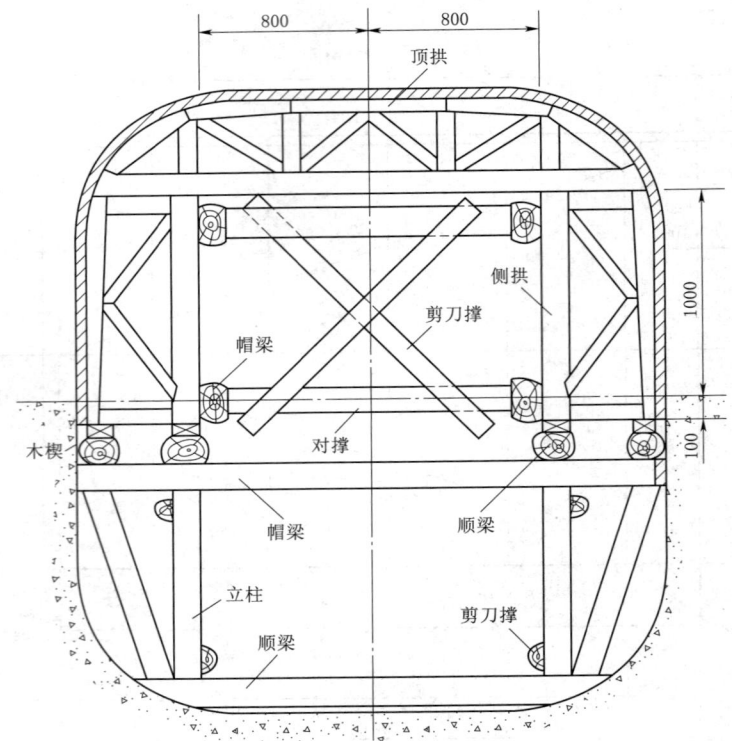

图 8-9 渐变段上部模板安装图

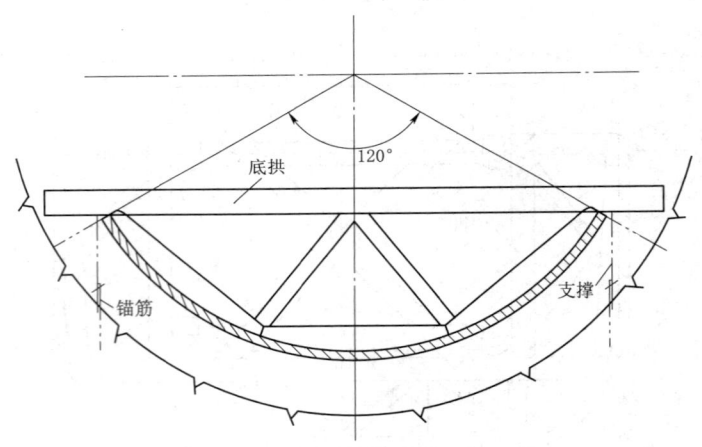

图 8-10 隧洞下部模板安装图

1. 分缝模板

施工中一般将环形止水片简化成多边形,而分缝柏油板或模板则沿径向分块成为梯形,如图 8-12 所示。

2. 封挡模板

封挡模板一般沿铅直向分块,如图 8-13 所示,左右两边的模板结构中心对称,俗称"打合"。

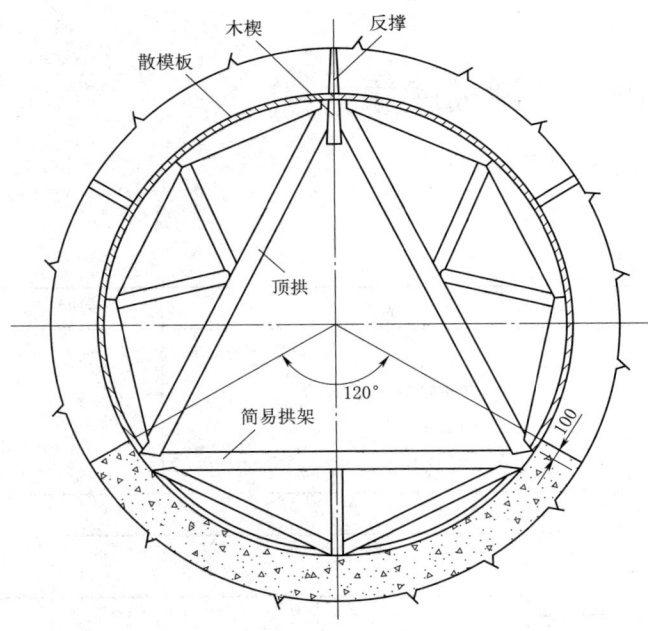

图 8-11 隧洞上部模板安装图

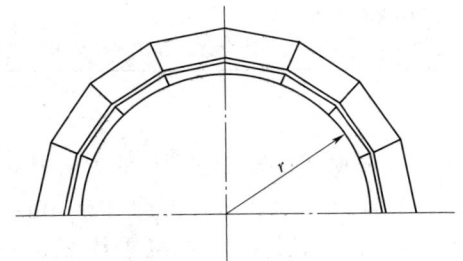

图 8-12 隧洞分缝模板示意图

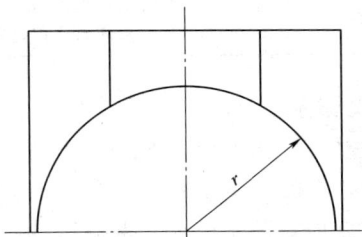

图 8-13 隧洞封挡模板示意图

9　学习活页——滑动模板

【课程信息】

1. 基本信息

学生姓名		课程地点		课程时间	
指导教师		哪些同学对我起到帮助？	1.	2.	3.
课程项目	学习滑动模板施工技术				

2. 学习目标

知识目标	理解滑动模板施工原理，掌握滑动模板技术要点
能力目标	能说出模板的施工质量控制要点
素质与思政目标	(1) 养成学习积累习惯和不断进取、严谨求实的工作态度； (2) 能够进行有效的沟通和交流，具备团队合作意识； (3) 培养学生工程质量意识，坚守职业道德，增强学生的使命感、责任感和爱国主义情怀

【项目背景】

某重力坝施工坝高50m，下游坡1∶0.7，坝顶宽6m，地基条件为岩基，大坝采取常态混凝土浇筑技术，三级配混凝土，流动性为坍落度（60±10）mm，大坝坝面模板是悬臂模板组合钢模结构，大坝分层施工每层1.5m，夏季约21d一个升程。坝体上有溢流段、底孔段、门库挡水段、挡水段等功能坝段，跳仓浇筑，采用上游门机和下游塔基、岸坡反铲进行运输、模板安装、混凝土浇筑作业。

溢流坝段是有闸门控制的泄水堰面，采用WES曲线设计，堰面混凝土施工是二期混凝土滑动模板施工作业而成，采用C30W6F200抗磨混凝土设计，为满足浇筑过程中防止冷缝产生，连续浇筑运输应在前一罐混凝土振捣平整后未初凝之前入仓，为使脱模混凝土不堆叠破坏，必须控制模板移动速度，经过实验室和现场初凝时间试验、运输能力分析和二期混凝土倾斜角度综合考虑而指定了滑动速度技术参数，消耗了2周时间施工完成了40m高的溢流面作业。

【课前活动】

查阅和分析：①学习溢流坝三维动画；②搜索溢流坝图片举例；③分析溢流坝特点。

_____

_____

【必备知识】

1. 有关概念、术语

术语名称	概　　念	考核结果
冷缝	在同一仓模板内，后一批混凝土倾倒在前一批以发生初凝的混凝土之上，虽进行振捣，但随着混凝土水化反应的进程，会在两批混凝土之间形成开裂	

2. 使用规范

序号	规　范　名　称	对规范熟悉情况	考核结果
1	《水工混凝土施工规范》(SL 677—2014)	1. 是/否准备好规范手机/纸质 2. 是/否提前预习规范能准确说出，还是能大致说出	
2	《水工建筑物滑动模板施工技术规范》(SL 32—2014)		
3	《水工建筑物滑动模板施工技术规范》(DL/T 5400—2016)		

【课程实施】

水工隧洞模板

教学阶段	教学流程	学习成果	教师核查	能力指标
（一）课前准备	1. 溢流坝特点分析与施工分析 （1）曲面施工； （2）溢流面混凝土要求； （3）溢流坝内部分区与表面施工关系			G1

续表

教学阶段	教学流程	学习成果	教师核查	能力指标
阶段性小结				C1
（二）课中实施	2. 溢流坝施工图纸分析 （1）施工顺序分析； （2）施工难度分析 			G1
	3. 观看微课"溢流面动画"，了解溢流坝施工过程			C1
	4. 模型演示施工过程 （1）轨道安装； （2）模板安装； （3）滑模施工； （4）混凝土施工			E1
	5. 查《水工混凝土施工规范》（SL 677—2014），对比《滑动模板施工技术规范》（SL 32—2014），谈一下滑动模板在滑动速度、拆模时间上有什么要求			D1

9.1 溢流面动画

9.2 滑动模板

9.3 SL 32—2014

续表

教学阶段	教学流程	学习成果	教师核查	能力指标
阶段性小结	滑动模板技术要求： 1. 滑模安装质量 （1）在设计荷载作用下，模板的变形量宜不大于2mm。 （2）单块模板尺寸宜为（1000～1500）mm×（300～500）mm，面板的钢板厚度应不小于4mm，模板制作应板面平整，无卷边、翘曲、孔洞及毛刺等，阴阳角模的单面斜度应符合设计要求。 （3）模板接缝应保证不漏浆，接缝构造应便于装、拆。 （4）模板上口至操作平台主梁下缘的高度，大体积混凝土中无钢筋时不应小于250mm，大体积混凝土中有钢筋时不应小于500mm。 （5）围圈在设计荷载作用下的变形量，应不大于计算跨度的1/1000。 （6）上、下围圈间距宜为500～750mm，上围圈至模板上口的距离，应不大于250mm。 （7）宜用不等边角钢、槽钢或工字钢制造围圈。 2. 脱模强度 脱模强度为0.2～0.4MPa。 3. 滑模滑升速度 滑模施工的混凝土，除应满足工程设计规定外，尚应满足下列要求： （1）混凝土早期强度增长速度，应适应模板滑升速度。 （2）混凝土坍落度应与滑模施工工艺相适应。 （3）混凝土中掺入外加剂及粉煤灰的品种、数量，应经试验确定。 4. 混凝土施工质量 混凝土浇筑铺料层厚度宜为30～40cm。采用吊罐直接入仓下料时，混凝土吊罐底部至操作平台顶部的安全距离不应小于60cm，严禁吊罐碰撞滑模平台			C1
（三）课后拓展	回看教学录像，制作一个溢流坝滑动模板施工的模型 			E1

175

【检查与记录】

课程核心能力权重	课程侧重															
	A. 责任担当		B. 人文素养		C. 工程知识		D. 学习创新		E. 专业技能		F. 职业操守		G. 问题解决		H. 沟通合作	合计
	5%		5%		35%		10%		10%		15%		15%		5%	100%
课程能力指标权重	A1	A2	B1	B2	C1	C2	D1	D2	E1	E2	F1	F2	G1	G2	H1	H2	合计

【课后反思】

反思内容	实际效果	改进设想
课程思政情况		
成果导向应用情况		
本课评分		

【参考资料】

[1] 孙友良. 水利工程施工技术 [M]. 北京：中国水利水电出版社，2022.
[2] 水工混凝土施工规范：SL 677—2014 [S]. 北京：中国水利水电出版社，2014.
[3] 水电水利工程模板施工规范：DL/T 5110—2013 [S]. 北京：中国电力出版社，2013.
[4] 水工建筑物滑动模板施工技术规范：SL 32—2014 [S]. 北京：中国水利水电出版社，2014.
[5] 水工建筑物滑动模板施工技术规范：DL/T 5400—2016 [S]. 北京：中国电力出版社，2016.

附件9.1　滑动模板施工技术

滑动模板施工技术由于其施工连续高效，有利于曲面浇筑等特点，在水工混凝土施工的应用多为大坝溢流面混凝土浇筑、混凝土面板堆石坝的浇筑、渠道衬砌面对浇筑。滑动模板施工可参考的规范有《水工建筑物滑动模板施工技术规范》（SL 32—2014）和《水工混凝土施工规范》（SL 677—2014）。

滑动模板滑升的速度应适应混凝土强度增长的速度。例如混凝土溢流面的滑升，应确定混凝土初凝终凝时间，混凝土在脱模时应不明塌，不拉裂。模板沿竖直方向滑升时，混凝土的脱模强度应控制在 0.2～0.4MPa，模板沿倾斜或水平方向滑动混凝土脱模强度应经过计算和试验确定。面板混凝土滑动模板滑升前，必须清除前沿超填混凝土。平均滑升速度宜为 1～2m/h，最大滑升速度不宜超过 4m/h。浇筑时应分层、平起、对称、均匀地浇筑混凝土，各层浇筑的间隔时间，不应超过允许间歇时间。振捣混凝土时，不应将振捣器触及支承杆、预埋件、钢筋和模板，振捣器插入下层混凝土的深度，宜为 5cm 左右，无轨滑膜施工时，振捣器与模板的距离不应小于 15cm。模板滑动时严禁卸料和振捣混凝土，振捣混凝土时严禁卸料。滑动模板安装质量要求要符合表 9-1。

表 9-1　　　　　　　　　　　滑动模板安装质量要求

序号	内容		允许偏差/mm
1	模板装置中线与结构物轴线		3
2	主梁中线		2
3	连接梁、横梁中线		5
4	模板边线与结构物轴线	外露	5
		隐蔽	10
5	围圈位置	垂直方向	5
		水平方向	3
6	提升架的垂直度		≤2
7	模板倾角度	上口	+0，-1
		下口	+2
8	千斤顶的位置		5
9	圆模直径、方模边长		5
10	相邻模板的平整度		≤2
11	操作平台水平度		10

9.1.1　竖直液压滑模

1. 各部件构造要求

（1）模板。模板高度一般采用 1.0～1.2m，滑升速度较快时可适当加大，但最大不宜超过 1.5m。单块模板宽度一般为 0.2～0.6m。为便于滑动，模体必须具有一定锥度，一般为模板高度的 0.5%（下口减少 0.25%，上口放大 0.25%）。

（2）围圈。上下围圈间距通常为 50～75cm，上围圈距模板上口不超过 25cm，下围圈距模板下口不超过 30cm。

（3）提升架。提升架高出模板上口的高度，钢筋混凝土结构应不小于 45cm；素混凝土结构不小于 15cm。提升架的间距一般为 1.5～2.5m，若大于 3.0m 或围圈上有较大荷载时，宜采用桁架式围圈。

（4）操作平台和吊架。操作平台宽度一般为 0.8m，平台铺 4cm 厚的木板，并与模板上口齐平。在操作平台之下，每隔 1.2m 悬挂一个吊架，上铺木板，外设置安全栏杆。

（5）爬杆。爬杆一般采用 $\phi25mm$ 圆钢（Ⅰ级钢筋），经冷拉调直，其延伸率控制在 2%～3%；每节长度以 4m 为宜。

2. 混凝土浇筑和模板滑动

（1）混凝土浇筑。模板第一次滑升前，初始浇筑混凝土的总厚度，应满足混凝土自重超过模板与混凝土之间模阻力的要求，一般应为 60～70cm。浇筑后约隔 3～5h（时间长短取决于浇筑温度），混凝土强度达到 0.1～0.3MPa 后，即可试提升 3～5 个千斤顶行程。试提升的速度应尽量缓慢、均匀。试提升过程中，对模结构及液压系统进行全面检查，一切正常后，继续浇筑。每浇筑 25～30cm 高度，提升 3～5 个行程，直至混凝土表面距模板上口 5～10cm，即转入正常滑升。

（2）模板滑动。模板滑动速度取决于混凝土脱模强度（0.2～0.4MPa）所需要的时间。人员、设备的配置应使混凝土拌和、运输和入仓浇筑的生产力满足滑升速度的要求。

9.1.2 混凝土面板堆石坝面板滑模

面板滑模一般采用无轨道滑模，即滑模模体在侧模顶面上滑动，不再另设滑模轨道。面板滑模结构见图 9-1，侧模板固定示意见图 9-2。

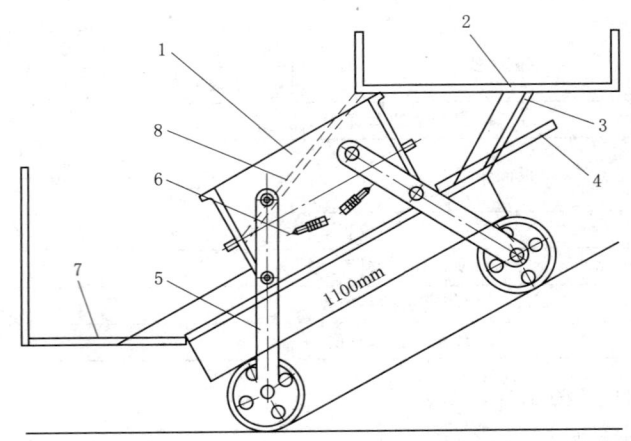

图 9-1 面板滑模结构示意图
1—滑模主体；2—前工作平台及防护栏；3—前挡板及加强筋；4—牵引挂环；
5—行走机构；6—顶丝机构；7—后工作平台及防护栏；8—人行过桥

滑模宽度（沿滑行方向）与合理的滑升速度有关，一般为 1.0～1.2m，可以实现的滑升速度为 1.1～1.2m/h。滑模长度应比面板宽度大 20～40cm。

滑模自重加配重应大于浇筑混凝土时对滑模产生的浮脱力。侧模和钢筋安装完成后，安装滑模。如条件允许，应在趾板上组装滑模，用汽车吊将滑模吊装在侧模上。图 9-1 所示滑模在坝顶组装，用卷扬机向下放，为减小阻力，安装了四个行走轮。模体放到工作面后，通过顶丝机构调节，使行走轮逐渐外移，模体逐渐下降，最终模体落在侧模上，行走轮暂不起作用，翻向滑模上部予以固定。

提升滑模一般采用两台同规格、同步慢速卷扬机，两台卷扬机的电器应联动操作，以保证滑模的均衡提升。

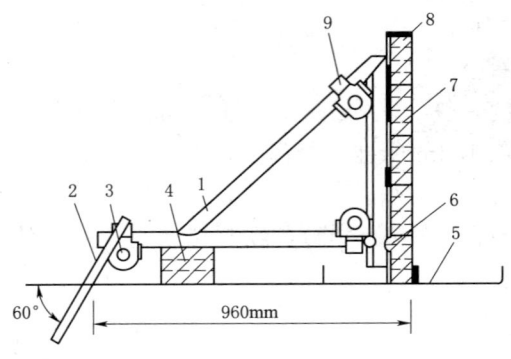

图 9-2 侧模板固定示意图
1—三角支架；2—地锚筋；3—连接管；4—垫块；
5—底部止水；6—侧模板；7—挂钩；8—连板；
9—卡箍

9.1.3 溢流面滑模

内容略，见 7.3 溢流面模板中的 7.3.2 滑动模板。

9.1.4 拱坝滑模

拱坝滑模装置需在滑升过程中调节曲率和尺寸，尤其是双曲拱坝，已形成拱坝外形。其模板由固定模板和收分模板组成。变曲率支架通过其翼板与模板围圈相连，并和收分模板连接在一起。在收分模板围圈和翼板上均留有伸缩槽，用销钉将二者连接起来，收分模板围圈可沿此槽在翼板上滑动。翼板上装有固定模板，由此改变固定模板与收分模板之间的距离，即改变曲率半径与弧长，达到收分的目的。收分丝杠与变形曲率支架相连接。当扭动收分丝杠时，变曲率支架便沿辐射梁移动，由此带动固定模板及围圈移动，同时也带动收分模板与固定模板相对移动，使水平方向的曲率半径与弧长发生变化。

紧水滩水电站上游混凝土拱围堰采用滑动模板施工，围堰体型见图 9-3，滑模结构见图 9-4，收分小车结构见图 9-5，模板收分示意见图 9-6。

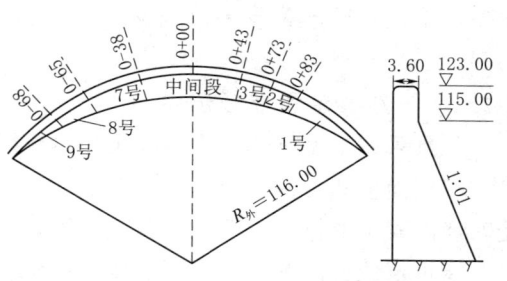

图 9-3 紧水滩水电站上游拱围堰体型图（单位：m）

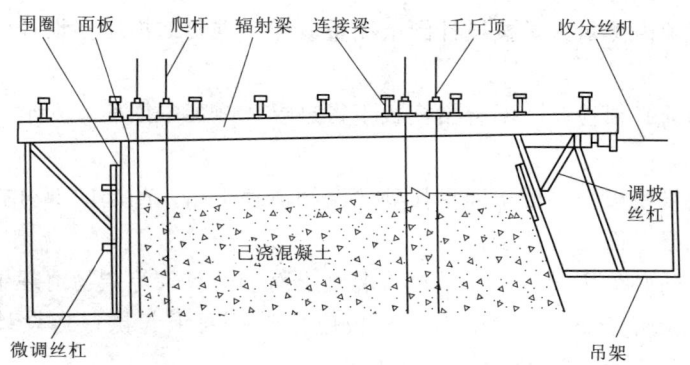

图 9-4 滑模结构示意图

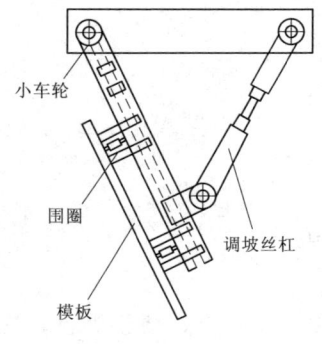

图 9-5 收分小车结构示意图

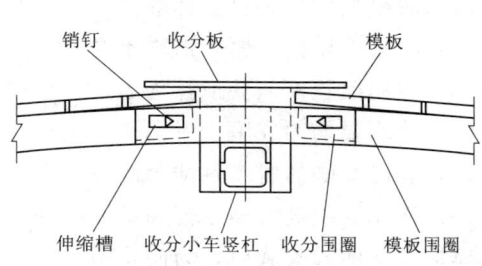

图 9-6 模板收分示意图

附件 9.2　大坝模板的安装技术

模板安装的工艺程序：放线→立模→支撑→校核→调正加固→仓内整理→检查等。模板安装必须按设计图纸测量放样，对重要结构应多投控制点，以利检查校正，且应经常保持足够的固定设施，以防模板倾覆。支架必须支承在稳固的地基或已凝固的混凝土上，并有足够的支承面积，防止滑动。支架的立柱必须在两个互相垂直的方向上，用撑拉杆固定，以确保稳定。对于大体积混凝土浇筑块，成型后的偏差，不应超过木模安装允许偏差的 50%～100%，取值大小视结构物的重要性而定。

9.2.1　一般要求和准备条件

尽量采用大型整体钢模板和定型钢模板。

模板面板和支撑系统的强度、刚度和稳定性必须经过计算校核，能够可靠地承受新浇混凝土的重量、侧压力及施工荷载。

模板定位要准确，以保证混凝土结构物的形状、尺寸与相互位置符合要求。

模板面板表面要光洁平整，接缝严密不漏浆，以保证混凝土外观质量。

模板施工前技术人员应向操作人员进行技术交底，内容包括模板种类、立模方式方法及注意事项等。

安装前必须由测量人员按设计图纸测量放样，重要结构应多设控制点，以利检查校核。

模板进场前必须检验，不合格模板不得进场，施工中损坏、变形的模板须及时拆下送厂修复。

立模前须将模板与混凝土面搭接处的杂物清理干净，凸起的部分打磨平整，使模板下口与混凝土面贴合严密。

模板安装前必须用铲刀、冲毛枪将混凝土面上的灰浆等杂物清理干净。

现浇梁、板跨度不小于 4m 时，模板应按设计要求起拱；当设计无具体要求时，起拱高度宜为跨长的 1/1000～3/1000。

9.2.2　涂刷脱模剂

混凝土开仓前必须在面板上涂刷脱模剂。

（1）脱模剂质量要合乎标准。
（2）涂刷前模板表面要清理干净。
（3）涂刷前脱模剂要搅拌均匀。
（4）涂刷要均匀成膜、不漏刷、不积存。
（5）如已涂刷的脱模剂薄膜因故脱落，应补刷。
（6）避免脱模剂污染或侵蚀钢筋和混凝土。

模板安装前或安装后，为防止模板与混凝土黏结在一起，便于拆模，应及时在模板的表面涂刷隔离剂。常用模板隔离剂配比、配置及使用见表 9-2。

表 9-2　　　　　　　　常用模板隔离剂配比、配置及使用表

类别	材料及重量配合比	配制和使用方法	优缺点及使用
水质类隔离剂	肥皂液	用肥皂切片泡水，涂刷模板1~2遍	涂刷方便，易脱模，价廉；但冬雨季不能使用。适于木模、混凝土、砖胎模使用
	洗衣粉：滑石粉=1:5	按比例用适量温水搅至浆状使用	优缺点同肥皂液；适于钢模、各种胎模
	松香：肥皂：柴油：水=15:12:100:800	松香、肥皂、柴油按比例加好后，冲入水搅拌均匀使用	涂刷干后遇雨仍保持隔离效果；适于长线台座使用
	石灰水	将石灰膏加水拌成糊状，均匀涂1~2遍	取材容易，涂刷方便，成本低，但较易脱落；适于土、混凝土脱模使用
	107胶：滑石粉：水=1:1:1	将建筑胶与水调匀，再将滑石粉加入调匀，涂刷1~2遍	材料易得，操作方便，易于脱模；适于钢模板使用
油质类隔离剂	机油：滑石粉：汽油=100:15:10	在容器中按配比搅拌均匀，涂刷1~2遍	便于涂刷，易脱模；适于混凝土胎模使用
	废机油（机油）：柴油=1:1~4	将较稠废机油产柴油稀释搅匀，即可使用	便于涂刷，易脱模，干后下雨仍有效；适于钢、木模、各种胎模使用
	废机油：水泥（滑石粉）：水=1:1.4(1.2):0.4	将三种组分拌和至乳状，刷1~2遍	材料易得，便于涂刷，表面光滑；但钢筋和构件较易沾油
石蜡类隔离剂	石蜡	将石蜡均匀涂于模板面，用喷灯熔化，干布均匀涂擦，再均匀喷烤至深入木质内	易脱模，板面光滑，但成本较高，蒸汽养护时不能使用；适于木定型模板使用
	石蜡：煤油=1:2	将石蜡与2份柴油混合用水浴加热溶化，再加入剩余柴油拌匀	便于涂刷，易脱模，板面光滑，但成本稍高，蒸汽养护时不能使用；适于钢模板、混凝土台座使用
乳剂类隔离剂	乳化机油：水=1:5	在容器中按配合比混合搅匀，涂刷1~2遍	有商品供应，使用方便，易脱模；适于木模使用
	高分子有机酸+矿物油	即金属切削加工使用的润滑冷却剂	有商品供应，使用方便，易脱模；适于钢模、混凝土胎模使用

9.2.3　安装固定

常规模板用于永久外露面（含过流面）不得有钢筋头外露，必须采用定位锥或安装螺栓。使用安装螺栓时应事先标出丝扣旋入的深度，并且安装螺栓应贴紧模板。

1. 止水与模板关系

止水定型钢模板必须采用定型围图加固，并且在安装过程中应保证止水片不被

损坏。安装位置关系如图 9-7、图 9-8 所示。

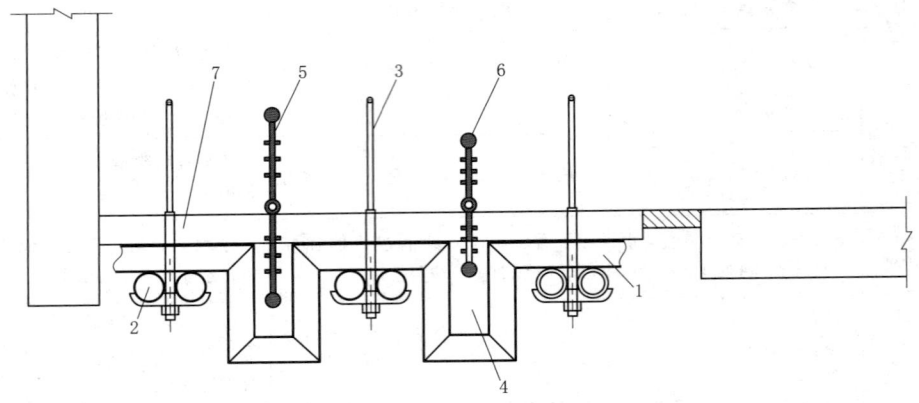

图 9-7 止水模板安装示意图
1—止水定型围图；2—围图钢管；3—预埋锚固件；4—容纳槽；
5—第一道橡胶止水片；6—第二道橡胶止水

2. 拉条固定

一般情况下应采用Ⅰ级钢作模板拉条。拉条应顺直，不得弯曲。拉条纵、横向间距应纵、横向围图的间距相同。

垂直面模板拉条的坡度以 1∶1.5～1∶1.0 为宜。拉条与锚筋等采用环、钩连接时钩口应采取封口措施。模板拉条必须焊接在预埋锚筋上，不得焊接到设计受力钢筋上。一根预埋上一般只能连接一根拉条，只有在拐角部位可以连接两根拉条。

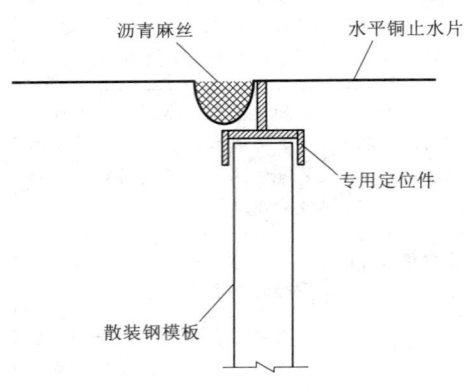

图 9-8 铜止水模板安装示意图

模板调整完毕后应及时固定，以防止模板发生位移和偏斜。模板支撑应稳固，焊接要牢固，在混凝土浇筑过程中不能发生移位和变形。严禁在模板上使用电焊开孔，需要时应采用钻孔，以孔径比拉杆头直径大 1mm 为宜。调整模板位置时不得直接使用铁件敲砸面板。模板的钢拉杆不应弯曲，拉杆直径宜大于 8mm，拉杆与锚固头应连接牢固。预埋在下层混凝土中的锚固件（螺栓、钢筋环等），承受荷载时应有足够的锚固强度。模板固定布置如图 9-9～图 9-11 所示。

3. 支撑固定

大体积混凝土模板支撑一般采用直径 28mm 以上的钢筋作仓内斜撑，支撑间距以 2～3m 为宜（当采用 3m 浇筑层厚时支撑间距应适当加密）。宽度小于 3m 的墩、墙、柱模板宜采用直径 48mm 钢管或方木等作仓外支撑。不具备打外支撑条件的墩、墙、柱模板可采用对撑。廊道侧墙等对称浇筑的仓号宜采用直径 48mm 钢管或方木作作剪刀对撑。支撑固定如图 9-12 所示。

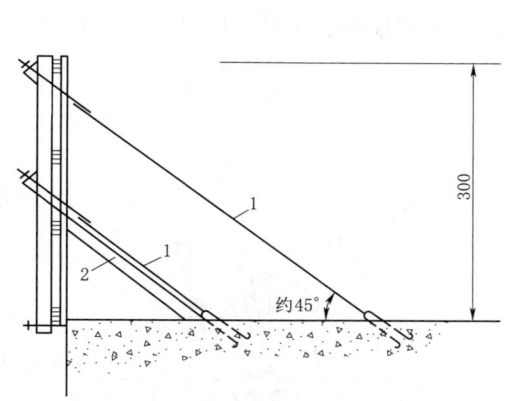

图 9-9 拉条固定式模板（单位：cm）
1—拉条；2—内支撑

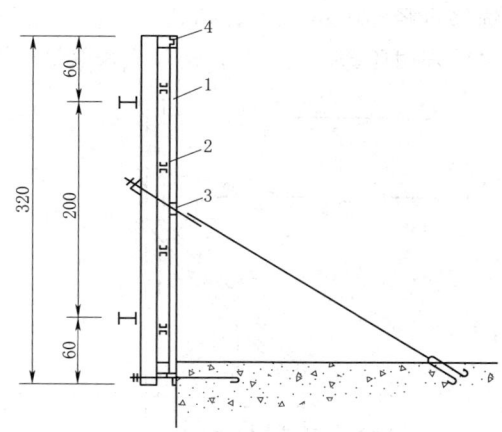

图 9-10 简单悬臂模板固定（单位：cm）
1—组合钢模板；2、4—槽钢围图；3—小木板

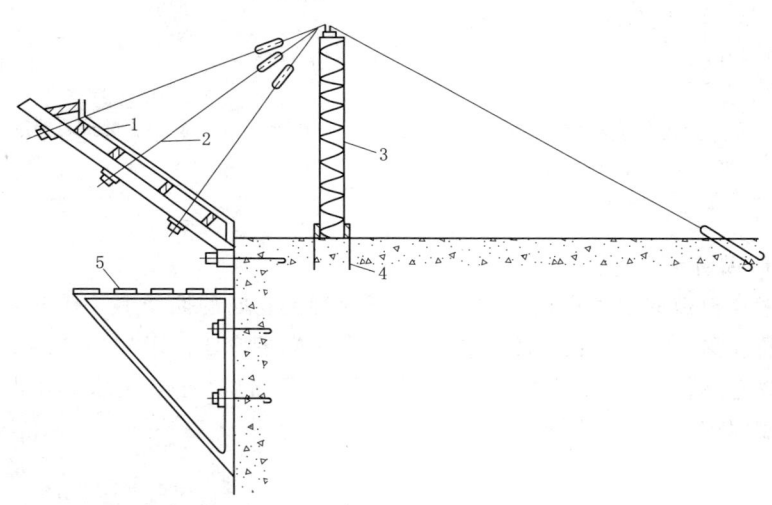

图 9-11 内拉式模板支撑
1—模板；2—拉条；3—钢筋柱；4—预埋插筋；5—简易平台

4. 连接件施工

面板与纵、横向围图之间宜采用 M12 钩头螺栓和"3"形卡连接。钩头螺栓间距应不大于 0.6m，纵、横围图上的紧固螺栓间距应不大于 2m。连接件连接必须到位、牢固。地脚螺栓必须上紧，并且紧固力要均匀。

5. 基岩锚固

基岩首仓模板的拉条应焊接在 $\Phi 25$ 锚筋上。锚筋应采用带肋钢，其埋设可选用"先注浆后插筋"法或"先插筋后注浆"法。锚筋孔的位置应选在比较完整的岩石上或密实的混凝土上，孔位应按测量放样点用红油漆标出。可采用手风钻造孔，钻孔位置应准确，柱子锚筋位置允许偏差 2cm，钢筋网锚筋 5cm。钻孔孔径应大于锚筋直径20mm以上，钻孔应向模板倾斜15°～30°，孔深应满足设计要求。拉条与锚筋采用环、钩连接时，钩口应采取封口措施。基岩锚固安装要求如图9-13所示。

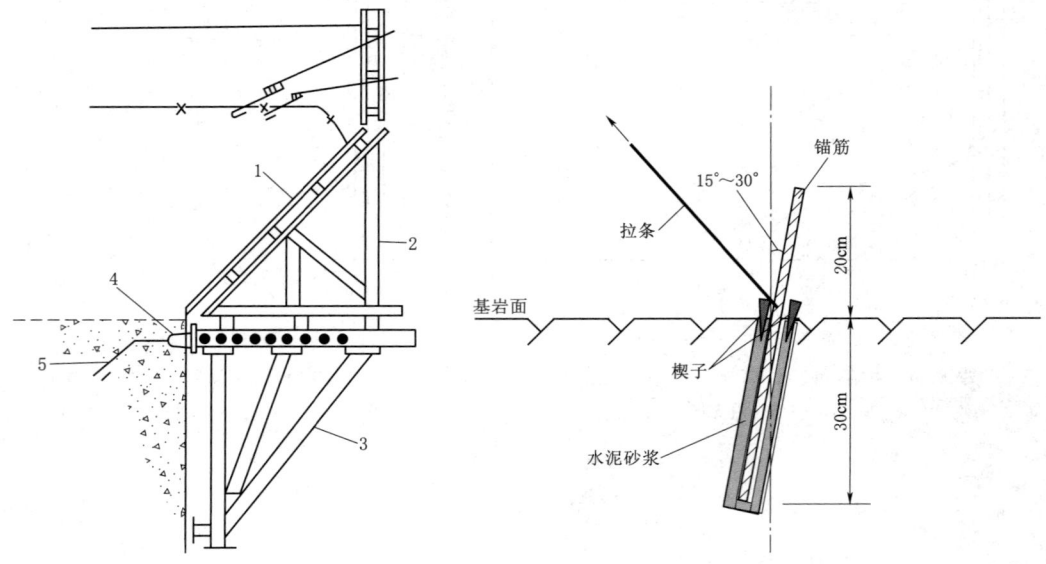

图9-12　外撑式模板支撑固定
1—模板；2—三角桁架；3—三角支撑；
4—定位锥；5—锚筋

图9-13　基岩锚固安装要求

6. 仓面锚固件

非基岩仓模板的拉条焊接在预埋于已浇混凝土仓面的插筋上，插筋规格与拉条相同。插筋埋深20cm，外露15～20cm，埋入一端带弯钩。事先用红油漆将拉条位置标示在收仓模板的顶部，将各排预埋插筋距模板的相对位置标识在木尺或铁尺上。仓面锚固如图9-14所示。

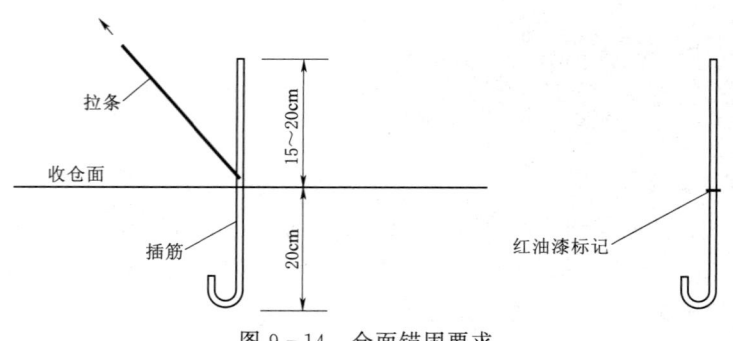

图9-14　仓面锚固要求

在收仓的同时，根据标识在模板顶部和木尺（或铁尺）上的标记准确定位插筋位置，沿模板边行进边插入各排插筋。插筋垂直插入，直到深度标志到达混凝土收仓面。如果插筋插入过程中碰到大骨料，应通过晃动插筋将其移开或微调插筋位置避开。仓内插筋如图9-15所示。

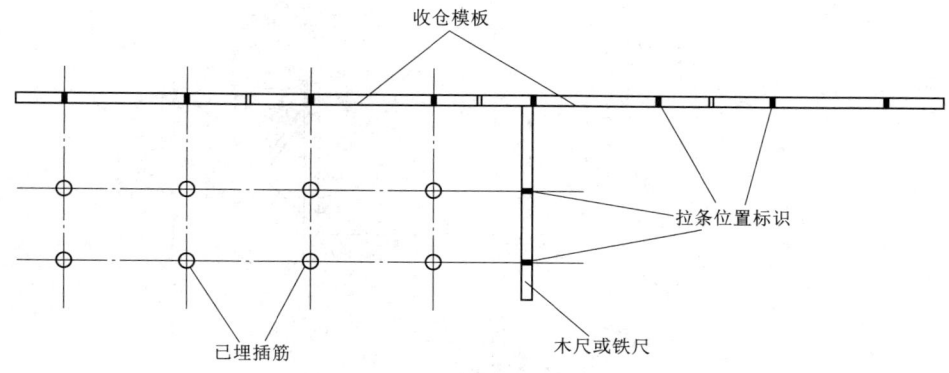

图 9-15 仓内插筋预埋施工工艺指示图

当牛腿反斜面等侧面混凝土浇筑时，无法利用仓内拉条固定，应采用预埋定位锥的方式，布置如图 9-16 所示。

锚筋旋入定位锥的深度应不小于 65mm。定位锥与模板定位锥孔的中心偏差不超过 ±1mm。安装好后的定位锥必须保持在同一水平线上，定位锥的水平共面度应控制在 ±2.5mm 以内，垂直共面度应控制在 ±5mm 以内。定位锥预埋结构如图 9-17 所示。

需要接缝灌浆的灌浆缝，例如竖缝，要采用键槽模板，如图 9-18 所示。

9.2.4 安装允许偏差

建筑物分层施工时，应逐层矫正下层偏差，即：当下层已存在偏差的情况下，上层模板支模时要与下层相衔接，在上层模板顶部将偏差的一部分或者全部矫正过来，而不是在上层模板的下口矫正模板偏差，以免出现错台，模板顶端应紧贴混凝土面。模板制作及安装允许误差见表 9-3～表 9-6。

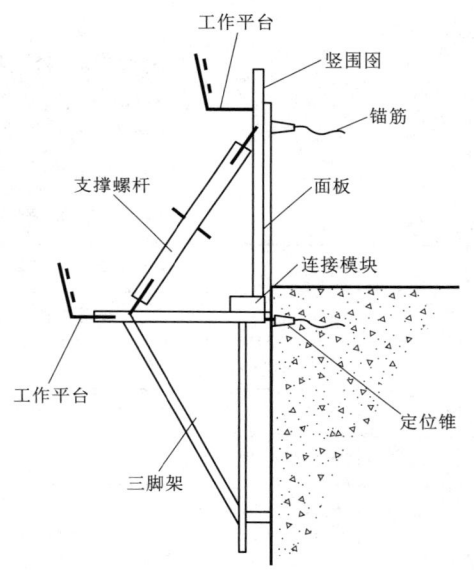

图 9-16 有支腿多卡模板结构示意图

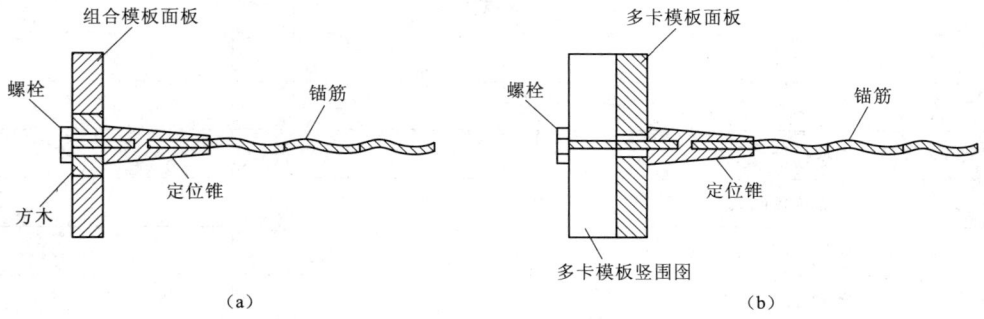

图 9-17 定位锥预埋结构示意图
(a) 组合钢模板；(b) 有支腿多卡模板

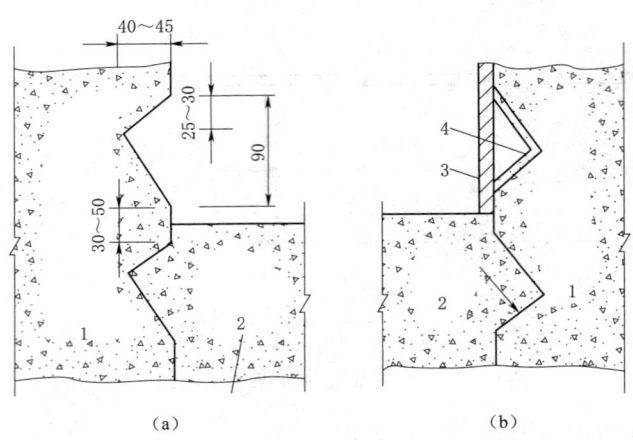

图 9-18 键槽模板图（单位：cm）
(a) 上游块先浇；(b) 下游块先浇
1—先浇块；2—后浇块；3—模板；4—键槽模板

表 9-3　　　　　　　　　模 板 制 作 允 许 偏 差　　　　　　　　　单位：mm

项次	偏 差 名 称	允许偏差
钢模、胶合模板及竹胶合模板		
1	小型模板：长和宽	±2
2	大型模板（长、宽大于3m）：长和宽	±1，－2
3	大型模板对角线	±3
4	相邻两板面高差	1
5	两块模板间的拼缝宽度	1
6	模板侧面不平整度	1.5
7	模板局部不平（2m靠尺检查）	2
8	连接配件的孔眼位置	±1
木模板		
1	小型模板：长和宽	±3
2	大型模板（长、宽大于3m）：长和宽	±5
3	大型模板对角线	±5
4	相邻两板面高差	1
5	模板局部不平（2m靠尺检查）	5
6	板面缝隙	2

注　不包括异形模板、滑动模板、移置模板、永久性模板。

表 9-4   大体积混凝土模板的安装允许偏差   单位：mm

项次	偏差名称		混凝土结构部位	
			外露表面	隐藏内面
1	面板平整度	相邻两板高差	钢模，2；木模，3	5
		局部不平（2m靠尺检查）	钢模，3；木模，5	10
2	结构物边线与设计边线		内模板，-10~0；外模板，0~+10	15
3	结构物水平截面内部尺寸		±20	
4	承重模板标高		0~+5	
5	预留孔洞	中心线位置	±10	
		截面内部尺寸	-10	

注　外露表面、隐蔽内部系指相应模板的混凝土结构表面最终所处的位置。

表 9-5   现浇结构模板安装的允许偏差   单位：mm

项次	偏差项目		允许偏差
1	轴线位置		5
	底模上表面标高		+5，0
2	截面内部尺寸	基础	±10
		柱、梁、墙	+4，-5
3	局部垂直	全高不大于5m	6
		全高大于5m	8
4	相邻两板高差		2
	表面局部不平（2m靠尺检查）		5

表 9-6   预制结构模板安装的允许偏差   单位：mm

项次	偏差项目		允许偏差
1	长度	板、梁	±5
		柱	0，-10
		墙、板	0，-5
2	宽度	板、墙板	0，-5
		梁、柱	+2，-5
3	高度	板	+2，-3
		墙板	0，-5
		梁、柱	+2，-5

续表

项次	偏差项目		允许偏差
4	板的对角线差		7
	墙的对角线差		5
	相邻两板的高差		1
	板的表面平整（20m长度上）		3
5	局部垂直	全高不大于5m	$L/1000$ 且不大于15
		全高大于5m	$L/1500$ 且不大于15

注 L 为构件长度。

附件9.3 模板拆除作业技术

9.3.1 拆模顺序

模板的拆除工作是模板工程中一个重要环节，拆除工作对工程进度、混凝土工程质量和模板的周转都有直接的影响，拆模工作应按一定程序进行，要本着先装后拆后装先拆，先拆除非承重部分，后拆除承重部分的原则，有步骤地拆除，并做到不损伤构件或模板，对拱形或跨度较大的梁，模板的拆卸应特别注意，要先将支柱下的木模缓慢放松，使拱架徐徐下降，避免新浇拱因模板突然大幅度下沉而承担全部自重，并应从跨中向两端同时对称拆卸。

例如施工"3"形卡和钢管围图的拆除顺序：从下至上逐层松开"3"形卡，除顶层横围图只松不拆外，将其余横围图拆至仓内；提起竖围图，使其底部与上口模板的下口平齐，并拧紧下一仓模板的地脚螺栓；上一仓次的上口模板不拆，作为下一仓次的下口地脚模板；除上口模板外，从上至下逐层拆除其余各层模板，并用绳吊至仓内；从下至上逐层安装面板、横围图、拉条和支撑。

9.3.2 拆模时间

（1）不承重的侧模板在混凝土强度能保证混凝土表面和棱角不因拆模而受损害时方可拆模。一般此时混凝土的强度应达到2.5MPa以上。

（2）承重模板应在混凝土达到下列强度以后方能拆除（按设计强度的百分率计）。

1）当梁、板、拱的跨度小于2m时，要求达到设计强度的50%。

2）跨度为2~8m时，要求达到设计强度的75%。

3）跨度为8m以上，要求达到设计强度的100%。

4）悬臂板、梁跨度小于2m时，要求达到设计强度的75%；跨度大于2m时，要求达到设计强度的100%。

但应注意：对于边墙、柱等细长薄壁结构的直立模，因具有保护混凝土结构不致倾倒的作用，或因要负担上部结构的自重和活荷重，所以其拆卸时间与底板、大梁等的侧模板并非一样，而应根据其承重程度不同，分别延长拆模时间。

按有关规定：对于承重模板，应使混凝土达到表9-7所列强度百分数的天数时才能够拆模。对于大体积混凝土，为防止拆模后混凝土表面温度突然下降而产生表面裂缝，应考虑外界气温变化（如是否有霜冻、寒流等）再确定拆模时间，且应避免早晚或夜间拆模。对水下和水位变动区混凝土的拆模时间，应适当延长。

表 9-7   承重模板拆模时间参考表

结构类别	混凝土拆模时需要强度为设计强度的百分比/%	水泥品种	水泥标号	硬化昼夜的平均温度/℃					
				5	10	15	20	25	30
				混凝土达到拆模强度需要的天数					
跨度在 2m 及 2m 以下的板及拱的模板	50	普通水泥	425	10	7	6	5	4	3
		火山灰质及矿渣水泥	325	18	12	10	8	7	6
			425	16	11	9	8	7	6
跨度为 2m 以上至 8m 的板及拱的模板；跨度在 8m 及 8m 以下的梁的底模板；跨度在 2m 及 2m 以下的悬臂梁及板	75	普通水泥	425	20	14	11	8	7	6
		火山灰质及矿渣水泥	325	32	25	17	14	12	10
			425	20	20	15	13	12	10
跨度在 8m 以上的承重结构的模板；跨度在 2m 以上的悬臂梁和板	100	普通水泥	425	50	40	30	28	20	18
		火山灰质及矿渣水泥	325	60	50	40	28	24	20
			425	60	50	40	28	24	20

9.3.3 拆模注意事项

模板拆卸工作应注意以下事项：

（1）模板拆除工作应遵守一定的方法与步骤。拆模时要按照模板各结合点构造情况，逐块松卸。首先去掉扒钉、螺栓等连接铁件，然后用撬杠将模板松动或用木楔插入模板与混凝土接触面的缝隙中，以锤击木楔，使模板与混凝土面逐渐分离。拆模时，禁止用重锤直接敲击模板，以免使建筑物受到强烈震动或将模板毁坏。

（2）拆卸拱形模板时，应先将支柱下的木楔缓慢放松，使拱架徐徐下降，避免新拱因模板突然大幅度下沉而担负全部自重，并应从跨中点向两端同时对称拆卸。拆卸跨度较大的拱模时，则需从拱顶中部分段分期向两端对称拆卸。

（3）高空拆卸模板时，不得将模板自高处摔下，而应用绳索吊卸，以防砸坏模板或发生事故。

（4）当模板拆卸完毕后，应将附着在板面上的混凝土砂浆洗凿干净，损坏部分需加修整，板上的圆钉应及时拔除（部分可以回收使用），以免刺脚伤人。卸下的螺栓应与螺帽、垫圈等拧在一起，并加黄油防锈。扒钉、铁丝等物均应收捡归仓，不得丢失。所有模板应按规格分放，妥加保管，以备下次立模周转使用。

（5）对于大体积混凝土，为了防止拆模后混凝土表面温度骤然下降而产生表面裂缝，应考虑外界温度的变化而确定拆模时间，并应避免早、晚或夜间拆模。

【参考资料】

[1] 《水利水电工程施工手册》编委会. 混凝土施工手册 [M]. 北京：中国环境出版社，2017.

[2] 孙友良. 水利工程施工技术 [M]. 北京：中国水利水电出版社，2021.

[3] 水工混凝土施工规范：SL 677—2014 [S]. 北京：中国水利水电出版社，2014.

[4] 水工建筑物滑动模板施工技术规范：SL 32—2014 [S]. 北京：中国水利水电出版社，2014.

第 6 篇

岗 位 安 全 知 识

10 学习活页——岗位安全知识

【课程信息】

1. 基本信息

学生姓名		课程地点		课程时间		
指导教师		哪些同学对我起到帮助？	1.	2.	3.	
课程项目	学习施工操作的岗位安全知识					

2. 学习目标

知识目标	了解水利工程安全管理规范，掌握必要的安全管理条例
能力目标	能说出必要的安全管理规定
素质与思政目标	（1）养成学习积累习惯和不断进取、严谨求实的工作态度； （2）能够进行有效的沟通和交流，具备团队合作意识； （3）培养学生工程质量意识，坚守职业道德，增强学生的使命感、责任感和爱国主义情怀

【项目背景】

某重力坝施工坝高 50m，下游坡比 1∶0.7，坝顶宽 6m，地基条件为岩基，大坝采取常态混凝土浇筑技术，三级配混凝土，流动性为坍落度（60±10）mm，大坝坝面模板是悬臂模板组合钢模结构，大坝分层施工每层 1.5m，夏季约 21d 一个升程。坝体上有溢流段、底孔段、门库挡水段、挡水段等功能坝段，跳仓浇筑，采用上游门机和下游塔基、岸坡反铲进行运输、模板安装、混凝土浇筑作业。

在施工至近坝顶设计高程处，3 名工人进行模板安装作业，突遇大风致使 3 名工人坠落坝顶，坠落高度至少 40m，造成 2 死 1 重伤。

在混凝土坝模板外工作台上进行焊接操作时，焊渣掉落至混凝土坝面外保温板内，造成坝面保温隔热板大面积失火，后经外涂砂浆的做法，改善了坝面的外观状况。

【课前活动】

查阅和分析:分析项目背景资料,说说在管理层面上哪些人没有做好安全防护工作?_____
_____
_____

【必备知识】

1. 有关概念、术语

术语名称	概　　念	考核结果
四不放过	是指在事故处理中事故原因未查清不放过;事故责任者和群众没有受到教育不放过;整改措施未落实不放过;事故责任者没有受到处理不放过	
三同时	生产经营单位新建、改建、扩建工程项目的安全设施,必须与主体工程同时设计、同时施工、同时投入生产和使用	
三级安全教育	是指对新进场人员进行厂(矿)、车间(队、工区)、班组三级安全生产教育(培训时间:一般从业人员24学时,危险行业72学时;同时每年接受再培训的时间不得少于20学时。培训要求:人员、时间、内容、效果落实)。相关规定见《生产经营单位安全培训规定》(安监总局3号令)	
五牌一图	工程概况、管理人员名单及监督电话、消防保卫、安全生产文明施工规定牌和施工现场平面图	

2. 使用规范

序号	规 范 名 称	对规范熟悉情况	考核结果
1	《水利水电工程施工通用安全技术规程》(SL 398—2007)	1. 是/否准备好规范手机/纸质 2. 是/否提前预习规范能准确说出,还是能大致说出	
2	《水利水电工程土建施工安全技术规程》(SL 399—2007)		
3	《水利水电工程施工作业人员安全操作规程》(SL 401—2007)		
4	《水利工程施工安全防护设施技术规范》(SL 714—2015)		
5	《水利水电工程施工安全管理导则》(SL 721—2015)		

【课程实施】

水 工 隧 洞 模 板

教学阶段	教 学 流 程	学习成果	教师核查	能力指标
（一）课前准备	1. 查《水利工程建设标准强制性条文（2020版）》，谈一下有关大风天气作业的禁止要求			G1
阶段性小结				C1
（二）课中实施	2. 工程安全事故分类 按事故的严重程度和影响范围，将水利工程建设质量与安全事故分为Ⅰ、Ⅱ、Ⅲ、Ⅳ四级。 （1）Ⅰ级（特别重大质量与安全事故）。已经或者可能导致死亡（含失踪）30人以上（含本数，下同），或重伤（中毒）100人以上，或需要紧急转移安置10万人以上，或直接经济损失1亿元以上的事故。 （2）Ⅱ级（特大质量与安全事故）。已经或者可能导致死亡（含失踪）10人以上、30人以下（不含本数，下同），或重伤（中毒）50人以上、100人以下，或需要紧急转移安置1万人以上、10万人以下，或直接经济损失5000万元以上、1亿元以下的事故。 （3）Ⅲ级（重大质量与安全事故）。已经或者可能导致死亡（含失踪）3人以上、10人以下，或重伤（中毒）30人以上、50人以下，或直接经济损失1000万元以上、5000万元以下的事故。 （4）Ⅳ级（较大质量与安全事故）。已经或者可能导致死亡（含失踪）3人以下，或重伤（中毒）30人以下，或直接经济损失1000万元以下的事故			C1

10.1 水利工程建设标准强制性条文（2020版）

续表

教学阶段	教学流程	学习成果	教师核查	能力指标
（二）课中实施	3. 水利工程质量事故分类（《水利工程质量管理规定》1997年水利部第7号令） 水利工程质量事故分类标准 	事故类别 损失情况	特大质量事故	重大质量事故	较大质量事故	一般质量事故
事故处理所需的物质、器材和设备、人工等直接损失费用（人民币万元）	大体积混凝土、金结制作和机电安装工程	>3000	>500,≤3000	>100,≤500	>20,≤100
	土石方工程，混凝土薄壁工程	>1000	>100,≤1000	>30,≤100	>10,≤30
事故处理所需合理工期/月	>6	>3,≤6	>1,≤3	≤1
事故处理后对工程功能和寿命影响	影响工程正常使用，需限制条件运行	不影响正常使用，但对工程寿命有较大影响	不影响正常使用，但对工程寿命有一定影响	不影响正常使用和工程寿命 | 注 1. 直接经济损失费用为必需条件，其余两项主要适用于大中型工程； 　　2. 小于一般质量事故的质量问题称为质量缺陷。			C1
	4. 查"模板工岗位安全知识"，说说如何看待劳动安全保障和工作便利之间的关系，如何自身约束和制度约束，如何发挥保险在劳动过程中的保障作用			A2

续表

教学阶段	教 学 流 程	学 习 成 果	教师核查	能力指标
(二)课中实施	5. 某项目在隧洞模板安装施工过程中，工人因施工电动工具触电而身亡，致使该项目施工过程中，连同高空坠落的共死亡2人，这达到什么安全事故级别？ 项目部为防止上级按照该级别的安全管理相应做出不利于企业效益的处罚，以经济赔偿的方式与受难者家属私下达成"谅解"，进而使事故"降级"，如何看待这类现象			A1
阶段性小结				C1
(三)课后拓展	6. 查《水利工程质量事故处理暂行规定》(1999年水利部第9号令)，工程事故发生后如何处理			D1

【检查与记录】

课程核心能力权重	课 程 侧 重									合计
	A. 责任担当	B. 人文素养	C. 工程知识	D. 学习创新	E. 专业技能	F. 职业操守	G. 问题解决	H. 沟通合作	
	5%	5%	35%	10%	10%	15%	15%	5%	100%
课程能力指标权重	A1	A2	B1	B2	C1	C2	D1	D2	E1	E2	F1	F2	G1	G2	H1	H2	合计

【课后反思】

反思内容	实 际 效 果	改进设想
课程思政情况		
成果导向应用情况		
本课评分		

【参考资料】

[1] 孙友良. 水利工程施工技术 [M]. 北京：中国水利水电出版社，2022.

[2] 水利部建设与管理司. 水利工程质量管理文件汇编 [M]. 北京：中国水利水电出版社，2013.

[3] 水利水电工程施工通用安全技术规程：SL 398—2007 [S]. 北京：中国水利水电出版社，2007.

[4] 水利水电工程土建施工安全技术规程：SL 399—2007 [S]. 北京：中国水利水电出版社，2007.

[5] 水利水电工程施工作业人员安全操作规程：SL 401—2007 [S]. 北京：中国水利水电出版社，2007.

[6] 水利工程施工安全防护设施技术规范：SL 714—2015 [S]. 北京：中国水利水电出版社，2015.

[7] 水利水电工程施工安全管理导则：SL 721—2015 [S]. 北京：中国水利水电出版社，2015.

附件 10.1　钢筋工岗位安全知识

10.1.1　钢筋工现场施工操作基本安全知识

10.1.1.1　基本安全要求

1. 施工现场安全生产的基本特点

（1）建筑产品的多样性。建筑结构是多样的，有混凝土结构、钢结构、木结构等；规模是多样的，从几百平方米到数百万平方米不等；建筑功能和工艺方法也同样是多样的。

建造不同的建筑产品，对人员、材料、机械设备、防护用品、施工技术等有不同的要求，而且建筑现场环境也千差万别，这些差别决定了建设过程中总会面临新的建筑安全问题。

（2）施工条件的多变性。随着施工的推进，施工现场会从最初的地下十几米的深基坑变成耸立几百米的大楼，建设过程中的周边环境、作业条件、施工技术都在不断变化，包含着较高的风险。

（3）施工环境的危险性。建筑施工的高耗能，施工作业的高强度，施工现场的噪声、热量、有害气体和尘土等，以及露天作业，这些都是工人经常面对的不利工作环境的负荷。严寒和高温使得工人体力和注意力下降，雨雪天气会导致工作面的湿滑，这些都容易导致事故的发生。

（4）施工人员的流动性。建筑业属于劳动密集型行业，需要大量的人力资源。工人与施工单位间的短期雇佣关系，造成施工单位对施工人员的培训严重不足，使得施工人员违章操作时有发生。

2. 工人上岗的基本安全要求

（1）新工人上岗前必须签订劳动合同，《中华人民共和国劳动法》规定：建立劳动关系应当订立劳动合同。劳动合同是劳动者与用人单位确立劳动关系、明确双方权利和义务的协议。

(2) 新工人上岗前的"三级"安全教育记录。新进场的劳动者必须经过上岗前的"三级"安全教育，即公司教育、项目部教育、班组教育。教育时间分别不少于 15 学时、15 学时、20 学时。有条件的企业应建立"民工安全流动学校"，以加强对工人的安全教育，经统一考核、统一发证后，方可上岗。

(3) 重新上岗、转岗人员应接受安全教育。转换工作岗位和离岗后重新上岗人员，必须重新经过"三级"安全教育后才允许上岗工作。同时，各个工种（瓦工、木工、钢筋工、中小型机械操作工等）应熟悉各自的安全操作规程。

(4) 特种作业是指对操作者和其他工种作业人员以及对周围设施的安全有重大危险因素的作业。特种作业人员包括电工、锅炉司炉工、起重工（包括各种起重司机、起重指挥和司索人员）、压力容器工、金属焊接（气割）工、安装拆卸工、场内机动车辆驾驶人员和建筑登高架设人员等。

(5) 特种作业操作证每两年复审一次。连续从事本工种 10 年以上的人员，经用人单位进行知识更新教育后，复审时间可延长至每 4 年一次。

(6)《中华人民共和国劳动法》规定：从事特种作业的劳动者，必须经过专门培训，并取得特种作业资格。

3. 进入施工现场的基本安全纪律

(1) 进入施工现场必须戴好安全帽，系好帽带，并正确使用个人劳动防护用品。

(2) 穿拖鞋、高跟鞋、赤脚或赤膊人员不准进入施工现场。

(3) 未经安全教育培训且经培训考核不合格者不得上岗，非操作者严禁进入危险区域；特种作业必须持特种作业资格证上岗。

(4) 凡 2m 以上的高处作业无安全设施时，必须系好安全带；安全带必须先挂牢后作业。

(5) 高处作业材料和工具等物件不得上抛下掷。

(6) 穿硬底鞋人员不得进行登高作业。

(7) 机械设备、机具使用必须做到"定人、定机"制度；未经有关人员同意，非操作人员不得使用。

(8) 电动机械设备必须有漏电保护装置和可靠的保护接零装置，方可启动使用。

(9) 未经有关人员批准，不得随意拆除安全设施和安全装置；因作业需要拆除的，作业完毕后，必须立即恢复。

(10) 井字架吊篮、料斗不准乘人。

(11) 酒后不准上班作业。

(12) 作业前应对相关的作业人员进行安全技术交底。

10.1.1.2 现场安全操作基本规定

1. 杜绝"三违"现象

员工遵章守纪，是实现安全生产的基础。员工在生产过程中，不仅要有熟练的技术，而且必须自觉遵守各项操作规程和劳动纪律，远离"三违"，即违章指挥、违章作业、违反劳动纪律。

(1) 违章指挥。企业负责人和有关管理人员法制观念淡薄，缺乏安全知识，思想上存有侥幸心理，对国家、集体的财产和人民群众的生命安全不负责任，明知不符合安全生产有关条件，仍指挥作业人员冒险作业。

(2) 违章作业。作业人员没有安全生产常识，不懂安全生产规章制度和操作规程，或者在知道基本安全知识的情况下，在作业过程中，违反安全生产规章制度和操作规程，不顾国家、集体的财产和他人、自己的生命安全，擅自作业，冒险蛮干。

(3) 违反劳动纪律。上班时不知道劳动纪律，或者不遵守劳动纪律，违反劳动纪律进行冒险作业，造成不安全因素。

2. 牢记"三宝"和"四口、五临边"

(1) "三宝"是指安全帽、安全带、安全网。安全帽、安全带、安全网是工人的三件宝，只有正确佩戴和使用，才可以保证个人安全。

(2) "四口"是指楼梯口、电梯井口、预留洞口、通道口。"五临边"是指尚未安装栏杆的阳台周边、无外架防护的屋面周边、框架工程楼层周边、上下跑道及斜道的两侧边、卸料平台两侧边。

"四口、五临边"是施工现场最危险和最容易发生事故的地方，因此对施工现场重要危险部位进行正确的防护，可以有效地减少事故的发生，为工人作业提供一个安全的环境。

3. 做到"三不伤害"

"三不伤害"是指不伤害自己、不伤害他人、不被他人伤害。

施工现场每一个操作人员和管理人员都要增强自我保护意识，同时也要对安全生产自觉负起监督的责任，才能达到全员安全的目的。

施工时经常有上下层或者不同工种、不同队伍互相交叉作业的情况，要避免这时候发生危险，相互间协调好，上层作业时，要对作业区域围蔽，有人值守，防止人员进入作业区下方。此外，落物伤人，也是工地经常发生的事故之一，进入施工现场，一定要戴好安全帽。作业过程中，观察周围，不伤害他人，也不被他人伤害，这是工地安全的基本原则。自己不违章，只能保证不伤害自己，不伤害别人。要做到不被别人伤害，这就要求我们要及时制止他人违章。制止他人违章，既保护了自己，也保护了他人。

4. 加强"三懂三会"能力

"三懂"即懂得本岗位和部门有什么火灾危险性，懂得灭火知识，懂得预防措施；"三会"即会报火警，会使用灭火器材，会处理初起火灾。

5. 掌握"十项安全技术措施"

(1) 按规定使用安全"三宝"。

(2) 机械设备防护装置一定要齐全有效。

(3) 塔式起重机等起重设备必须有限位保险装置，不准带病运转，不准超负荷作业，不准在运转中维修保养。

(4) 架设电线线路必须符合当地电力公司的规定，电气设备必须全部接零接地。

(5) 电动机械和手持电动工具要设置漏电保护器。
(6) 脚手架材料及脚手架的搭设必须符合相关规程要求。
(7) 各种缆风绳及其设置必须符合相关规程要求。
(8) 在建工程的楼梯口、电梯口、预留洞口、通道口，必须有防护设施。
(9) 严禁赤脚或穿高跟鞋、拖鞋人员进入施工现场，高空作业人员不准穿硬底和带钉易滑的鞋靴。
(10) 施工现场的悬崖、陡坎等危险地区应设警戒标志，夜间要设红灯示警。

6. 施工现场行走或上下的"十不准"

(1) 不准从正在起吊、运吊中的物件下通过。
(2) 不准从高处往下跳或奔跑作业。
(3) 不准在没有防护的外墙和外壁板等建筑物上行走。
(4) 不准站在小推车等不稳定的物体上操作。
(5) 不得攀登起重臂、绳索、脚手架、井字架、龙门架和随同运料的吊盘及吊装物上下。
(6) 不准进入挂有"禁止出入"或设有危险警示标志的区域、场所。
(7) 不准在重要的运输通道或上下行走通道上逗留。
(8) 未经允许不准私自进入非本单位作业区域或管理区域，尤其是存有易燃、易爆物品的场所。
(9) 严禁在无照明设施、无足够采光条件的区域、场所内行走、逗留。
(10) 不准无关人员进入施工现场。

7. 做到"十不盲目操作"

做到"十不盲目操作"，是防止违章和事故发生的基本操作要求。

(1) 新工人未经"三级"安全教育，复工换岗人员未经安全岗位教育，不盲目操作。
(2) 特殊工种人员、机械操作工未经专门安全培训，无有效安全上岗操作证，不盲目操作。
(3) 施工环境和作业对象情况不清，施工前无安全措施或作业安全交底不清，不盲目操作。
(4) 新技术、新工艺、新设备、新材料、新岗位无安全措施，未进行安全培训教育、交底，不盲目操作。
(5) 安全帽和作业所必需的个人防护用品不落实，不盲目操作。
(6) 脚手架、吊篮、塔式起重机、井字架、龙门架、外用电梯、起重机械、电焊机、钢筋机械、木工平刨、圆盘锯、搅拌机、打桩机等设施设备和现浇混凝土模板支撑、搭设安装后，未经验收合格，不盲目操作。
(7) 作业场所安全防护措施不落实，安全隐患不排除，威胁人身和国家财产安全时，不盲目操作。
(8) 凡上级或管理干部违章指挥，有冒险作业情况时，不盲目操作。
(9) 高处作业、带电作业、禁火区作业、易燃易爆作业、爆破性作业、有中毒或窒息危险的作业和科研实验等其他危险作业的,均应由上级指派,并经安全交底;未经指派批准、未经安全交底和无安全防护措施,不盲目操作。

(10) 隐患未排除,有自己伤害自己、自己伤害他人、自己被他人伤害的不安全因素存在时,不盲目操作。

8. "防止坠落和物体打击"的十项安全要求

(1) 高处作业人员必须着装整齐,严禁穿硬塑料底等易滑鞋、高跟鞋,工具应随手放入工具袋中。

(2) 高处作业人员严禁相互打闹,以免失足发生坠落事故。

(3) 在进行攀登作业时,攀登用具结构必须牢固可靠,使用方法必须正确。

(4) 各类手持机具使用前应检查,确保安全牢靠。洞口临边作业时应防止物件坠落。

(5) 施工人员应从规定的通道上下,不得攀爬脚手架、跨越阳台,不得在非规定通道进行攀登、行走。

(6) 进行悬空作业时,应有牢靠的立足点并正确系挂安全带;现场应视具体情况配置防护栏网、栏杆或其他安全设施。

(7) 高处作业时,所有物料应该堆放平稳,不可放置在临边或洞口附近,且不可妨碍通行。

(8) 高处拆除作业时,对拆卸下的物料、建筑垃圾都要加以清理和及时运走,不得在走道上任意乱置或向下丢弃,保持作业走道畅通。

(9) 高处作业时,不准往下或向上乱抛材料和工具等物件。

(10) 各施工作业场所内,凡有坠落可能的任何物料都应先行撤除或加以固定,拆卸作业要在设有禁区、有人监护的条件下进行。

9. 防止机械伤害的"一禁、二必须、三定、四不准"

(1) "一禁"。不懂电器和机械操作的人员严禁使用和摆弄机电设备。

(2) "二必须"。

1) 机电设备应完好,必须有可靠有效的安全防护装置。

2) 机电设备停电、停工休息时,必须拉闸关机,按要求上锁。

(3) "三定"。

1) 机电设备应做到定人操作,定人保养、检查。

2) 机电设备应做到定机管理、定期保养。

3) 机电设备应做到定岗位和岗位职责。

(4) "四不准"。

1) 机电设备不准带病运转。

2) 机电设备不准超负荷运转。

3) 机电设备不准在运转时维修保养。

4) 机电设备运行时,操作人员不准将头、手、身伸入运转的机械行程范围内。

10. "防止车辆伤害"的十项安全要求

(1) 未经劳动、公安、交通部门培训合格的持证人员,不熟悉车辆性能者不得驾驶车辆。

（2）应坚持做好例保工作，车辆制动器、喇叭、转向系统、灯光等影响安全的部件如作用不良，不准出车。

（3）严禁翻斗车、自卸车的车厢乘人，严禁人货混装，车辆载货应不超载、超高、超宽，捆扎应牢固可靠，应防止车内物体失稳跌落伤人。

（4）乘坐车辆时，工作人员应坐在安全处，头、手、身不得露出车厢外，要避免车辆启动制动时跌倒。

（5）车辆进出施工现场，在场内掉头、倒车，以及在狭窄场地行驶时，应有专人指挥。

（6）现场行车进场要减速，并做到"四慢"，即道路情况不明要慢，线路不良要慢，起步、会车、停车要慢，在狭路、桥梁弯路、坡路、岔道、行人拥挤地点及出入大门时要慢。

（7）临近机动车道的作业区和脚手架等设施以及道路中的路障，应加设安全色标、安全标志和防护措施，并要确保夜间有充足的照明。

（8）装卸车作业时，若车辆停在坡道上，应在车轮两侧用楔形木块加以固定。

（9）人员在场内机动车道行走时，应避免右侧行走，并做到不平排结队行走，避免妨碍交通；避让车辆时，应不避让于两车交会之中，不站于旁有堆物无法退让的死角。

（10）机动车辆不得牵引无制动装置的车辆。牵引物体时物体上不得有人，人不得进入正在牵引的物与车之间。坡道上牵引时，车和被牵引物下方不得有人作业和停留。

11. "防止触电伤害"的十项安全操作要求

根据安全用电"装得安全、拆得彻底、用得正确、修得及时"的基本要求，防止触电伤害的操作要求有：

（1）非电工严禁拆接电气线路、插头、插座、电气设备、电灯等。

（2）使用电气设备前，必须检查线路、插头、插座、漏电保护装置是否完好。

（3）电气线路或机具发生故障时，应找电工处理，非电工不得自行修理或排除故障。

（4）使用振捣器等手持电动机械和其他电动机械从事湿作业时，要由电工接好电源，安装上漏电保护器，操作者必须穿戴好绝缘鞋、绝缘手套后再进行作业。

（5）搬运或移动电气设备必须先切断电源。

（6）搬运钢筋、钢管及其他金属物时，严禁触碰到电线。

（7）禁止在电线上挂晒物料。

（8）禁止使用照明器烘烤、取暖，禁止擅自使用电炉和其他电加热器取暖。

（9）在架空输电线路附近工作时，应停止输电，不能停电时，应有隔离措施，要保持安全距离，防止触碰。

（10）电线必须架空，不得在地面、施工楼面随意乱拖，若必须通过地面、楼面时，应有过路保护，物料、车、人不准压踏碾磨电线。

12. 施工现场防火安全规定

(1) 施工现场要有明显的防火宣传标志。

(2) 施工现场必须设置临时消防车道。其宽度不得小于3.5m，并保证临时消防车道的畅通，禁止在临时消防车道上堆物、堆料或挤占临时消防车道。

(3) 施工现场必须配备消防器材，做到布局合理。要害部位应配备不少于4具的灭火器，要有明显的防火标志，并经常检查、维护、保养，保证灭火器材灵敏有效。

(4) 施工现场消火栓应布局合理，消防干管直径不小于100mm，配备足够的水龙带，消火栓处昼夜要设有明显标志，周围3m内不准存放物品。地下消火栓必须符合防火规范。

(5) 高度超过24m的建筑工程，应安装临时消防竖管，其管径不得小于75mm。每层设消火栓口，并配备足够的水龙带。消防水要保证足够的水源和水压，严禁消防竖管作为施工用水管线。消防泵房应使用非燃材料建造，位置设置合理，便于操作，并设专人管理，保证消防供水。消防泵的专用配电线路应引自施工现场总断路器的上端，要保证连续不间断供电。

(6) 电焊工、气焊工从事电气设备安装的电焊、气焊切割作业，要有操作证和用火证。用火前，要对易燃、可燃物采取清除、隔离等措施，配备看火人员和灭火器具，作业后必须确认无火源隐患后方可离去。用火证当日有效。用火地点变换，要重新办理用火证手续。

(7) 氧气瓶与乙炔瓶之间的工作间距不小于5m，两瓶与明火作业之间的距离均不小于10m。建筑工程内禁止氧气瓶、乙炔瓶存放，禁止使用液化石油气"钢瓶"。

(8) 施工现场使用的电气设备必须符合防火要求。临时用电必须安装过载保护装置，电闸箱内不准使用易燃、可燃材料。严禁超负荷使用电气设备。

(9) 施工材料的存放、使用应符合防火要求。库房应采用非燃材料支搭。易燃易爆物品应专库储存，分类单独存放。库房保持通风，用电符合防火规定，不准在工程内、库房内调配油漆、稀料。

(10) 工程内部不准作为仓库使用，不准存放易燃、可燃材料，因施工需要进入工程内部的可燃材料，要根据工程计划限量进入并采取可靠的防火措施。废弃材料应及时清除。

(11) 施工现场使用的安全网、密目式安全网、密目式防尘网、保温材料，必须符合消防安全规定，不得使用易燃、可燃材料。

(12) 施工现场严禁吸烟，不得在建筑工程内部设置宿舍。

(13) 施工现场和生活区，未经有关部门批准不得使用电热器具。严禁工程中明火保温施工及宿舍内明火取暖。

(14) 从事油漆粉刷或防水等有毒及易燃危险作业时，要有具体的防火要求，必要时派专人看护。

(15) 生活区的设置必须符合消防管理规定，严禁使用可燃材料搭设。宿舍内不得卧床吸烟。房间内住20人以上必须设置不少于2处的安全门；居住100人以上，要有消防安全通道及人员疏散预案。

(16) 生活区的用电要符合防火规定。食堂使用的燃料必须符合使用规定，用火点和燃料不能在同一房间内，使用时要有专人管理，停火时将总开关关闭，经常检查有无燃气泄漏。

10.1.2 钢筋工岗位安全操作知识

10.1.2.1 高处作业安全知识

1. 高处作业的一般施工安全规定

按照《高处作业分级》(GB/T 3608—2008) 规定：凡在坠落高度基准面 2m 以上（含 2m）的可能坠落的高处所进行的作业，都称为高处作业。

在施工现场高处作业中，如果未防护、防护不好或作业不当，都可能发生人或物的坠落。人从高处坠落的事故，称为高处坠落事故。物体从高处坠落砸着下面人的事故，称为物体打击事故。建筑施工中的高处作业主要包括临边、洞口、攀登、悬空、交叉作业等类型，这些都是高处作业伤亡事故可能发生的主要地点。

高处作业的一般施工安全规定如下：

(1) 施工前，应逐级进行安全技术教育及交底，落实所有安全技术措施和个人防护用品，未经落实时不得进行施工。

(2) 高处作业中的安全标志、工具、仪表、电气设施和各种设备，必须在施工前加以检查，确认其完好，方能投入使用。

(3) 悬空、攀登高处作业人员以及搭设高处安全设施的人员必须按照国家有关规定，经过专门的安全作业培训，并取得特种作业操作资格证书后，方可上岗作业。

(4) 从事高处作业的人员必须定期进行身体检查，诊断患有心脏病、贫血、高血压、癫痫病、恐高症及其他不适宜高处作业的疾病时，不得从事高处作业。

(5) 高处作业人员应头戴安全帽，身穿紧口工作服，脚穿防滑鞋，腰系安全带。

(6) 高处作业场所有坠落可能的物体，应一律先行撤除或予以固定。所用物件均应堆放平稳，不妨碍通行和装卸。工具应随手放入工具袋，拆卸下的物件及余料和废料均应及时清理运走，清理时应采用传递或系绳提溜方式，禁止抛掷。

(7) 遇有六级以上强风、浓雾和大雨等恶劣天气，不得进行露天悬空与攀登高处作业。台风暴雨后，应对高处作业安全设施逐一检查，发现有松动、变形、损坏或脱落、漏雨、漏电等现象，应立即修理完善或重新设置。

(8) 所有安全防护设施和安全标志等，任何人都不得损坏或擅自移动和拆除。因作业必须临时拆除或变动安全防护设施、安全标志时，必须经有关施工负责人同意，并采取相应的可靠措施，作业完毕后立即恢复。

(9) 施工中对高处作业的安全防护设施发现有缺陷和隐患时，必须立即报告，及时解决。危及人身安全时，必须立即停止作业。

2. 高处作业的基本安全技术措施

(1) 凡是临边作业，都要在临边处设置防护栏杆，一般上杆离地面高度为1~

1.2m，下杆离地面高度为0.5～0.6m；防护栏杆必须自上而下用安全网封闭，或在栏杆下边设置严密固定的高度不低于18cm的挡脚板或40cm的挡脚竹笆。

（2）对于洞口作业，可根据具体情况采取设防护栏杆、加盖板、张挂安全网与装栅门等措施。

（3）进行攀登作业时，作业人员要从规定的通道上下，不能在阳台之间等非规定通道进行攀登，也不得任意利用吊车车臂架等施工设备进行攀登。

（4）进行悬空作业时，要设有牢靠的作业立足处，并视具体情况设防护栏杆、搭设脚手架、操作平台，使用马凳，张挂安全网或采取其他安全措施。作业所用索具、脚手板、吊篮、吊笼、平台等设备，均需经技术鉴定方能使用。

（5）进行交叉作业时，注意不得在上下同一垂直方向上操作，下层作业的位置必须处于依上层高度确定的可能坠落范围之外，不符合以上条件时，必须设置安全防护层。

（6）结构施工自二层起，凡人员进出的通道口（包括井架、施工电梯的进出口），均应搭设安全防护棚。高度超过24m时，防护棚应设双层。

（7）进行建筑施工高处作业之前，应进行安全防护设施的检查和验收。验收合格后，方可进行高处作业。

3. 高处作业安全防护用品使用常识

由于建筑行业的特殊性，高处作业中发生高处坠落、物体打击事故的比例最大。要避免伤亡事故，作业人员必须正确佩戴安全帽，调好帽箍，系好帽带；正确使用安全带，高挂低用；按规定架设安全网。

（1）安全帽。它是对人体头部受外力伤害（如物体打击）起防护作用的帽子，使用时要注意以下事项：

1）选用经有关部门检验合格，其上有"安鉴"标志的安全帽。

2）使用安全帽前先检查外壳是否破损，有无合格帽衬，帽带是否齐全，如果不符合要求则立即更换。

3）调整好帽箍、帽衬（4～5cm），系好帽带。

（2）安全带。它是高处作业人员预防坠落伤亡的防护用品。使用时要注意以下事项：

1）选用经有关部门检验合格的安全带，并保证在使用有效期内。

2）安全带严禁打结、续接。

3）安全带使用中，要可靠地挂在牢固的地方，高挂低用，且要防止摆动，避免明火和刺割。

4）2m以上的悬空作业，必须使用安全带。

5）在无法直接挂设安全带的地方，应设置挂安全带的安全拉绳、安全栏杆等。

（3）安全网。它是用来防止人、物坠落或用来避免、减轻坠落及物体打击伤害的网具。使用时要注意以下事项：

1）要选用有合格证的安全网；在使用时，必须按规定到有关部门进行检测、检验，合格后方可使用。

2) 安全网若有破损、老化，应及时更换。
3) 安全网与架体的连接不宜绷得太紧，系结点要沿边分布均匀、绑牢。
4) 立网不得作为平网使用。
5) 立网必须选用密目式安全网。

10.1.2.2 钢筋工岗位安全操作知识

1. 钢筋切断机安全操作要求

(1) 机械未达到正常转速时，不得切料。切料时，应使用切刀的中、下部位，紧握钢筋对准刃口迅速投入，操作者应站在固定刀片一侧用力压住钢筋，应防止钢筋末端弹出伤人。严禁用两手在刀片两边握住钢筋俯身送料。

(2) 不得剪切直径及强度超过机械铭牌规定的钢筋和烧红的钢筋。一次切断多根钢筋时，其总截面积应在规定范围内。

(3) 切断短料时，手和切刀之间的距离应保持在150mm以上，如手握端小于400mm时，应采用套管或夹具将钢筋短头压住或夹牢。

(4) 运转中严禁用手直接清除切刀附近的断头和杂物。钢筋摆动周围和切刀周围不得停留非操作人员。

2. 钢筋弯曲机安全操作要求

(1) 应按加工钢筋的直径和弯曲半径的要求，装好相应规格的芯轴和成型轴、挡铁轴。芯轴直径应为钢筋直径的2.5倍。挡铁轴应有轴套，挡铁轴的直径和强度不得小于被弯钢筋的直径和强度。

(2) 作业时，应将钢筋需弯曲一端插入转盘固定销的间隙内，另一端紧靠机身固定销，并用手压紧；应检查机身固定销并确认安放在挡住钢筋的一侧，方可开动。

(3) 作业中，严禁更换轴芯、销子和变换角度以及调整，也不得进行清扫和加油。

(4) 对超过机械铭牌规定直径的钢筋严禁进行弯曲。不直的钢筋不得在弯曲机上弯曲。

(5) 在弯曲钢筋的作业半径内和机身不设固定销的一侧严禁站人。

(6) 转盘换向时，应待停稳后进行。

(7) 作业后，应及时清除转盘及插入座孔内的铁锈、杂物等。

3. 钢筋调直切断机安全操作要求

(1) 应按调直钢筋的直径，选用适当地调直块及传动速度。调直块的孔径应比钢筋直径大2~5mm，传动速度应根据钢筋直径选用，直径大的宜选用慢速，经调试合格，方可作业。

(2) 在调直块未固定、防护罩未盖好前不得送料。作业中严禁打开各部防护罩并调整间隙。

(3) 当钢筋送入后，手与轮应保持一定的距离，不得接近。

(4) 送料前应将不直的钢筋端头切除。导向筒前应安装一根1m长的钢管，钢筋应穿过钢管再送入调直切断机前端的导孔内。

4. 钢筋冷拉卷扬机安全操作要求

(1) 卷扬机的位置应使操作人员能见到全部的冷拉场地,卷扬机与冷拉中线的距离不得小于 5m。

(2) 冷拉场地应在两端地锚外侧设置警戒区,并应安装防护栏及醒目的警示标志。严禁非作业人员在此停留。操作人员在作业时必须离开钢筋 2m 以外。

(3) 卷扬机操作人员必须看到指挥人员发出的信号,并待所有的人员离开危险区后方可作业。冷拉应缓慢、均匀。当有停车信号或有人进入危险区时,应立即停拉,并稍稍放松卷扬机钢丝绳。

(4) 夜间作业的照明设施,应装设在张拉危险区外。当需要装设在场地上空时,其高度应超过 5m。灯泡应加防护罩。

5. 交流电焊机安全操作要求

(1) 外壳必须有保护接零,应有二次空载降压保护器和触电保护器。

(2) 电源应使用自动开关,接线板应无损坏,有防护罩。一次线长度不超过 5m,二次线长度不得超过 30m。

(3) 焊接现场 10m 范围内,不得有易燃、易爆物品。

(4) 雨天不得室外作业。在潮湿地点焊接时,要站在胶板或其他绝缘材料上。

(5) 移动电焊机时,应切断电源,不得用拖拉电缆的方法移动。当焊接中突然停电时,应立即切断电源。

6. 气焊设备安全操作要求

(1) 氧气瓶与乙炔瓶使用时的间距不得小于 5m,存放时的间距不得小于 3m,并且距高温、明火等不得小于 10m。当达不到上述要求时,应采取隔离措施。

(2) 乙炔瓶存放和使用时必须立放,严禁倒放。

(3) 在移动气瓶时,应使用专门的抬架或小推车;严禁氧气瓶与乙炔瓶混合搬运;禁止直接使用钢丝绳、链条捆绑搬运。

(4) 开关气瓶应使用专用工具。

(5) 严禁敲击、碰撞气瓶,作业人员工作时不得吸烟。

附件 10.2 模板工岗位安全知识

10.2.1 模板工施工安全基本知识

10.2.1.1 木料(胶合板)运输与码放

(1) 作业前检查使用的运输工具是否存在隐患,经过检查,合格后方可使用。

(2) 上下沟槽或构筑物应走马道或安全梯,严禁搭乘吊具、攀登脚手架上下。

(3) 安全梯不得缺挡,不得垫高。安全梯上端应绑牢,下端应有防滑措施,人字梯底脚必须拉牢。严禁 2 名以上作业人员在同一梯上作业。

(4) 成品半成品木材应堆放整齐,不得任意乱放,不得存放在施工程范围之内,木材码放高度以不超过 1.2m 为宜。

(5) 木工场和木质材料堆放场地严禁烟火,并按消防部门的要求配备消防器材。

(6) 施工现场必须用火时，应事先申请用火证，并设专人监护。

(7) 木料（胶合板）运输与码放应按照以下要求进行：

1) 作业前应对运输道路进行平整，保持道路坚实、畅通。便桥应支搭牢固，桥面宽度应比小车宽至少1m，且总宽度不得小于1.5m，便桥两侧必须设置防护栏和挡脚板。

2) 穿行社会道路必须遵守交通法规，听从指挥。

3) 用架子车装运材料应2人以上配合操作，保持架子车平稳，拐弯要示意，车上不得乘人。

4) 使用手推车运料时，在平地上前后车间距不得小于2m，下坡时应稳步推行，前后车间距应根据坡度确定，但是不得小于10m。

5) 拼装、存放模板的场地必须平整坚实，不得积水。存放时，底部应垫方木，堆放应稳定，立放应支撑牢固。

6) 地上码放模板的高度不得超过1.5m，架子上码放模板不得超过3层。

7) 不得将材料堆放在管道的检查井、消防井、电信井、燃气抽水缸井等设施上。

8) 不得随意靠墙堆放材料。

9) 使用起重机作业时必须服从信号工的指挥，与驾驶员协调配合，机臂回转范围内不得有无关人员。

10) 运输木料、模板时，必须绑扎牢固，保持平衡。

10.2.1.2 木模板制作、安装安全要求

(1) 作业前检查使用的工具是否存在隐患，如手柄有无松动、断裂等情况，手持电动工具的漏电保护器应试机检查，合格后方可使用，操作时应戴绝缘手套。

(2) 支、拆模板作业高度在2m以上（含2m）时，必须搭设脚手架，按要求系好安全带。

(3) 高处作业时，材料必须码放平稳、整齐。手用工具应放入工具袋内，不得乱扔乱放，扳手应用小绳系在身上，使用的铁钉不得含在嘴中。

(4) 上下沟槽或构筑物时应走马道或安全梯，严禁搭乘吊具、攀登脚手架上下。

(5) 安全梯不得缺挡，不得垫高。安全梯上端应绑牢，下端应有防滑措施，人字梯底脚必须拉牢。严禁2名以上作业人员在同一梯上作业。

(6) 使用手锯时，锯条必须调紧适度，下班时要放松，防止再使用时突然断裂伤人。

(7) 支撑大模板必须设专人指挥，模板工与起重机驾驶员应协调配合，做到稳起、稳落、稳就位。在起重机机臂回转范围内不得有无关人员。

(8) 作业中应随时清扫木屑、刨花等杂物，并送到指定地点堆放。

(9) 木工场和木质材料堆放场地严禁烟火，并按消防部门的要求配备消防器材。

(10) 施工现场必须用火时，应事先申请用火证，并设专人监护。

(11) 作业场地应平整坚实，不得积水，同时，应排除现场的不安全因素。

(12) 作业前认真检查模板、支撑等构件是否符合要求，钢板有无严重锈蚀或变形，木模板及支撑材质是否合格。不得使用腐朽、劈裂、扭裂、弯曲等有缺陷的木材制作模板或支撑材料。

(13) 使用旧木料前，必须清除钉子、水泥黏结块等。

(14) 作业前应检查所用工具、设备，确认安全后方可作业。

(15) 使用锯子砍料必须稳、准，不得用力过猛，对面2m内不得有人。

(16) 必须按模板设计和安全技术交底的要求支模，不得盲目操作。

(17) 槽内支模前，必须检查槽帮、支撑，确认无塌方危险。向槽内运料时，应使用绳索缓放，操作人员应互相呼应。支模作业时应随支随固定。

(18) 使用支架支撑模板时，应平整压实地面，底部应垫5cm厚的木板。必须按安全技术要求将各结点拉杆、撑杆连接牢固。

(19) 操作人员上、下架子必须走马道或安全梯，严禁利用模板支撑攀登上下，不得在墙顶、独立梁及其他高处狭窄而无防护的模板上行走。严禁从高处向下方抛物料。搬运模板时应稳拿轻放。

(20) 支架支撑竖直偏差必须符合安全技术要求，支搭完成后必须验收合格方可进行支模作业。

(21) 模板工程作业高度在2m和2m以上时必须设置安全防护设施。

(22) 模板的立柱顶撑必须设牢固的拉杆，不得与门窗等不牢靠的临时物件相连接。模板安装过程中，不得间歇，柱头、搭头、立柱顶撑、拉杆等必须安装牢固成整体后，作业人员才可以离开。暂停作业时，必须进行检查，确认所支模板、撑杆及连接件稳固后方可离开现场。

(23) 配合吊装机械作业时，必须服从信号工的统一指挥，与起重机驾驶员协调配合，机臂回转范围内不得有无关人员。支架、钢模板等构件就位后必须立即采取撑、拉等措施，固定牢靠后方可摘钩。

(24) 在支架与模板间安置木楔等卸荷装置时，木楔必须对称安装，打紧钉牢。

(25) 基础及地下工程模板安装之前，必须检查基坑土壁边坡的稳定状况，基坑上口边沿1m以内不得堆放模板及材料，向槽（坑）内运送模板构件时，严禁抛掷。使用溜槽或起重机械运进，下方操作人员必须远离危险区。

(26) 组装立柱模板时，四周必须设牢固支撑，如柱模高度在6m以上，应将几个柱模连成整体，支设独立梁模板应搭设临时工作平台，不得站在柱模上操作，不得在梁底板模上行走和立侧模。

(27) 在浇筑混凝土过程中必须对模板进行监护，仔细观察模板的位移、变形情况，发现异常时必须及时采取稳固措施。当模板变位较大，可能倒塌时，必须立即通知现场作业人员离开危险区域，并及时报告上级。

10.2.1.3 模板拆除安全要求

(1) 作业前检查使用的工具是否存在隐患，如手柄有无松动、断裂等，手持电动工具的漏电保护器应试机检查，合格后方可使用，操作时应戴绝缘手套。

（2）拆模板作业高度在 2m 以上（含 2m）时，必须搭设脚手架，按要求系好安全带。

（3）高处作业时，材料必须码放平稳、整齐。手用工具应放入工具袋内，不得乱扔乱放，扳手应用小绳系在身上，使用的铁钉不得含在嘴中。

（4）上下沟槽或构筑物应走马道或安全梯，严禁搭乘吊具、攀登脚手架上下。

（5）安全梯不得缺挡，不得垫高。安全梯上端应绑牢，下端应有防滑措施，人字梯底脚必须拉牢。严禁 2 名以上作业人员在同一梯上作业。

（6）成品半成品木材应堆放整齐，不得任意乱放，不得存放到在施工程范围之内，木材码放高度不宜超过 1.2m。

（7）使用手锯时，锯条必须调紧适度，下班时要放松，防止再使用时突然断裂伤人。

（8）拆除大模板必须设专人指挥，模板工与起重机驾驶员应协调配合，做到稳起、稳落、稳就位。在起重机机臂回转范围内不得有无关人员。

（9）拆木模板、起模板钉子、码垛作业时，不得穿胶底鞋，着装应紧身利索。

（10）拆除模板必须满足拆除时所需的混凝土强度，且经工程技术领导同意，不得因拆模而影响工程质量。

（11）必须按拆除方案和专项技术交底要求作业，统一指挥，分工明确。必须按程序作业，确保未拆部分处于稳定、牢固状态。应按照先支后拆、后支先拆的顺序，先拆非承重模板，后拆承重模板及支撑，在拆除用小钢模板支撑的顶板模板时，严禁将支柱全部拆除后，一次性拉拽拆除，已经拆活动的模板，必须一次连续拆完，方可停歇，严禁留下安全隐患。

（12）严禁使用大面积拉、推的方法拆模。拆模板时，必须按专项技术交底要求先拆除卸荷装置。必须按规定程序拆除撑杆、模板和支架，严禁在模板下方用撬棍撞、撬模板。

（13）拆模板作业时，必须设警戒区，严禁下方有人进入，拆模板作业人员必须站在平稳可靠的地方，保持自身平衡，不得猛撬，以防失稳坠落。

（14）拆除电梯井及大型孔洞模板时，下层必须支搭安全网等可靠的防坠落安全措施。

（15）严禁使用吊车直接吊除没有撬松动的模板，吊运大型整体模板时必须拴结牢固，且吊点平衡，吊装、运大钢模板时必须用卡环连接，就位后必须拉接牢固方可卸除吊钩。

（16）使用吊装机械拆模时，必须服从信号工统一指挥，必须待吊具挂牢后方可拆支撑。模板、支撑落地放稳后方可摘钩。

（17）应随时清理拆下的物料，并边拆、边清、边运、边按规格码放整齐。拆木模时，应随拆随起筏子。楼层高处拆除的模板严禁向下抛掷。暂停拆模时，必须将活动件支稳后方可离开现场。

10.2.1.4 模板施工机械安全操作

(1) 操作人员应经过培训，了解机械设备的构造、性能和用途，掌握有关使用、维修、保养的安全技术知识。电路故障必须由专业电工排除。

(2) 作业前试机，各部件运转正常后方可作业；作业后必须切断电源。

(3) 作业时必须扎紧袖口、理好衣角、扣好衣扣，不得戴手套；作业人员长发不得外露；女工应戴工作帽。

(4) 机械运转过程中出现故障时，必须立即停机、切断电源。

(5) 链条、齿轮和皮带等传动部分，必须安装防护罩或防护板；必须使用单向开关，严禁使用倒顺开关。

(6) 工作场所严禁烟火，必须按规定配备消防器材。

(7) 应及时清理机器台面上的刨花、木屑。严禁直接用手清理。刨花、木屑应存放到指定地点。

(8) 使用开模机作业应符合下列要求：

1) 必须侧身操作，严禁面对刀具。进料速度应均匀。

2) 短料开梯必须使用垫板夹牢，严禁用手握料。长度大于1.5m的木料开梯必须2人操作。

3) 刨渣或木片堵塞时，应用木棍清除，严禁手掏。

(9) 使用压刨机作业应符合下列要求：

1) 送料和接料应站在机械一侧，不得戴手套。

2) 进料必须平直，发现木料走偏或卡住，应先停机降低台面，再调正木料。遇节疤应减慢送料速度。送料时手指必须与滚筒保持20cm以上距离。接料时，必须待料走出台面后方可上手。

3) 刨料长度不得短于前后轧辐距离。厚度小于1cm的木料，必须垫压板。每次刨削量不得超过3mm。

(10) 使用刮边机作业应符合下列要求：

1) 材料应按压在推车上，后端必须顶牢。应慢速送料，且每次进刀量不得超过4mm。不得用手送料至刨口。

2) 刀部必须设置坚固严密的防护罩。

3) 严禁使用开口螺钉的刨刃。装刀时必须拧紧螺钉。

(11) 使用平刨机作业应符合下列要求：

1) 必须设置可靠的安全防护装置。

2) 刨料时应保持身体平衡，双手操作。刨大面时，手应按在木料上面；刨小面时，手指应不低于料高的一半，并不得小于3cm。

3) 每次刨削量不得超过1.5mm。进料速度应均匀。严禁在刨刃上方回料。

4) 被刨木料的厚度小于3cm，长度小于40cm时，应用压板或压棍推进。厚度小于15cm且长度小于25cm的木料不得在平刨上加工。

5) 刨旧料时必须先将铁钉、泥沙等清除干净。遇节疤、戗茬时应减慢送料速度，严禁手按节疤送料。

6）换刀片前必须拉闸断电。

7）同一台刨机的刀片重量、厚度必须一致，刀架与刀必须匹配。严禁使用不合格的刀具。紧固刀片的螺钉应嵌入槽内，且距离刀背不得小于10mm。

（12）使用打眼机作业应符合下列要求：

1）必须使用夹料具，不得直接用手扶料。大于15m的长料打眼时必须使用托架。

2）凿芯被木渣挤塞时，应立即抬起手把。深度超过凿渣出口，应勤拔钻头。

3）应用刷子或吹风器清理木渣，严禁手掏。

（13）使用圆盘锯（包括吊截锯）作业应符合下列要求：

1）作业前应检查锯片不得有裂口，螺钉必须拧紧。

2）操作人员必须戴防护眼镜。作业时应站在锯片一侧，手臂不得跨越锯片。

3）必须紧贴靠山送料，不得用力过猛，遇硬节疤应慢推。必须待出料超过锯片15cm后方可上手接料，不得用手硬拉。

4）短窄料应用推棍，接料使用刨钩。严禁锯小于50cm长的短料。

5）木料走偏时，应立即切断电源，停车调正后再锯，不得猛力推进或拉出。

6）锯片运转时间过长应用水冷却，直径60cm以上的锯片工作时应喷水冷却。

7）必须随时清除锯台面上的遗料，保持锯台整洁。清除遗料时，严禁直接用手清除。清除锯末及调整部件，必须先切断电源、待机械停止运转后方可进行。

8）严禁使用木棒或木块制动锯片的方法停车。

（14）使用裁口机作业应符合下列要求：

1）应根据材料规格调整盖板。作业时应一手按压、一手推进。刨或锯到头时，应将手移到刨刀或锯片的前面。

2）送料速度应缓慢、均匀，不得猛拉猛推，遇硬节疤应慢推。必须待出料超过刨口15cm后方可接料。

3）裁硬木口时，每次深度不得超过1.5cm，高度不得超过5cm；裁松木口，每次深度不得超过2cm，高度不得超过6cm。严禁在中间插刀。

4）裁刨圆木料必须用圆形靠山，用手压牢，慢速送料。

5）机器运转时，严禁在防护罩和台面上放置任何物品。

10.2.2　现场安全操作基本规定

内容同钢筋工现场安全操作基本规定，详见10.1.1.2节。

10.2.3　高处作业安全知识

内容同钢筋工高处作业安全知识，详见10.1.2.1节。

10.2.4　脚手架作业安全技术常识

10.2.4.1　脚手架的作用及常用架型

脚手架的搭设、拆除作业属悬空、攀登高处作业，其作业人员必须按照国家有关规定经过专门的安全作业培训，并取得特种作业操作资格证书后，方可上岗作业。其他无资格证书的作业人员只能做一些辅助工作，严禁悬空、登高作业。

脚手架的主要作用是在高处作业时供堆料、短距离水平运输及作业人员在上面进行施工作业。高处作业的五种基本类型的安全隐患在脚手架上作业中都会发生。

脚手架应满足以下基本要求：

(1) 要有足够的牢固性和稳定性，保证施工期间在所规定的荷载和气候条件下，不产生变形、倾斜和摇晃。

(2) 要有足够的使用面积，满足堆料、运输、操作和行走的要求。

(3) 构造要简单，搭设、拆除和搬运要方便。

常用脚手架有扣件式钢管脚手架、门型钢管脚手架、碗扣式钢管架等。此外还有附着升降脚手架、吊篮式脚手架、挂式脚手架等。

10.2.4.2 脚手架作业安全要点

(1) 每项脚手架工程都要有经批准的施工方案并严格按照此方案搭设和拆除，作业前必须组织全体作业人员熟悉施工和作业要求，进行安全技术交底。班组长要带领作业人员对施工作业环境及所需工具、安全防护设施等进行检查，消除隐患后方可作业。

(2) 脚手架要结合工程进度搭设，结构施工时脚手架要始终高出作业面一步架，但不宜一次搭得过高。未完成的脚手架，作业人员离开作业岗位（休息或下班）时，不得留有未固定的构件，并应保证架子稳定。

脚手架要经验收签字后方可使用。分段搭设时应分段验收。在使用过程中要定期检查，较长时间停用、台风或暴雨过后使用前要进行检查加固。

(3) 落地式脚手架基础必须坚实，若是回填土，必须平整夯实，并做好排水措施，以防止地基沉陷引起架子沉降、变形、倒塌。当基础不能满足要求时，可采取挑、吊、撑等技术措施，将荷载分段卸到建筑物上。

(4) 设计搭设高度较小（15m以下）时，可采用抛撑；当设计高度较大时，采用既抗拉又抗压的连墙点（根据规范用柔性或刚性连墙点）。

(5) 施工作业层的脚手板要满铺、牢固，离墙间隙不大于15cm，并不得出现探头板；在架子外侧四周设1.2m高的防护栏杆及18cm的挡脚板，且在作业层下装设安全平网；架体外排立杆内侧挂设密目式安全立网。

(6) 脚手架出入口须设置规范的通道口防护棚；外侧临街或高层建筑脚手架，其外侧应设置双层安全防护棚。

(7) 架子使用中，通常架上的均布荷载不应超过规范规定。人员、材料不要太集中。

(8) 在防雷保护范围之外，应按规定安装防雷保护装置。

(9) 脚手架拆除时，应设警戒区和醒目标志，有专人负责警戒；架体上的材料、杂物等应消除干净；架体若有松动或危险的部位，应予以先行加固，再进行拆除。

(10) 拆除顺序应遵循"自上而下，后装的构件先拆，先装的后拆，一步一清"的原则，依次进行。不得上下同时拆除作业，严禁用踏步式、分段、分立面拆除法。

(11) 拆下来的杆件、脚手板、安全网等应用运输设备运至地面，严禁从高处向下抛掷。

10.2.5 施工现场临时用电安全知识
10.2.5.1 现场临时用电安全基本原则
(1) 建筑施工现场的电工、电焊工属于特种作业工种，必须按国家有关规定经专门安全作业培训，取得特种作业操作资格证书，方可上岗作业。其他人员不得从事电气设备及电气线路的安装、维修和拆除。

(2) 建筑施工现场必须采用 TN-S 接零保护系统，即具有专用保护零线（PE线）、电源中性点直接接地的 220/380V 三相五线制系统。

(3) 建筑施工现场必须按"三级配电二级保护"设置。

(4) 施工现场的用电设备必须实行"一机、一闸、一漏、一箱"制，即每台用电设备必须有自己专用的开关箱，专用开关箱内必须设置独立的隔离开关和漏电保护器。

(5) 严禁在高压线下方搭设临建、堆放材料和进行施工作业；在高压线一侧作业时，必须保持至少 6m 的水平距离，达不到上述距离时，必须采取隔离防护措施。

(6) 在宿舍工棚、仓库、办公室内，严禁使用电饭煲、电水壶、电炉、电热杯等较大功率电器。如需使用，应由项目部安排专业电工在指定地点安装，可使用较高功率电器的电气线路和控制器。严禁使用不符合安全要求的电炉、电热棒等。

(7) 严禁在宿舍内乱拉、乱接电源，非专职电工不准乱接或更换熔丝，不准以其他金属丝代替熔丝（保险丝）。

(8) 严禁在电线上晾衣服和挂其他东西等。

(9) 搬运较长的金属物体，如钢筋、钢管等材料时，应注意不要碰触到电线。

(10) 在临近输电线路的建筑物上作业时，不能随便往下扔金属类杂物；更不能触摸、拉动电线或与电线接触的钢丝和电杆的拉线。

(11) 移动金属梯子和操作平台时，要观察高处输电线路与移动物体的距离，确认有足够的安全距离，再进行作业。

(12) 在地面或楼面上运送材料时，不要踏在电线上；停放手推车，堆放钢模板、跳板、钢筋时，不要压在电线上。

(13) 移动有电源线的机械设备，如电焊机、水泵、小型木工机械等，必须先切断电源，不能带电搬动。

(14) 当发现电线坠地或设备漏电时，切不可随意跑动和触摸金属物体，并应保持 10m 以上距离。

10.2.5.2 安全电压
安全电压是为防止触电事故而采用的 50V 以下特定电源供电的电压系列，分为 42V、36V、24V、12V 和 6V 五个等级，根据不同的作业条件，选用不同的安全电压等级。建筑施工现场常用的安全电压有 12V、24V、36V。

以下特殊场所必须采用安全电压照明供电：

(1) 室内灯具离地面低于 2.4m、手持照明灯具、一般潮湿作业场所（地下室、潮湿室内、潮湿楼梯、隧道、人防工程以及有高温、导电灰尘等）的照明，电源电压应不大于 36V。

(2) 潮湿和易触及带电体场所的照明电源电压，应不大于 24V。

(3) 在特别潮湿的场所、锅炉或金属容器内、导电良好的地面使用手持照明灯具等，照明电源电压不得大于 12V。

10.2.5.3 电线的相色

1. 正确识别电线的相色

电源线路可分为工作相线（火线）、专用工作零线和专用保护零线。一般情况下，工作相线（火线）带电危险，专用工作零线和专用保护零线不带电（但在不正常情况下，工作零线也可以带电）。

2. 相色规定

一般相线（火线）分为 A、B、C 三相，分别为黄色、绿色、红色；工作零线为黑色；专用保护零线为黄绿双色线。

严禁用黄绿双色、黑色、蓝色线充当相线，也严禁用黄色、绿色、红色线作为工作零线和保护零线。

10.2.5.4 插座的使用

要正确使用与安装插座。

1. 插座分类

常用的插座分为单相双孔、单相三孔和三相三孔、三相四孔等。

2. 选用与安装接线

(1) 三孔插座应选用"品"字形结构，不应选用等边三角形排列的结构，因为后者容易发生三孔互换，造成触电事故。

(2) 插座在电箱中安装时，必须首先固定安装在安装板上，接地极与箱体一起作可靠的 PE 保护。

(3) 三孔或四孔插座的接地孔（较粗的一个孔），必须置于顶部位置，不可倒置，两孔插座应水平并列安装，不准垂直并列安装。

(4) 插座接线要求：对于两孔插座，左孔接零线，右孔接相线；对于三孔插座，左孔接零线，右孔接相线，上孔接保护零线；对于四孔插座，上孔接保护零线，其他三孔分别接 A、B、C 三根相线。

10.2.5.5 用电示警标志

正确识别用电示警标志或标牌，不得随意靠近、随意损坏和挪动标牌，见表 10-1。进入施工现场的每个人都必须认真遵守用电管理规定，见到用电示警标志或标牌时，不得随意靠近，更不准随意损坏、挪动标牌。

10.2.5.6 电气线路的安全技术措施

(1) 施工现场电气线路全部采用"三相五线制"（TN-S 系统）专用保护接零（PE 线）系统供电。

(2) 施工现场架空线采用绝缘铜线。

表 10-1 用电示警标志分类和使用

分类使用	颜　色	使 用 场 所
常用电力标志	红色	配电房、发电机房、变压器等重要场所
高压示警标志	字体为黑色，箭头和边框为红色	需高压示警场所
配电房示警标志	字体为红色，边框为黑色（或字与边框交换颜色）	配电房或发电机房
维护检修示警标志	底为红色，字为白色（或字为红色，底为白色，边框为黑色）	维护检修时相关场所
其他用电示警标志	箭头为红色，边框为黑色，字为红色或黑色	其他一般用电场所

（3）架空线设在专用电杆上，严禁架设在树木、脚手架上。

（4）导线与地面保持足够的安全距离。导线与地面最小垂直距离：施工现场应不小于4m；机动车道应不小于6m；铁路轨道应不小于7.5m。

（5）无法保证规定的电气安全距离时，必须采取防护措施。

如果由于在建工程位置限制而无法保证规定的电气安全距离，必须采取设置防护性遮栏、栅栏，悬挂警告标志牌等防护措施，发生高压线断线落地时，非检修人员要远离落地处10m以外，以防跨步电压危害。

（6）为了防止设备外壳带电发生触电事故，设备应采用保护接零，并安装漏电保护器等措施。作业人员要经常检查保护零线连接是否牢固可靠，漏电保护器是否有效。

（7）在电箱等用电危险地方，挂设安全警示牌。如"有电危险""禁止合闸，有人工作"等。

10.2.5.7 照明用电的安全技术措施

施工现场临时照明用电的安全要求如下：

（1）临时照明线路必须使用绝缘导线。户内（工棚）临时线路的导线必须安装在离地2m以上的支架上；户外临时线路必须安装在离地2.5m以上的支架上，零星照明线不允许使用花线，一般应使用软电缆线。

（2）建设工程的照明灯具宜采用拉线开关。拉线开关距地面高度为2～3m，与出口、入口的水平距离为0.15～0.2m。

（3）严禁在床头设立开关和插座。

（4）电器、灯具的相线必须经过开关控制。不得将相线直接引入灯具，也不允许以电气插头代替开关来分合电路，室外灯具距地面不得低于3m；室内灯具不得低于2.4m。

（5）使用手持照明灯具（行灯）应符合一定的要求：

1）电源电压不超过36V。

2）灯体与手柄应坚固，绝缘良好，并耐热防潮湿。

3）灯头与灯体结合牢固。

4）灯泡外部要有金属保护网。

5）金属网、反光罩、悬吊挂钩应固定在灯具的绝缘部位上。

（6）照明系统中每一单相回路上，灯具和插座数量不宜超过 25 个，并应装设熔断电流为 15A 以下的熔断保护器。

10.2.5.8　配电箱与开关箱的安全技术措施

施工现场临时用电一般采用三级配电方式，即总配电箱（或配电室），下设分配电箱，再以下设开关箱，开关箱以下就是用电设备。

配电箱和开关箱的使用安全要求如下：

（1）配电箱、开关箱的箱体材料，一般应选用钢板，亦可选用绝缘板，但不宜选用木质材料。

（2）配电箱、开关箱应安装端正、牢固，不得倒置、歪斜。

固定式配电箱、开关箱的下底与地面垂直距离应大于或等于 1.3m 且小于或等于 1.5m；移动式配电箱、开关箱的下底与地面的垂直距离应大于或等于 0.6m 且小于或等于 1.5m。

（3）进入开关箱的电源线，严禁用插销连接。

（4）电箱之间的距离不宜太远。配电箱与开关箱的距离不得超过 30m。开关箱与固定式用电设备的水平距离不宜超过 3m。

（5）每台用电设备应有各自专用的开关箱，且必须满足"一机、一闸、一漏、一箱"的要求，严禁用同一个开关电器直接控制两台及两台以上用电设备（含插座）。开关箱中必须设漏电保护器，其额定漏电动作电流应不大于 30mA，漏电动作时间应不大于 0.1s。

（6）所有配电箱门应配锁，不得在配电箱和开关箱内挂接或插接其他临时用电设备，开关箱内严禁放置杂物。

（7）配电箱、开关箱的接线应由电工操作，非电工人员不得乱接。

10.2.5.9　配电箱和开关箱的使用要求

（1）在停电、送电时，配电箱、开关箱之间应遵守合理的操作顺序。

1）送电操作顺序：总配电箱→分配电箱→开关箱。

2）断电操作顺序：开关箱→分配电箱→总配电箱。

正常情况下，停电时首先分断自动开关，然后分断隔离开关；送电时先合隔离开关，后合自动开关。

（2）使用配电箱、开关箱时，操作者应接受岗前培训，熟悉所使用设备的电气性能和掌握有关开关的正确操作方法。

（3）及时检查、维修，更换熔断器的熔丝必须用原规格的熔丝，严禁用铜线、铁线代替。

（4）配电箱的工作环境应经常保持设置时的要求，不得在其周围堆放任何杂物，保持必要的操作空间和通道。

（5）维修机器停电作业时，要与电源负责人联系停电，要悬挂警示标志，卸下保险丝，锁上开关箱。

10.2.5.10　手持电动机具的安全使用要求

（1）一般场所应选用Ⅰ类手持式电动工具，并应装设额定漏电动作电流不大于15mA、额定漏电动作时间小于0.1s的漏电保护器。

（2）在露天、潮湿场所或金属构架上操作时，必须选用Ⅱ类手持式电动工具，并装设漏电保护器，严禁使用Ⅰ类手持式电动工具。

（3）负荷线必须采用耐用的橡皮护套铜芯软电缆。

单相用三芯（其中一芯为保护零线）电缆；三相用四芯（其中一芯为保护零线）电缆；电缆不得有破损或老化现象，中间不得有接头。

（4）手持电动工具应配备装有专用的电源开关和漏电保护器的开关箱，严禁一台开关接两台以上设备，其电源开关应采用双刀控制。

（5）手持电动工具开关箱内应采用插座连接，其插头、插座应无损坏、无裂纹，且绝缘良好。

（6）使用手持电动工具前，必须检查外壳、手柄、负荷线、插头等是否完好无损，接线是否正确（防止相线与零线错接）；发现工具外壳、手柄破裂，应立即停止使用并进行更换。

（7）非专职人员不得擅自拆卸和修理工具。

（8）作业人员使用手持电动工具时，应穿绝缘鞋，戴绝缘手套，操作时握其手柄，不得利用电缆提拉。

（9）长期搁置不用或受潮的工具在使用前应由电工测量绝缘阻值是否符合要求。

10.2.5.11　触电事故及原因分析

1. 缺乏电气安全知识，自我保护意识淡薄

电气设施安装或接线不是由专业电工操作，而是由非专业人员安装。安装人又无基本的电气安全知识，装设不符合电气基本要求，造成意外的触电事故。发生这种触电事故的原因都是缺乏电气安全知识，无自我保护意识。

2. 违反安全操作规程

施工现场中，有人图方便，不用插头，在电箱乱拉乱接电线。还有人在宿舍私自拉接电线照明，在床上接音响设备、电风扇，有的甚至烧水、做饭等，极易造成触电事故。也有人凭经验用手去试探电器是否带电或不采取安全措施带电作业，或带着侥幸心理，在带电体（如高压线）周围，不采取任何安全措施，违章作业，造成触电事故等。

3. 不使用"TN-S"接零保护系统

有的工地未使用"TN-S"接零保护系统，或者未按要求连接专用保护接零线，无有效地安全保护系统。不按"三级配电二级保护""一机、一闸、一漏、一箱"设置，造成工地用电使用混乱，易造成误操作，并且在触电时，使得安全保护系统未起可靠的安全保护效果。

4. 电气设备安装不合格

电气设备安装必须遵守安全技术规定，否则由于安装错误，当人身接触带电部分时，就会造成触电事故。如电线高度不符合安全要求，太低，架空线乱拉、乱扯，有的还将电线拴在脚手架上，导线的接头只用老化的绝缘布包上，以及电气设备没有做保护接地、保护接零等，一旦漏电就会发生严重触电事故。

5. 电气设备缺乏正常检修和维护

由于电气设备长期使用，易出现电气绝缘老化、导线裸露、胶盖刀闸胶木破损、插座盖子损坏等。如不及时检修，一旦漏电，将造成严重后果。

6. 偶然因素

电力线被风刮断，导线接触地面引起跨步电压，当人走近该地区时就会发生触电事故。

10.2.6 起重吊装机械安全操作常识

10.2.6.1 基本要求

塔式起重机、施工电梯、物料提升机等施工起重机械的操作（也称为司机）、指挥、司索等作业人员属特种作业，必须按国家有关规定经专门安全作业培训，取得特种作业操作资格证书，方可上岗作业。

施工起重机械（也称垂直运输设备）必须由有相应的制造（生产）许可证的企业生产，并有出厂合格证。其安装、拆除、加高及附墙施工作业，必须由有相应作业资格的队伍作业，作业人员必须按国家有关规定经专门安全作业培训，取得特种作业操作资格证书，方可上岗作业。其他非专业人员不得上岗作业。安装、拆卸、加高及附墙施工作业前，必须有经审批、审查的施工方案，并进行方案及安全技术交底。

10.2.6.2 塔式起重机使用安全常识

（1）起重机"十不吊"。

1) 起重臂和吊起的重物下面有人停留或行走不准吊。

2) 起重指挥应由技术培训合格的专职人员担任，无指挥或信号不清不准吊。

3) 钢筋、型钢、管材等细长和多根物件必须捆扎牢靠，多点起吊。单头"千斤"或捆扎不牢靠不准吊。

4) 多孔板、积灰斗、手推翻斗车不用四点吊或大模板外挂板不用卸甲不准吊。预制钢筋混凝土楼板不准双拼吊。

5) 吊砌块必须使用安全可靠的砌块夹具，吊砖必须使用砖笼，并堆放整齐。木砖、预埋件等零星物件要用盛器堆放稳妥，叠放不齐不准吊。

6) 楼板、大梁等吊物上站人不准吊。

7) 埋入地下的板桩、井点管等以及粘连、附着的物件不准吊。

8) 多机作业，应保证所吊重物距离不小于3m，在同一轨道上多机作业，无安全措施不准吊。

9) 六级以上强风不准吊。

10) 斜拉重物或超过机械允许荷载不准吊。

(2) 塔式起重机吊运作业区域内严禁无关人员入内，起吊物下方不准站人。

(3) 司机（操作）、指挥、司索等工种应按有关要求配备，其他人员不得作业。

(4) 六级以上强风不准吊运物件。

(5) 作业人员必须听从指挥人员的指挥，吊物起吊前作业人员应撤离。

(6) 吊物的捆绑要求。

1) 吊运物件时，应清楚重量，吊运点及绑扎应牢固可靠。

2) 吊运散件物时，应用铁制合格料斗，料斗上应设有专用的牢固的吊装点；料斗内装物高度不得超过料斗上口边，散粒状的轻浮易撒物盛装高度应低于上口边线 10cm。

3) 吊运长条状物品（如钢筋、长条状木方等），所吊物件应在物品上选择两个均匀、平衡的吊点，绑扎牢固。

4) 吊运有棱角、锐边的物品时，钢丝绳绑扎处应做好防护措施。

10.2.6.3 施工电梯使用安全靠识

施工电梯也称外用电梯，也有称为（人、货两用）施工升降机，是施工现场垂直运输人员和材料的主要机械设备。

(1) 施工电梯投入使用前，应在首层搭设出入口防护棚，防护棚应符合有关高处作业规范。

(2) 电梯在大雨、大雾、六级以上大风以及导轨架、电缆等结冰时，必须停止使用，并将梯笼降到底层，切断电源。暴风雨后，应对电梯各安全装置进行一次检查，确认正常，方可使用。

(3) 电梯底笼周围 2.5m 范围，应设置防护栏杆。

(4) 电梯各出料口运输平台应平整牢固，还应安装牢固可靠的栏杆和安全门，使用时安全门应保持关闭。

(5) 电梯使用应有明确的联络信号，禁止用敲打、呼叫等方式联络。

(6) 乘坐电梯时，应先关好安全门，再关好梯笼门，方可启动电梯。

(7) 梯笼内乘人或载物时，应使载荷均匀分布，不得偏重；严禁超载运行。

(8) 等候电梯时，应站在建筑物内，不得聚集在通道平台上，也不得将头手伸出栏杆和安全门外。

(9) 电梯每班首次载重运行时，当梯笼升离地面 1~2m 时，应停机试验制动器的可靠性；当发现制动效果不良时，应调整或修复后方可投入使用。

(10) 操作人员应根据指挥信号操作。作业前应鸣声示意。在电梯未切断总电源开关前，操作人员不得离开操作岗位。

(11) 施工电梯发生故障的处理。

1) 当运行中发现异常情况时，应立即停机并采取有效措施，将梯笼降到底层，排除故障后方可继续运行。

2) 在运行中发现电梯失控时，应立即按下急停按钮；在未排除故障前，不得打开急停按钮。

3) 在运行中发现制动器失灵时，可将梯笼开至底层维修；或者让其下滑防坠安全器制动。

4) 在运行中发现故障时,不要惊慌,电梯的安全装置将提供可靠的保护;应听从专业人员的安排,或等待修复,或听从专业人员的指挥撤离。

(12) 作业后,应将梯笼降到底层,各控制开关拨到零位,切断电源,锁好开关箱,闭锁梯笼门和围护门。

10.2.6.4 物料提升机使用安全常识

物料提升机有龙门架、井字架式的,也有的称为(货用)施工升降机,是施工现场物料垂直运输的主要机械设备。

(1) 物料提升机用于运载物料,严禁载人上下;装卸料人员、维修人员必须在安全装置可靠或采取了可靠的措施后,方可进入吊笼内作业。

(2) 物料提升机进料口必须加装安全防护门,并按高处作业规范搭设防护棚,并设安全通道,防止从棚外进入架体中。

(3) 物料提升机在运行时,严禁对设备进行保养、维修,任何人不得攀登架体或从架体内穿过。

(4) 运载物料的要求。

1) 运送散料时,应使用料斗装载,并放置平稳;使用手推斗车装置于吊笼时,必须将手推斗车平稳并制动放置,注意车把手及车不能伸出吊笼。

2) 运送长料时,物料不得超出吊笼;物料立放时,应捆绑牢固。

3) 物料装载时,应均匀分布,不得偏重,严禁超载运行。

(5) 物料提升机的架体应有附墙或缆风绳,并应牢固可靠,符合说明书和规范的要求。

(6) 物料提升机的架体外侧应用小网眼安全网封闭,防止物料在运行时坠落。

(7) 禁止在物料提升机架体上进行焊接、切割或者钻孔等作业,防止损伤架体的任何构件。

(8) 出料口平台应牢固可靠,并应安装防护栏杆和安全门。运行时安全门应保持关闭。

(9) 吊笼上应有安全门,防止物料坠落;并且安全门应与安全停靠装置联锁。安全停靠装置应灵敏可靠。

(10) 楼层安全防护门应有电气或机械锁装置,在安全门未可靠关闭时,禁止吊笼运行。

(11) 作业人员等待吊笼时,应在建筑物内或者平台内距安全门 1m 以外处等待。严禁将头、手伸出栏杆或安全门。

(12) 进出料口应安装明确的联络信号,高架提升机还应有可视系统。

10.2.6.5 起重吊装作业安全常识

起重吊装是指建筑工程中,采用相应的机械设备和设施来完成结构吊装和设施安装,属于危险作业,作业环境复杂,技术难度大。

(1) 作业前应根据作业特点编制专项施工方案,并对参加作业人员进行方案和安全技术交底。

（2）作业时周边应设置警戒区域，设置醒目的警示标志，防止无关人员进入；特别危险处应设监护人员。

（3）起重吊装作业大多数作业点都必须由专业技术人员作业；属于特种作业的人员必须按国家有关规定经专门安全作业培训，取得特种作业操作资格证书，方可上岗作业。

（4）作业人员应根据现场作业条件选择安全的位置作业。在卷扬机与地滑轮穿越钢丝绳的区域，禁止人员站立和通行。

（5）吊装过程必须设有专人指挥，其他人员必须服从指挥。起重指挥不能兼作其他工种，并应确保起重司机清晰准确地听到指挥信号。

（6）作业过程必须遵守起重机"十不吊"原则。

（7）被吊物的捆绑要求，按塔式起重机被吊物捆绑作业要求。

（8）构件存放场地应该平整坚实。构件叠放用方木垫平，必须稳固，不准超高（一般不宜超过1.6m）。构件存放除设置垫木外，必要时要设置相应的支撑，提高其稳定性。禁止无关人员在堆放的构件中穿行，防止发生构件倒塌挤人事故。

（9）在露天遇六级以上大风或大雨、大雪、大雾等天气时，应停止起重吊装作业。

（10）起重机作业时，起重臂和吊物下方严禁有人停留、工作或通过。重物吊运时，严禁人从上方通过。严禁用起重机载运人员。

（11）经常使用的起重工具注意事项。

1）手动倒链：操作人员应经培训合格后方可上岗作业，吊物时应挂牢后慢慢拉动倒链，不得斜向拽拉。当一人拉不动时，应查明原因，禁止多人一齐猛拉。

2）手搬葫芦：操作人员应经培训合格后方可上岗作业，使用前检查自锁夹钳装置的可靠性，当夹紧钢丝绳后，应能往复运动，否则禁止使用。

3）千斤顶：操作人员应经培训合格后方可上岗作业，千斤顶置于平整坚实的地面上，并垫木板或钢板，防止地面沉陷。顶部与光滑物接触面应垫硬木，防止滑动。开始操作应逐渐顶升，注意防止顶歪，始终保持重物的平衡。

10.2.7 中小型施工机械安全操作常识

10.2.7.1 基本安全操作要求

施工机械的使用必须按"定人、定机"制度执行。操作人员必须经培训合格，方可上岗作业，其他人员不得擅自使用。机械使用前，必须对机械设备进行检查，各部位确认完好无损，并空载试运行，符合安全技术要求，方可使用。

施工现场机械设备必须按其控制的要求，配备符合规定的控制设备，严禁使用倒顺开关。在使用机械设备时，必须严格按照安全操作规程，严禁违章作业；发现有故障、有异常响动、温度异常升高时，都必须立即停机，经过专业人员维修，并检验合格后，方可重新投入使用。

操作人员应做到"调整、紧固、润滑、清洁、防腐"十字作业的要求，按有关要求对机械设备进行保养。操作人员在作业时，不得擅自离开工作岗位。下班时，应先将机械停止运行，然后断开电源，锁好电箱，方可离开。

10.2.7.2 混凝土（砂浆）搅拌机安全操作要求

（1）搅拌机的安装一定要平稳、牢固。长期固定使用时，应埋置地脚螺栓；短期使用时，应在机座上铺设木枕或撑架找平，牢固放置。

（2）料斗提升时，严禁在料斗下工作或穿行。清理料斗坑时，必须先切断电源，锁好电箱，并将料斗双保险钩挂牢或插上保险插销。

（3）运转时，严禁将头或手伸入料斗与机架之间查看，不得用工具或物件伸入搅拌筒内。

（4）运转中严禁保养维修。维修保养搅拌机，必须拉闸断电，锁好电箱，挂好"有人工作，严禁合闸"牌，并有专人监护。

10.2.7.3 混凝土振动器安全操作要求

常用的混凝土振动器有插入式和平板式。

（1）振动器应安装漏电保护装置，保护接零应牢固可靠。作业时操作人员应穿戴绝缘胶鞋和绝缘手套。

（2）使用前，应检查各部位无损伤，并确认连接牢固，旋转方向正确。

（3）电缆线应满足操作所需的长度。严禁用电缆线拖拉或吊挂振动器。振动器不得在初凝的混凝土、地板、脚手架和干硬的地面上进行试振。在检修或作业间断时，应断开电源。

（4）作业时，振动棒软管的弯曲半径不得小于500mm，并不得多于两个弯，操作时应将振动棒垂直地沉入混凝土，不得用力硬插、斜推或让钢筋夹住棒头，也不得全部插入混凝土中，插入深度不应超过棒长的3/4，不宜触及钢筋、芯管及预埋件。

（5）作业停止需移动振动器时，应先关闭电动机，再切断电源。不得用软管拖拉电动机。

（6）平板式振动器工作时，应使平板与混凝土保持接触，待表面出浆，不再下沉后，即可缓慢移动；运转时，不得搁置在已凝或初凝的混凝土上。

（7）移动平板式振动器应使用干燥绝缘的拉绳，不得用脚踢电动机。

10.2.7.4 钢筋切断机安全操作要求

（1）机械未达到正常转速时，不得切料。切料时，应使用切刀的中、下部位，紧握钢筋对准刃口迅速投入，操作者应站在固定刀片一侧用力压住钢筋，应防止钢筋末端弹出伤人。严禁用两手在刀片两边握住钢筋俯身送料。

（2）不得剪切直径及强度超过机械铭牌规定的钢筋和烧红的钢筋。一次切断多根钢筋时，其总截面积应在规定范围内。

（3）切断短料时，手和切刀之间的距离应保持在150mm以上，如手握端小于400mm时，应采用套管或夹具将钢筋短头压住或夹牢。

（4）运转中严禁用手直接清除切刀附近的断头和杂物。钢筋摆动周围和切刀周围，不得停留非操作人员。

10.2.7.5 钢筋弯曲机安全操作要求

（1）应按加工钢筋的直径和弯曲半径的要求，装好相应规格的芯轴和成型轴、挡铁轴。芯轴直径应为钢筋直径的 2.5 倍。挡铁轴应有轴套，挡铁轴的直径和强度不得小于被弯钢筋的直径和强度。

（2）作业时，应将钢筋需弯曲一端插入转盘固定销的间隙内，另一端紧靠机身固定销，并用手压紧；应检查机身固定销并确认安放在挡住钢筋的一侧，方可开动。

（3）作业中，严禁更换轴芯、销子和变换角度以及调整，也不得进行清扫和加油。

（4）对超过机械铭牌规定直径的钢筋严禁进行弯曲。不直的钢筋不得在弯曲机上弯曲。

（5）在弯曲钢筋的作业半径内和机身不设固定销的一侧严禁站人。

（6）转盘换向时，应待停稳后进行。

（7）作业后，应及时清除转盘及插入座孔内的铁锈、杂物等。

10.2.7.6　钢筋调直切断机安全操作要求

（1）应按调直钢筋的直径，选用适当地调直块及传动速度。调直块的孔径应比钢筋直径大 2~5mm，传动速度应根据钢筋直径选用，直径大的宜选用慢速，经调试合格，方可作业。

（2）在调直块未固定、防护罩未盖好前不得送料。作业中严禁打开各部防护罩并调整间隙。

（3）当钢筋送入后，手与轮应保持一定的距离，不得接近。

（4）送料前应将不直的钢筋端头切除。导向筒前应安装一根 1m 长的钢管，钢筋应穿过钢管再送入调直机前端的导孔内。

10.2.7.7　钢筋冷拉安全操作要求

（1）卷扬机的位置应使操作人员能见到全部的冷拉场地，卷扬机与冷拉中线的距离不得小于 5m。

（2）冷拉场地应在两端地锚外侧设置警戒区，并应安装防护栏及醒目的警示标志。严禁非作业人员在此停留。操作人员在作业时必须离开钢筋 2m 以外。

（3）卷扬机操作人员必须看到指挥人员发出的信号，并待所有的人员离开危险区后方可作业。冷拉应缓慢、均匀。当有停车信号或有人进入危险区时，应立即停拉，并稍稍放松卷扬机钢丝绳。

（4）夜间作业的照明设施，应装设在张拉危险区外。当需要装设在场地上空时，其高度应超过 5m。灯泡应加防护罩。

10.2.7.8　圆盘锯安全操作要求

（1）锯片必须平整，锯齿尖锐，不得连续缺齿 2 个，裂纹长度不得超过 20mm。

（2）被锯木料厚度，以锯片能露出木料 10~20mm 为限。

（3）启动后，必须等待转速正常后，方可进行锯料。

（4）送料时，不得将木料左右晃动或者高抬，遇木节要慢送料。锯料长度不小于 500mm。接近端头时，应用推棍送料。

(5) 若锯线走偏,应逐渐纠正,不得猛扳。

(6) 操作人员不应站在锯片同一直线上操作。手臂不得跨越锯片工作。

10.2.7.9　蛙式夯实机安全操作要求

(1) 夯实作业时,应一人扶夯,一人传递电缆线,且必须戴绝缘手套和穿绝缘鞋。电缆线不得扭结或缠绕,且不得张拉过紧,应保持有 3～4m 的余量。移动时,应将电缆线移至夯机后方,不得隔机扔电缆线,当转向困难时,应停机调整。

(2) 作业时,手握扶手应保持机身平衡,不得用力向后压,并应随时调整行进方向。转弯时不宜用力过猛,不得急转弯。

(3) 夯实填高土方时,应在边缘以内 100～150mm 夯实 2～3 遍后,再夯实边缘。

(4) 在较大基坑作业时,不得在斜坡上夯行,应避免造成夯头后折。

(5) 夯实房心土时,夯板应避开房心地下构筑物、钢筋混凝土基桩、机座及地下管道等。

(6) 在建筑物内部作业时,夯板或偏心块不得打在墙壁上。

(7) 多机作业时,机平列间距不得小于 5m,前后间距不得小于 10m。

(8) 夯机前进方向和夯机四周 1m 范围内,不得站立非操作人员。

10.2.7.10　振动冲击机安全操作要求

(1) 内燃冲击夯启动后,内燃机应慢速运转 3～5min,然后逐渐加大油门,待夯机跳动稳定后,方可作业。

(2) 电动冲击夯在接通电源启动后,应检查电动机旋转方向,有错误时应倒换相联系线。

(3) 作业时应正确掌握夯机,不得倾斜,手把不宜握得过紧,能控制夯机前进速度即可。

(4) 正常作业时,不得使劲往下压手把,以免影响夯机跳起高度。在较松的填料上作业或上坡时,可将手把稍向下压,增加夯机前进速度。

(5) 电动冲击夯操作人员必须戴绝缘手套,穿绝缘鞋。作业时,电缆线不应拉得过紧,应经常检查线头安装,不得松动及引起漏电。严禁冒雨作业。

10.2.7.11　潜水泵安全操作要求

(1) 潜水泵宜先装在坚固的篮筐里再放入水中,亦可在水中将泵的四周设立坚固的防护围网。泵应直立于水中,水深不得小于 0.5m,不得在含有泥沙的水中使用。

(2) 潜水泵放入水中或提出水面时,应先切断电源,严禁拉拽电缆或出水管。

(3) 潜水泵应装设保护接零和漏电保护装置,工作时泵周围 30m 以内水面,不得有人、畜进入。

(4) 应经常观察水位变化,叶轮中心至水平距离应在 0.5～3.0m 范围内,泵体不得陷入污泥或露出水面。电缆不得与井壁、池壁相擦。

(5) 每周应测定一次电动机定子绕组的绝缘电阻,其值应无下降。

10.2.7.12 交流电焊机安全操作要求

（1）外壳必须有保护接零，应有二次空载降压保护器和触电保护器。

（2）电源应使用自动开关，接线板应无损坏，有防护罩。一次线长度不超过5m，二次线长度不得超过30m。

（3）焊接现场10m范围内，不得有易燃、易爆物品。

（4）雨天不得室外作业。在潮湿地点焊接时，要站在胶板或其他绝缘材料上。

（5）移动电焊机时，应切断电源，不得用拖拉电缆的方法移动。当焊接中突然停电时，应立即切断电源。

10.2.7.13 气焊设备安全操作要求

（1）氧气瓶与乙炔瓶使用时的间距不得小于5m，存放时的间距不得小于3m，并且距高温、明火等不得小于10m；达不到上述要求时，应采取隔离措施。

（2）乙炔瓶存放和使用必须立放，严禁倒放。

（3）在移动气瓶时，应使用专门的抬架或小推车；严禁氧气瓶与乙炔瓶混合搬运；禁止直接使用钢丝绳、链条捆绑搬运。

（4）开关气瓶应使用专用工具。

（5）严禁敲击、碰撞气瓶，作业人员工作时不得吸烟。

第 7 篇

相关法律法规及务工常识

11 相关法律法规

11.1 《中华人民共和国建筑法》(摘录)

第三十六条 建筑工程安全生产管理必须坚持安全第一、预防为主的方针,建立健全安全生产的责任制度和群防群治制度。

第四十四条 建筑施工企业必须依法加强对建筑安全生产的管理,执行安全生产责任制度,采取有效措施,防止伤亡和其他安全生产事故的发生。

建筑施工企业的法定代表人对本企业的安全生产负责。

第四十六条 建筑施工企业应当建立健全劳动安全生产教育培训制度,加强对职工安全生产的教育培训;未经安全生产教育培训的人员,不得上岗作业。

第四十七条 建筑施工企业和作业人员在施工过程中,应当遵守有关安全生产的法律、法规和建筑行业安全规章、规程,不得违章指挥或者违章作业。作业人员有权对影响人身健康的作业程序和作业条件提出改进意见,有权获得安全生产所需的防护用品。作业人员对危及生命安全和人身健康的行为有权提出批评、检举和控告。

第四十八条 建筑施工企业应当依法为职工参加工伤保险,缴纳工伤保险费,鼓励企业为从事危险作业的职工办理意外伤害保险,支付保险费。

第五十一条 施工中发生事故时,建筑施工企业应当采取紧急措施减少人员伤亡和事故损失,并按照国家有关规定及时向有关部门报告。

11.2 《中华人民共和国劳动法》(摘录)

第三条 劳动者享有平等就业和选择职业的权利、取得劳动报酬的权利、休息休假的权利、获得劳动安全卫生保护的权利、接受职业技能培训的权利、享受社会保险和福利的权利、提请劳动争议处理的权利以及法律规定的其他劳动权利。劳动者应当完成劳动任务,提高职业技能,执行劳动安全卫生规程,遵守劳动纪律和职业道德。

第十五条 禁止用人单位招用未满十六周岁的未成年人。

第十六条　劳动合同是劳动者与用人单位确立劳动关系、明确双方权利和义务的协议。

建立劳动关系应当订立劳动合同。

第五十四条　用人单位必须为劳动者提供符合国家规定的劳动安全卫生条件和必要的劳动防护用品，对从事有职业危害作业的劳动者应当定期进行健康检查。

第五十五条　从事特种作业的劳动者必须经过专门培训并取得特种作业资格。

第五十六条　劳动者在劳动过程中必须严格遵守安全操作规程。劳动者对用人单位管理人员违章指挥，强令冒险作业，有权拒绝执行；对危害生命安全和身体健康的行为，有权提出批评、检举和控告。

第五十八条　国家对女职工和未成年工实行特殊劳动保护。

未成年工是指年满十六周岁、未满十八周岁的劳动者。

第六十八条　用人单位应当建立职业培训制度，按照国家规定提取和使用职业培训经费，根据本单位实际，有计划地对劳动者进行职业培训。从事技术工种的劳动者，上岗前必须经过培训。

第七十二条　用人单位和劳动者必须依法参加社会保险，缴纳社会保险费。

第七十七条　用人单位与劳动者发生劳动争议，当事人可以依法申请调解、仲裁、提起诉讼，也可协商解决。调解原则适用于仲裁和诉讼程序。

11.3　《中华人民共和国安全生产法》（摘录）

第六条　生产经营单位的从业人员有依法获得安全生产保障的权利，并应当依法履行安全生产方面的义务。

第十七条　生产经营单位应当具备本法和有关法律、行政法规和国家标准或者行业标准规定的安全生产条件；不具备安全生产条件的，不得从事生产经营活动。

第十八条　生产经营单位的主要负责人对本单位安全生产工作负有下列职责：

（一）建立、健全本单位安全生产责任制；

（二）组织制定本单位安全生产规章制度和操作规程；

（三）组织制定并实施本单位安全生产教育和培训计划；

（四）保证本单位安全生产投入的有效实施；

（五）督促、检查本单位的安全生产工作，及时消除生产安全事故隐患；

（六）组织制定并实施本单位的生产安全事故应急救援预案；

（七）及时、如实报告生产安全事故。

第二十五条　生产经营单位应当对从业人员进行安全生产教育和培训，保证从业人员具备必要的安全生产知识，熟悉有关的安全生产规章制度和安全操作规程，掌握本岗位的安全操作技能，了解事故应急处理措施，知悉自身在安全生产方面的权利和义务。未经安全生产教育和培训合格的从业人员，不得上岗作业。

第二十七条　生产经营单位的特种作业人员必须按照国家有关规定经专门的安全作业培训，取得相应资格，方可上岗作业。

特种作业人员的范围由国务院安全生产监督管理部门会同国务院有关部门确定。

第四十一条 生产经营单位应当教育和督促从业人员严格执行本单位的安全生产规章制度和安全操作规程；并向从业人员如实告知作业场所和工作岗位存在的危险因素、防范措施以及事故应急措施。

第四十二条 生产经营单位必须为从业人员提供符合国家标准或者行业标准的劳动防护用品，并监督、教育从业人员按照使用规则佩戴、使用。

第四十四条 生产经营单位应当安排用于配备劳动防护用品，进行安全生产培训的经费。

第四十八条 生产经营单位必须依法参加工伤保险，为从业人员缴纳保险费。国家鼓励生产经营单位投保安全生产责任保险。

第四十九条 生产经营单位与从业人员订立的劳动合同，应当载明有关保障从业人员劳动安全防止职业危害的事项，以及依法为从业人员办理工伤保险的事项。

生产经营单位不得以任何形式与从业人员订立协议，免除或者减轻其对从业人员因生产安全事故伤亡依法应承担的责任。

第五十条 生产经营单位的从业人员有权了解其作业场所和工作岗位存在的危险因素、防范措施及事故应急措施，有权对本单位的安全生产工作提出建议。

第五十一条 从业人员有权对本单位安全生产工作中存在的问题提出批评、检举、控告，有权拒绝违章指挥和强令冒险作业。

生产经营单位不得因从业人员对本单位安全生产工作提出批评，检举控告或者拒绝违章指挥、强令冒险作业而降低其工资、福利等待遇，或者解除与其订立的劳动合同。

第五十二条 从业人员发现直接危及人身安全的紧急情况时，有权停止作业或者在采取可能的应急措施后撤离作业场所。

生产经营单位不得因从业人员在前款紧急情况下停止作业或者采取紧急撤离措施而降低其工资、福利等待遇或者解除与其订立的劳动合同。

第五十三条 因生产安全事故受到损害的从业人员，除依法享有工伤保险外，依照有关民事法律尚有获得赔偿的权利的，有权向本单位提出赔偿要求。

第五十四条 从业人员在作业过程中，应当严格遵守本单位的安全生产规章制度和操作规程，服从管理，正确佩戴和使用劳动防护用品。

第五十五条 从业人员应当接受安全生产教育和培训，掌握本职工作所需的安全生产知识，提高安全生产技能，增强事故预防和应急处理能力。

第五十六条 从业人员发现事故隐患或者其他不安全因素，应当立即向现场安全生产管理人员或者本单位负责人报告；接到报告的人员应当及时予以处理。

11.4 《建设工程安全生产管理条例》（摘录）

第十八条 施工起重机械和整体提升脚手架，模板等自升式架设设施的使用达到国家规定的检验、检测期限的，必须经具有专业资质的检验、检测机构检测。经检测不合格的，不得继续使用。

第二十五条　垂直运输机械作业人员、安装拆卸工，爆破作业人员、起重信号工登高架设作业人员等特种作业人员，必须按照国家有关规定经过专门的安全作业培训，并取得特种作业操作资格证书后，方可上岗作业。

第二十七条　建设工程施工前，施工单位负责项目管理的技术人员应当对有关安全施工的技术要求向施工作业班组、作业人员做出详细说明，并由双方签字确认。

第二十八条　施工单位应当在施工现场入口处、施工起重机械、临时用电设施、脚手架、出入通道口，楼梯口，电梯井口、孔洞口、桥梁口、隧道口、基坑边沿、爆破物及有害危险气体和液体存放处等危险部位，设置明显的安全警示标志。安全标志必须符合国家标准。

第二十九条　施工单位应当将施工现场的办公、生活区与作业区分开设置，并保持安全距离；办公、生活区的选择应当符合安全性要求。职工的膳食、饮水、休息场所等应当符合卫生标准。施工单位不得在尚未竣工的建筑物内设置员工集体宿舍。

施工现场临时搭建的建筑物应当符合安全使用要求。施工现场使用的装配式活动房屋应当具有产品合格证。

第三十二条　施工单位应当向作业人员提供安全防护用具和安全防护服装，并书面告知危险岗位的操作规程和违章操作的危害。

作业人员有权对施工现场的作业条件、作业程序和作业方式中存在的安全问题提出批评、检举和控告，有权拒绝违章指挥和强令冒险作业。

在施工中发生危及人身安全的紧急情况时，作业人员有权立即停止作业或者在采取必要的应急措施后撤离危险区域。

第三十三条　作业人员应当遵守安全施工的强制性标准、规章制度和操作规程，正确使用安全防护用具、机械设备等。

第三十六条　施工单位应当对管理人员和作业人员每年至少进行一次安全生产教育培训，其教育培训情况记入个人工作档案。安全生产教育培训考核不合格的人员，不得上岗。

第三十七条　作业人员进入新的岗位或者新的施工现场前，应当接受安全生产教育培训。未经教育培训或者教育培训考核不合格的人员，不得上岗作业。

施工单位在采用新技术、新工艺、新设备、新材料时，应当对作业人员进行相应的安全生产教育培训。

第三十八条　施工单位应当为施工现场从事危险作业的人员办理意外伤害保险。

意外伤害保险费由施工单位支付。

11.5 《工伤保险条例》（摘录）

第二条　中华人民共和国境内的企业、事业单位、社会团体、民办非企业单位、基金会、律师事务所、会计师事务所等组织和有雇工的个体工商户（以下称用人单位）应当依照本条例规定参加工伤保险，为本单位全部职工或者雇工（以下称职工）缴纳工伤保险费。

中华人民共和国境内的企业、事业单位、社会团体、民办非企业单位，基金会、律师事务所、会计师事务所等组织的职工和个体工商户的雇工，均有依照本条例的规定享受工伤保险待遇的权利。

第十条　用人单位应当按时缴纳工伤保险费。职工个人不缴纳工伤保险费。

第二十一条　职工发生工伤，经治疗伤情相对稳定后存在残疾、影响劳动能力的，应当进行劳动能力鉴定。

第三十条　职工因工作遭受事故伤害或者患职业病进行治疗，享受工伤医疗待遇……

12 务工就业及社会保险

12.1 劳动合同

（1）用人单位应当依法与劳动者签订劳动合同。劳动合同是劳动者与用人单位确立劳动关系、明确双方权利和义务的协议。建立劳动关系应当订立劳动合同。订立和变更劳动合同，应遵循平等自愿、协商一致的原则，不得违反法律、行政法规的规定。劳动合同应当具备以下必备条款：

1）劳动合同期限。即劳动合同的有效时间。

2）工作内容。即劳动者在劳动合同有效期内所从事的工作岗位（工种），以及工作应达到的数量、质量指标或者应当完成的任务。

3）劳动保护和劳动条件。即为了保障劳动者在劳动过程中的安全、卫生及其他劳动条件，用人单位根据国家有关法律、法规而采取的各项保护措施。

4）劳动报酬。即在劳动者提供了正常劳动的情况下，用人单位应当支付的工资。

5）劳动纪律。即劳动者在劳动过程中必须遵守的工作秩序和规则。

6）劳动合同终止的条件。即除了期限以外其他由当事人约定的特定法律事实，这些事实一出现，双方当事人之间的权利义务关系终止。

7）违反劳动合同的责任。即当事人不履行劳动合同或者不完全履行劳动合同，所应承担的相应法律责任。

（2）试用期应包括在劳动合同期限之中。根据《中华人民共和国劳动法》（以下简称《劳动法》）规定，用人单位与劳动者签订的劳动合同期限可以分为三类：

1）有固定期限，即在合同中明确约定效力期间，期限可长可短，长到几年、十几年，短到一年或者几个月。

2）无固定期限，即劳动合同中只约定了起始日期，没有约定具体终止日期。无固定期限劳动合同可以依法约定终止劳动合同条件，在履行中只要不出现约定的终止条件或法律规定的解除条件，一般不能解除或终止，劳动关系可以一直存续到劳动者退休为止。

3）以完成一定的工作为期限，即以完成某项工作或者某项工程为有效期限，该项工作或者工程一经完成，劳动合同即终止。

签订劳动合同可以不约定试用期，也可以约定试用期，但试用期最长不得超过6个月。劳动合同期限在6个月以下的，试用期不得超过15日；劳动合同期限在6个月以上1年以下的，试用期不得超过30日；劳动合同期限在1年以上2年以下的，试用期不得超过60日。试用期包括在劳动合同期限中。非全日制劳动合同，不得约定试用期。

(3) 订立劳动合同时，用人单位不得向劳动者收取定金、保证金或扣留居民身份证。

根据劳动保障部《劳动力市场管理规定》，禁止用人单位招用人员时向求职者收取招聘费用、向被录用人员收取保证金或抵押金、扣押被录用人员的身份证等证件。用人单位违反规定的，由劳动保障行政部门责令改正，并可处以1000元以下罚款；对当事人造成损害的，应承担赔偿责任。

(4) 劳动者不必履行无效的劳动合同。

1) 无效的劳动合同是指不具有法律效力的劳动合同。根据《劳动法》的规定，下列劳动合同无效：

a. 违反法律、行政法规的劳动合同。

b. 采取欺诈、威胁等手段订立的劳动合同。劳动合同的无效，由劳动争议仲裁委员会或者人民法院确认。无效的劳动合同，从订立的时候起，就没有法律约束力。也就是说，劳动者自始至终都无须履行无效劳动合同。确认劳动合同部分无效的，如果不影响其余部分的效力，其余部分仍然有效。

2) 由于用人单位的原因订立的无效合同，对劳动者造成损害的，应当承担赔偿责任。具体包括：

a. 造成劳动者工资收入损失的，按劳动者本人应得工资收入支付给劳动者，并加付应得工资收入25%的赔偿费用。

b. 造成劳动者劳动保护待遇损失的，应按国家规定补足劳动者的劳动保护津贴和用品。

c. 造成劳动者工伤、医疗待遇损失的，除按国家规定为劳动者提供工伤、医疗待遇外，还应支付劳动者相当于医疗费用25%的赔偿费用。

d. 造成女职工和未成年工身体健康损害的，除按国家规定提供治疗期间的医疗待遇外，还应支付相当于其医疗费用25%的赔偿费用。

e. 劳动合同约定的其他赔偿费用。

(5) 用人单位不得随意变更劳动合同。劳动合同的变更，是指劳动关系双方当事人就已订立的劳动合同的部分条款达成修改、补充或者废止协定的法律行为。《劳动法》规定，变更劳动合同，应当遵循平等自愿、协商一致的原则，不得违反法律、行政法规的规定。经双方协商同意依法变更后的劳动合同继续有效，对双方当事人都有约束力。

(6) 解除劳动合同应当符合《劳动法》的规定。劳动合同的解除，是指劳动合同有效成立后至终止前这段时期内，当具备法律规定的劳动合同解除条件时，因用人单位或劳动者一方或双方提出，而提前解除双方的劳动关系。根据《劳动法》的规定，劳动者可以和用人单位协商解除劳动合同，也可以在符合法律规定的情况下单方解除劳动合同。

a. 《劳动法》第三十一条规定：劳动者解除劳动合同，应当提前三十日以书面形式通知用人单位。这是劳动者解除劳动合同的条件和程序。劳动者提前三十日以书面形式通知用人单位解除劳动合同，无须征得用人单位的同意，用人单位应及时办理有关解除劳动合同的手续。但由于劳动者违反劳动合同的有关约定而给用人单位造成经济损失的，应依据有关规定和劳动合同的约定，由劳动者承担赔偿责任。

b.《劳动法》第三十二条规定：有下列情形之一的，劳动者可以随时通知用人单位解除劳动合同：

（a）在试用期内的；

（b）用人单位以暴力、威胁或者非法限制人身自由的手段强迫劳动的；

（c）用人单位未按照劳动合同约定支付劳动报酬或者提供劳动条件的。

（7）用人单位单方解除。

a.《劳动法》第二十五条规定，劳动者有下列情形之一的，用人单位可以解除劳动合同：

（a）在试用期间被证明不符合录用条件的；

（b）严重违反劳动纪律或者用人单位规章制度的；

（c）严重失职、营私舞弊，对用人单位利益造成重大损害的；

（d）被依法追究刑事责任的。

b.《劳动法》第二十六条规定：有下列情形之一的，用人单位可以解除劳动合同，但是应当提前三十日以书面形式通知劳动者本人：

（a）劳动者患病或者非因工负伤，医疗期满后，既不能从事原工作也不能从事由用人单位另行安排的工作的；

（b）劳动者不能胜任工作，经过培训或者调整工作岗位，仍不能胜任工作的；

（c）劳动合同订立时所依据的客观情况发生重大变化，致使原劳动合同无法履行，经当事人协商不能就变更劳动合同达成协议的。

c.《劳动法》第二十七条规定：用人单位濒临破产进行法定整顿期间或者生产经营状况发生严重困难，确需裁减人员的，应当提前三十日向工会或者全体职工说明情况，听取工会或者职工的意见，经向劳动保障行政部门报告后，可以裁减人员。并且规定，用人单位自裁减人员之日起六个月内录用人员的，应当优先录用被裁减的人员。

（8）用人单位解除劳动合同应当依法向劳动者支付经济补偿金。

根据《劳动法》规定，在下列情况下，用人单位解除与劳动者的劳动合同，应当根据劳动者在本单位的工作年限，每满一年发给相当于一个月工资的经济补偿金：

1）经劳动合同当事人协商一致，由用人单位解除劳动合同的。

2）劳动者不能胜任工作，经过培训或者调整工作岗位仍不能胜任工作，由用人单位解除劳动合同的。

以上两种情况下支付经济补偿金，最多不超过 12 个月。

3）劳动合同订立时所依据的客观情况发生了重大变化，致使原劳动合同无法履行，经当事人协商不能就变更劳动合同达成协议，由用人单位解除劳动合同的。

4）用人单位濒临破产进行法定整顿期间或者生产经营状况发生严重困难，必须裁减人员，由用人单位解除劳动合同的。

5）劳动者患病或者非因工负伤，经劳动鉴定委员会确认不能从事原工作，也不能从事用人单位另行安排的工作而解除劳动合同的；在这类情况下，同时应发给不低于6个月工资的医疗补助费。劳动者患重病或者绝症的还应增加医疗补助费，患重病的增加部分不低于医疗补助费的50%，患绝症的增加部分不低于医疗补助费的100%。

另外，用人单位解除劳动者劳动合同后，未按以上规定给予劳动者经济补偿的，除必须全额发给经济补偿金外，还须按欠发经济补偿金数额的50%支付额外经济补偿金。

经济补偿金应当一次性发给。劳动者在本单位工作时间不满一年的按一年的标准计算。计算经济补偿金的工资标准是企业正常生产情况下，劳动者解除合同前12个月的月平均工资；在以上第3）、4）、5）类情况下，给予经济补偿金的劳动者月平均工资低于企业月平均工资的，应按企业月平均工资支付。

（9）用人单位不得随意解除劳动合同。《劳动法》及《违反〈劳动法〉有关劳动合同规定的赔偿办法》（劳部发〔1995〕223号）规定，用人单位不得随意解除劳动合同。用人单位违法解除劳动合同的，由劳动保障行政部门责令改正；对劳动者造成损害的，应当承担赔偿责任。具体赔偿标准是：

1）造成劳动者工资收入损失的，按劳动者本人应得工资收入支付劳动者，并加付应得工资收入25%的赔偿费用。

2）造成劳动者劳动保护待遇损失的，应按国家规定补足劳动者的劳动保护津贴和用品。

3）造成劳动者工伤、医疗待遇损失的，除按国家规定为劳动者提供工伤、医疗待遇外，还应支付劳动者相当于医疗费用25%的赔偿费用。

4）造成女职工和未成年工身体健康损害的，除按国家规定提供治疗期间的医疗待遇外，还应支付相当于其医疗费用25%的赔偿费用。

5）劳动合同约定的其他赔偿费用。

12.2 工资

1. 用人单位应该按时足额支付工资

《劳动法》中的"工资"是指用人单位依据国家有关规定或劳动合同的约定，以货币形式直接支付给本单位劳动者的劳动报酬，一般包括计时工资、计件工资、奖金、津贴和补贴、延长工作时间的工资报酬以及特殊情况下支付的工资等。

2. 用人单位不得克扣劳动者工资

《劳动法》以及《违反〈中华人民共和国劳动法〉行政处罚办法》等规定，用人单位不得克扣劳动者工资。用人单位克扣劳动者工资的，由劳动保障行政部门责令支付劳动者的工资报酬，并加发相当于工资报酬25%的经济补偿金。并可责令用人单位按相当于支付劳动者工资报酬、经济补偿总和的一至五倍支付劳动者赔偿金。

"克扣工资"是指用人单位无正当理由扣减劳动者应得工资（即在劳动者已提供正常劳动的前提下，用人单位按劳动合同规定的标准应当支付给劳动者的全部劳动报酬）。

3. 用人单位不得无故拖欠劳动者工资

《劳动法》以及《违反〈中华人民共和国劳动法〉行政处罚办法》等规定，用人单位无故拖欠劳动者工资的，由劳动保障行政部门责令支付劳动者的工资报酬，并加发相当于工资报酬25％的经济补偿金。并可责令用人单位按相当于支付劳动者工资报酬、经济补偿总和的一至五倍支付劳动者赔偿金。

"无故拖欠工资"是指用人单位无正当理由超过规定付薪时间未支付劳动者工资。

4. 农民工工资标准

（1）在劳动者提供正常劳动的情况下，用人单位支付的工资不得低于当地最低工资标准。

根据《劳动法》劳动保障部《最低工资规定》等规定，在劳动者提供正常劳动的情况下，用人单位应支付给劳动者的工资在剔除下列各项以后，不得低于当地最低工资标准：

1）延长工作时间工资。

2）中班、夜班、高温、低温、井下、有毒有害等特殊工作环境条件下的津贴。

3）法律、法规和国家规定的劳动者福利待遇等。

实行计件工资或提成工资等工资形式的用人单位，在科学合理的劳动定额基础上，其支付劳动者的工资不得低于相应的最低工资标准。

用人单位违反以上规定的，由劳动保障行政部门责令其限期补发所欠劳动者工资，并可责令其按所欠工资的一至五倍支付劳动者赔偿金。

（2）在非全日制劳动者提供正常劳动的情况下，用人单位支付的小时工资不得低于当地小时工资最低标准。

劳动保障部《最低工资规定》《关于非全日制用工若干问题的意见》规定，非全日制用工是指以小时计酬、劳动者在同一用人单位平均每日工作时间不超过5h、累计每周工作时间不超过30h的用工形式。用人单位应当按时足额支付非全日制劳动者的工资，具体可以按小时、日、周或月为单位结算。在非全日制劳动者提供正常劳动的情况下，用人单位支付的小时工资不得低于当地小时工资最低标准。非全日制用工的小时工资最低标准由省、自治区、直辖市规定。

（3）用人单位安排劳动者加班加点应依法支付加班加点工资。《劳动法》以及《违反〈中华人民共和国劳动法〉行政处罚办法》等规定，用人单位安排劳动者加班加点应依法支付加班加点工资。用人单位拒不支付加班加点工资的，由劳动保障行政部门责令支付劳动者的工资报酬，并加发相当于工资报酬25％的经济补偿金。并可责令用人单位按相当于支付劳动者工资报酬、经济补偿总和的一至五倍支付劳动者赔偿金。

劳动者日工资可统一按劳动者本人的月工资标准除以每月制度工作天数进行折算。职工全年月平均工作天数和工作时间分别为 20.92 天和 167.4h，职工的日工资和小时工资按此进行折算。

12.3 社会保险

1. 农民工有权参加基本医疗保险

根据国家有关规定，各地要逐步将与用人单位形成劳动关系的农村进城务工人员纳入医疗保险范围。根据农村进城务工人员的特点和医疗需求，合理确定缴费率和保障方式，解决他们在务工期间的大病医疗保障问题，用人单位要按规定为其缴纳医疗保险费。对在城镇从事个体经营等灵活就业的农村进城务工人员，可以按照灵活就业人员参保的有关规定参加医疗保险。据此，在已经将农民工纳入医疗保险范围的地区，农民工有权参加医疗保险，用人单位和农民工本人应依法缴纳医疗保险费，农民工患病时，可以按照规定享受有关医疗保险待遇。

2. 农民工有权参加基本养老保险

按照国务院《社会保险费征缴暂行条例》等有关规定，基本养老保险覆盖范围内的用人单位的所有职工，包括农民工都应该参加养老保险，履行缴费义务。参加养老保险的农民合同制职工，在与企业终止或解除劳动关系后，由社会保险经办机构保留其养老保险关系，保管其个人账户并计息。凡重新就业的，应接续或转移养老保险关系；也可按照省级政府的规定，根据农民合同制职工本人申请，将其个人账户个人缴费部分一次性支付给本人，同时终止养老保险关系。农民合同制职工在男年满 60 周岁、女年满 55 周岁时，累计缴费年限满 15 年以上的，可按规定领取基本养老金；累计缴费年限不满 15 年的，其个人账户全部储存额一次性支付给本人。

3. 农民工有权参加失业保险

根据《失业保险条例》规定，城镇企业事业单位招用的农民合同制工人应该参加失业保险，用人单位按规定为农民工缴纳社会保险费，农民合同制工人本人不缴纳失业保险费。单位招用的农民合同制工人连续工作满 1 年，本单位并已缴纳失业保险费，劳动合同期满未续订或者提前解除劳动合同的，由社会保险经办机构根据其工作时间长短，对其支付一次性生活补助。补助的办法和标准由省、自治区、直辖市人民政府规定。

4. 用人单位应依法为农民工参加生育保险

目前我国的生育保险制度还没有普遍建立，各地工作进展不平衡。从各地制定的规定看，有的地区没有将农民工纳入生育保险覆盖范围，有的地区则将农民工纳入了生育保险覆盖范围。如果农民工所在地区将农民工纳入了生育保险覆盖范围，农民工所在单位应按规定为农民工参加生育保险并缴纳生育保险费，符合规定条件的生育农民工依法享受生育保险待遇。

5. 劳动争议与调解处理

劳动争议，也称劳动纠纷，就是指劳动关系当事人双方（用人单位和劳动者）之间因执行劳动法律、法规或者履行劳动合同以及其他劳动问题而发生劳动权利与义务方面的纠纷。

（1）劳动争议的范围。劳动争议的内容，是指劳动合同关系中当事人的权利与义务。所以，用人单位与劳动者之间发生的争议不都是劳动争议。只有在争议涉及劳动关系双方当事人在劳动关系中的权利和义务时，它才是劳动争议。劳动争议包括：因开除、除名、辞退职工和职工辞职、自动离职发生的争议；因执行国家有关工资、保险、福利、培训、劳动保护的规定发生的争议；因履行劳动合同发生的争议等。

（2）劳动争议处理机构。我国的劳动争议处理机构主要有：企业劳动争议调解委员会、各级政府劳动争议仲裁委员会和人民法院。根据《劳动法》等的规定：在用人单位内可以设劳动争议调解委员会，负责调解本单位的劳动争议；在县、市、市辖区应当设立劳动争议仲裁委员会；各级人民法院的民事审判庭负责劳动争议案件的审理工作。

（3）劳动争议的解决方法。根据我国有关法律、法规的规定，解决劳动争议的方法如下：

1）协商。劳动争议发生后，双方当事人应当先进行协商，以达成解决方案。

2）调解。就是企业调解委员会对本单位发生的劳动争议进行调解。从法律、法规的规定看，这并不是必经的程序。但它对于劳动争议的解决却起到很大作用。

3）仲裁。劳动争议调解不成的，当事人可以向劳动争议仲裁委员会申请仲裁。当事人也可以直接向劳动争议仲裁委员会申请仲裁。当事人从知道或应当知道其权利被侵害之日起60日内，以书面形式向仲裁委员会申请仲裁。仲裁委员会应当自收到申请书之日起7日内做出受理或不予受理的决定。

4）诉讼。当事人对仲裁裁决不服的，可以自收到仲裁裁决之日起15日内向人民法院起诉。人民法院民事审判庭受理和审理劳动争议案件。

（4）维护自身权益要注意法定时限。劳动者通过法律途径维护自身权益，一定要注意不能超过法律规定的时限。劳动者通过劳动争议仲裁、行政复议等法律途径维护自身合法权益，或者申请工伤认定职业病诊断与鉴定等，一定要注意在法定的时限内提出申请。如果超过了法定时限，有关申请可能不会被受理，致使自身权益难以得到保护。主要的时限包括：

1）申请劳动争议仲裁的，应当在劳动争议发生之日（即当事人知道或应当知道其权利被侵害之日）起60日内向劳动争议仲裁委员会申请仲裁。

2）对劳动争议仲裁裁决不服、提起诉讼的，应当自收到仲裁裁决书之日起15日内，向人民法院提起诉讼。

3）申请行政复议的，应当自知道该具体行政行为之日起60日内提出行政复议申请。

4）对行政复议决定不服、提起行政诉讼的，应当自收到行政复议决定书之日起 15 日内，向人民法院提起行政诉讼。

5）直接向人民法院提起行政诉讼的，应当在知道做出具体行政行为之日起 3 个月内提出，法律另有规定的除外。因不可抗力或者其他特殊情况耽误法定期限的，在障碍消除后的 10 日内，可以申请延长期限，由人民法院决定。

6）申请工伤认定的，所在单位应当自事故伤害发生之日或者被诊断、鉴定为职业病之日起 30 日内，向统筹地区劳动保障行政部门提出工伤认定申请。遇有特殊情况，经报劳动保障行政部门同意，申请时限可以适当延长。用人单位未按前款规定提出工伤认定申请的，工伤职工或者其直系亲属、工会组织在事故伤害发生之日或者被诊断．鉴定为职业病之日起 1 年内，可以直接向用人单位所在地统筹地区劳动保障行政部门提出工伤认定申请。

13 工人健康卫生知识

13.1 常见疾病的预防和治疗

1. 流行性感冒

（1）流行性感冒的传播方式。流行性感冒简称流感，是由流感病毒引起的一种急性呼吸道传染病。流感的传染源主要是患者，病后1～7天均有传染性。流感主要通过呼吸道传播，传染性很强，常引起流行。一般常突然发生，迅速蔓延，患者数多。

提示：发生流行性感冒时应注意与病人保持一定距离，以免被传染。

（2）流行性感冒的症状。流感的症状与感冒类似，主要是发热及上呼吸道感染症状，如咽痛、鼻塞、流鼻涕、打喷嚏、咳嗽等。流感的全身症状重，而局部症状很轻。

（3）流行性感冒的预防。

1）最主要的是注射流感疫苗，疫苗应于流感流行前1～2个月注射。因流感冬季易发，故常于每年10月左右进行注射。

2）应当尽量避免接触病人，流行期间不到人多的地方去。

3）增强身体抵抗力最重要，生活规律、适当锻炼、合理营养、精神愉快非常关键。

4）避免过累、精神紧张、着凉、酗酒等。

2. 细菌性痢疾

（1）细菌性痢疾的传播方式。细菌性痢疾（简称菌痢），是夏秋季节最常见的急性肠道传染病，由痢疾杆菌引起，以结肠化脓性炎症为主要病变。菌痢主要通过粪-口途径传播，即患者大便中的痢疾杆菌可以污染手、食物、水、蔬菜、水果等而进入口中引起感染。细菌性痢疾终年均有发生，但多流行于夏秋季节。人群对此病普遍易感，幼儿及青壮年发病率较高。

（2）细菌性痢疾的症状。细菌性痢疾病情可轻可重，轻者仅有轻度腹泻，重者可有发热、全身不适、乏力、恶心、呕吐、腹痛、腹泻。腹泻次数由一日数次至十数次不等，患者常有老想解大便可总也解不干净的感觉（里急后重），患者大便中常有黏液，重者有脓血。

（3）细菌性痢疾的预防。

1）做好痢疾患者的粪便、呕吐物的消毒处理，管理好水源，防止病菌污染水源、土壤及农作物；患者使用过的厕所、餐具等也应消毒。

2）不喝生水，不生吃水产品，蔬菜要洗净、炒熟再吃，水果应洗净削皮后食用。

3）养成饭前、便后洗手的习惯，不吃被苍蝇、蟑螂叮咬过或爬过的食物，积极做好灭苍蝇、灭蟑螂工作。

4）加强体育锻炼，增强体质。

重点：注意个人卫生，养成饭前、便后洗手的习惯。

3. 食物中毒

（1）细菌性食物中毒的传播方式。细菌性食物中毒是由于进食被细菌或细菌毒素污染的食物而引起的急性感染中毒性疾病。细菌性食物中毒是典型的肠道传染病，发生原因主要有以下几个方面：

1）食物在宰杀或收割、运输、储存、销售等过程中受到病菌的污染。

2）被致病菌污染的食物在较高的温度下存放，食品中充足的水分，适宜的酸碱度及营养条件使致病菌大量繁殖或产生毒素。

3）食品在食用前未烧透或熟食受到生食交叉污染。

4）在缺氧环境中（如罐头等）肉毒杆菌产生毒素。

（2）细菌性食物中毒的症状。胃肠型细菌性食物中毒是食物中毒中最常见的一种，是由于食用了被细菌或细菌毒素污染的食物所引起的。绝大多数患者表现为胃肠炎的症状，如恶心、呕吐、腹痛、腹泻、排水样便等。腹泻一天数次到数十次不等，多数是稀水样便，个别人可有黏液血便、血水样便等，极少数患者可以发生败血症。

（3）细菌性食物中毒的预防。

1）防止食品污染。加强对污染源的管理，做好牲畜屠宰前后的卫生检验，防止感染；对海鲜类食品应加强管理，防止污染其他食品；要严防食品加工、贮存、运输、销售过程中被病原体污染；食品容器、刀具等应严格生熟分开使用，做好消毒工作，防止交叉污染；生产场所、厨房、食堂等要有防蝇、防鼠设备；严格遵守饮食行业和炊事人员的个人卫生制度；患化脓性病症和上呼吸道感染的患者，在治愈前不应参加接触食品的工作。

2）控制病原体繁殖及外毒素的形成。食品应低温保存或放在阴凉通风处，食品中加盐量达10％也可有效控制细菌繁殖及毒素形成。

3）彻底加热杀灭细菌及破坏毒素。这是防止食物中毒的重要措施，要彻底杀灭肉中的病原体，肉块不应太大，加热时其内部温度可以达到80℃，这样持续12min就可将细菌杀死。

4）凡是食品在加工和保存过程中有厌氧环境存在，均应防止肉毒杆菌的污染，过期罐头——特别是产气罐头（其盖鼓起）均勿食用。

4. 病毒性肝炎

（1）病毒性肝炎的类型。病毒性肝炎是由多种肝炎病毒引起的，以肝脏损害为主的一组全身性传染病。按病原体分类，目前已确定的有甲型肝炎、乙型肝炎、丙型肝炎、丁型肝炎、戊型肝炎。通过实验诊断排除上述类型的肝炎者，称为"非甲—戊型肝炎"。

（2）病毒性肝炎的传染源。

1) 甲型肝炎无病毒携带状态，传染源为急性期患者和隐性感染者。粪便排毒期在起病前2周至血清转氨酶高峰期后1周，少数患者延长至病后30天。

2) 乙型肝炎属于常见传染病，可通过母婴、血液和体液传播。传染源主要是急、慢性乙型肝炎患者和病毒携带者。急性患者在潜伏期末及急性期有传染性，但不超过6个月。慢性患者和病毒携带者作为传染源预防的意义重大。

3) 丙型肝炎的传染源是急、慢性患者和无症状病毒携带者。

4) 丁型肝炎的传染源与乙型肝炎相似。

5) 戊型肝炎的传染源与甲型肝炎相似。

(3) 病毒性肝炎的症状。

1) 疲乏无力、懒动、下肢酸困不适，稍加活动则难以支持。

2) 食欲不振、食欲减退、厌油、恶心、呕吐及腹胀，往往食后加重。

3) 部分病人尿黄、尿色如浓茶，大便色淡或灰白，腹泻或便秘。

4) 右上腹部有持续性腹痛，个别病人可呈针刺样或牵拉样疼痛，于活动、久坐后加重，卧床休息后可缓解，右侧卧时加重，左侧卧时减轻。

5) 医生检查可有肝脏肿大、压痛、肝区叩击痛、肝功能损害，部分病例出现发热及黄疸表现。

6) 血清谷丙转氨酶及血中总胆红素升高有助于诊断，也可进一步做血清免疫学检查及明确肝炎类型。

(4) 病毒性肝炎的预防。病毒性肝炎预防应采取以切断传播途径为重点的综合性措施。

对甲型、戊型肝炎，重点抓好水源保护、饮水消毒、食品加工、粪便管理等，切断粪-口途径传播，注意个人卫生，饭前、便后洗手，不喝生水，生吃瓜果要洗净。对于急性病如甲型和戊型肝炎病人接触的易感人群，应注射人血丙种球蛋白，注射时间越早越好。

对乙型、丙型和丁型肝炎，重点在于防止通过血液和体液的传播，各种医疗及预防注射，应实行一人一针一管，对带血清的污染物应严格消毒，对血液和血液制品应严格检测。对学龄前儿童和密切接触者，应接种乙肝疫苗；乙肝疫苗和乙肝免疫球蛋白联合应用可有效地阻断母婴传播；医务人员在工作中因医疗意外或医疗操作不慎感染乙肝病毒，应立即注射免疫球蛋白。

13.2 职业病的预防和治疗

1. 职业病定义

所谓职业病，是指企业、事业单位和个体经济组织的劳动者在职业活动中，因接触粉尘、放射性物质和其他有毒、有害物质等因素而引起的疾病。对于患职业病的，我国法律规定，应属于工伤，享受工伤待遇。

2. 建筑企业常见的职业病

(1) 接触各种粉尘引起的尘肺病。

(2) 电焊工尘肺、眼病。

(3) 直接操作振动机械引起的手臂振动病。

(4) 油漆工、粉刷工接触有机材料散发的不良气体引起的中毒。

(5) 接触噪声引起的职业性耳聋。

(6) 长期超时、超强度地工作，精神长期过度紧张造成相应职业病。

(7) 高温中暑等。

3. 职业病鉴定与保障

劳动者如果怀疑所得的疾病为职业病，应当及时到当地卫生部门批准的职业病诊断机构进行职业病诊断。对诊断结论有异议的，可以在30日内到市级卫生行政部门申请职业病诊断鉴定，鉴定后仍有异议的，可以在15日内到省级卫生行政部门申请再鉴定。被诊断、鉴定为职业病，所在单位应当自被诊断、鉴定为职业病之日起30日内，向统筹地区劳动保障行政部门提出工伤认定申请。

提示：劳动者日常需要注意收集与职业病相关的材料。

4. 职业病的诊断

根据《中华人民共和国职业病防治法》（以下简称《职业病防治法》）和《职业病诊断与鉴定管理办法》的有关规定，具体程序为：

(1) 职业病诊断应当由省级以上人民政府卫生行政部门批准的医疗卫生机构承担，劳动者可以在用人单位所在地或者本人居住地依法承担职业病诊断的医疗卫生机构进行职业病诊断。

(2) 当事人申请职业病诊断时应当提供以下材料：

1) 职业史、既往史。

2) 职业健康监护档案复印件。

3) 职业健康检查结果。

4) 工作场所历年职业病危害因素检测、评价资料。

5) 诊断机构要求提供的其他必需的有关材料。

(3) 职业病诊断应当依据职业病诊断标准，结合职业病危害接触史、工作场所职业病危害因素检测与评价、临床表现和医学检查结果等资料，综合做出分析。

(4) 职业病诊断机构在进行职业病诊断时，应当组织三名以上取得职业病诊断资格的执业医师进行集体诊断。

(5) 职业病诊断机构做出职业病诊断后，应当向当事人出具职业病诊断证明书。职业病诊断证明书应当明确是否患有职业病，对患有职业病的，还应当载明所患职业病的名称、程度（期别）处理意见和复查时间。

(6) 当事人对职业病诊断有异议的，在接到职业病诊断证明书之日起30日内，可以向做出诊断的医疗卫生机构所在地的市级卫生行政部门申请鉴定。

(7) 当事人申请职业病诊断鉴定时，应当提供以下材料：

1) 职业病诊断鉴定申请书。

2) 职业病诊断证明书。

3) 其他有关资料。职业病诊断鉴定办事机构应当自收到申请资料之日起10日内完成材料审核,对材料齐全的发给受理通知书;材料不全的,通知当事人补充。职业病诊断鉴定办事机构应当在受理鉴定之日起60日内组织鉴定。

(8)鉴定委员会应当认真审查当事人提供的材料,必要时可听取当事人的陈述和申辩,对被鉴定人进行医学检查,对被鉴定人的工作场所进行现场调查取证。

(9)职业病诊断鉴定书应当包括以下内容:

1)劳动者、用人单位的基本情况及鉴定事由。

2)参加鉴定的专家情况。

3)鉴定结论及其依据,如果为职业病,应当注明职业病名称程度(期别)。

4)鉴定时间。职业病诊断鉴定书应当于鉴定结束之日起20日内由职业病诊断鉴定办事机构发送给当事人。

5. 劳动者有权利拒绝从事容易发生职业病的工作

劳动者依法享有保持自己身体健康的权利,因此,对于是否选择从事存在职业病危害的工作,应当由劳动者依照其自己的意愿决定。而要使劳动者能够自行决定是否选择从事该工作,就应当保证劳动者对相关工作内容以及其可能带来的危害有一定的了解。正因为如此,《职业病防治法》规定:"用人单位与劳动者订立劳动合同(含聘用合同,下同)时,应当将工作过程中可能产生的职业病危害及其后果、职业病防护措施和待遇等如实告知劳动者,并在劳动合同中写明,不得隐瞒或者欺骗。""劳动者在已订立劳动合同期间因工作岗位或者工作内容变更,从事与所订立劳动合同中未告知的存在职业病危害的作业时,用人单位应当依照前款规定,向劳动者履行如实告知的义务,并协商变更原劳动合同相关条款。""用人单位违反前两款规定的,劳动者有权拒绝从事存在职业病危害的作业,用人单位不得因此解除或者终止与劳动者所订立的劳动合同。"

另外,根据《职业病防治法》的规定,用人单位违反本规定,订立或者变更劳动合同时,未告知劳动者职业病危害真实情况的,由卫生行政部门责令限期改正,给予警告,可以并处2万元以上5万元以下的罚款。

根据前述规定,如果用人单位没有将工作过程中可能产生的职业病危害及其后果、职业病防护措施和待遇等如实告知劳动者,并在劳动合同中写明,那么劳动者就有权利拒绝从事存在职业病危害的作业,并且用人单位不得因劳动者拒绝从事该作业而解除或者终止劳动者的劳动合同。

6. 患职业病的劳动者有权获得相应的保障

(1)患职业病的劳动者有权利获得职业保障。《中华人民共和国劳动合同法》规定,用人单位以下情形不得解除劳动合同:

1)患职业病或者因工负伤并确认丧失或者部分丧失劳动能力的。

2)患病或者负伤,在规定的医疗期内的。职业病病人依法享受国家规定的职业病待遇,用人单位对不适宜继续从事原工作的职业病病人,应当调离原岗位,并妥善安置。

(2)患职业病的劳动者有权利获得医疗保障。《职业病防治法》规定:"职业病病人依法享受国家规定的职业病待遇。用人单位应当按照国家有关规定,安排职业病病人进行治疗、康复和定期检查。"

（3）患职业病的劳动者有权利获得生活保障。《职业病防治法》规定："劳动者被诊断患有职业病，但用人单位没有依法参加工伤社会保险的，其医疗和生活保障由最后的用人单位承担。"

（4）患职业病的劳动者有权利依法获得赔偿。职业病病人除依法享有工伤社会保险外，依照有关民事法律，尚有获得赔偿的权利的，有权向用人单位提出赔偿要求。

7. 职工患职业病后的一次性处理规定

职工患病后，应当先行治疗，然后进行职业病的诊断和鉴定。如果职工按照《职业病防治法》规定被诊断、鉴定为职业病，必须向劳动保障行政部门提出工伤认定申请，由劳动保障行政部门做出工伤认定。如果职工经治疗伤情相对稳定后存在残疾、影响劳动能力的，还应当进行劳动能力鉴定。最后职工才可按照《工伤保险条例》规定的标准享受工伤保险待遇。

以上程序是职工患职业病后享受工伤待遇所必需的，是切实保障职工合法权益的基础。但在实际生活中，一些用人单位和职工由于不懂工伤法律或者怕麻烦、图省事，在职工患病后就直接约定进行一次性工伤补助，这种做法是不可取的。当然，如果工伤职工愿意，待治愈或病情稳定做出工伤伤残等级鉴定后，可参照有关工伤的规定依法与企业达成一次性领取工伤待遇的相关协议。

8. 治疗职业病的有关费用支付

首先应当明确的是，检查、治疗、诊断职业病的，劳动者本人不承担相关费用。这些费用依照规定，应当由用人单位负担或者从工伤保险基金中支付。

（1）职业健康检查费用由用人单位承担。

（2）救治急性职业病危害的劳动者，或者进行健康检查和医学观察，所需费用由用人单位承担。

（3）职业病诊断鉴定费用由用人单位承担。

（4）因职业病进行劳动能力鉴定的，鉴定费从工伤保险基金中支付。

（5）因职业病需要治疗的，相关费用按照工伤的规定处理。还需要说明的是，不管是职业病还是其他原因发生的工伤，都必须进行彻底的治疗，相关的费用不管花了多少，都应当依法予以报销，即"工伤索赔上不封顶"。

9. 劳动者在职业病防治中须承担的义务

（1）认真接受用人单位的职业卫生培训，努力学习和掌握必要的职业卫生知识。

（2）遵守职业卫生法规、制度、操作规程。

（3）正确使用与维护职业危害防护设备及个人防护用品。

（4）及时报告事故隐患。

（5）积极配合上岗前、在岗期间和离岗时的职业健康检查。

（6）如实提供职业病诊断鉴定所需的有关资料等。

重点：熟知职业安全卫生警示标志，禁止不安全的操作行为，正确使用个人防护用品。

10. 建筑企业常见职业病及预防控制措施

(1) 接触各种粉尘引起的尘肺病预防控制措施。

作业场所防护措施：加强水泥等易扬尘的材料的存放处、使用处的扬尘防护，任何人不得随意拆除，在易扬尘部位设置警示标志。

个人防护措施：落实相关岗位的持证上岗，给施工作业人员提供扬尘防护口罩，杜绝施工操作人员的超时工作。

(2) 电焊工尘肺、眼病的预防控制措施。

作业场所防护措施：为电焊工提供通风良好的操作空间。

个人防护措施：电焊工必须持证上岗，作业时佩戴有害气体防护口罩、眼睛防护罩，杜绝违章作业，采取轮流作业，杜绝施工操作人员的超时工作。

(3) 直接操作振动机械引起的手臂振动病的预防控制措施。

作业场所防护措施：在作业区设置预防职业病警示标志。

个人防护措施：机械操作工要持证上岗，提供振动机械防护手套，延长换班休息时间，杜绝作业人员的超时工作。

(4) 油漆工、粉刷工接触有机材料散发不良气体引起的中毒预防控制措施。

作业场所防护措施：加强作业区的通风排气措施。

个人防护措施：相关工种持证上岗，给作业人员提供防护口罩，轮流作业，杜绝作业人员的超时工作。

(5) 接触噪声引起的职业性耳聋的预防控制措施。

作业场所防护措施：在作业区设置防职业病警示标志，对噪声大的机械加强日常保养和维护，减少噪声污染。

个人防护措施：为施工操作人员提供劳动防护耳塞轮流作业，杜绝施工操作人员的超时工作。

(6) 长期超时、超强度地工作，精神长期过度紧张所造成相应职业病的预防控制措施。

作业场所防护措施：提高机械化施工程度，减小工人劳动强度，为职工提供良好的生活、休息娱乐场所，加强施工现场文明施工。

个人防护措施：不盲目抢工期，即使抢工期也必须安排充足的人员能够按时换班作业，采取8h作业换班制度，及时发放工人工资，稳定工人情绪。

(7) 高温中暑的预防控制措施。

作业场所防护措施：在高温期间，为职工备足饮用水或绿豆汤、防中暑药品、器材。

个人防护措施：减少工人工作时间，尤其是延长中午休息时间。

提示：工作场所自觉做好个人安全防护。

14 工地施工现场急救知识

施工现场急救基本常识主要包括应急救援基本常识、触电急救知识、创伤救护知识、火灾急救知识、中毒及中暑急救知识以及传染病急救措施等,了解并掌握这些现场急救基本常识,是做好安全工作的一项重要内容。

14.1 应急救援基本常识

(1) 施工企业应建立企业级重大事故应急救援体系,以及重大事故救援预案。

(2) 施工项目应建立项目重大事故应急救援体系,以及重大事故救援预案;在实行施工总承包时,应以总承包单位事故预案为主,各分包队伍也应有各自的事故救援预案。

(3) 重大事故的应急救援人员应经过专门的培训,事故的应急救援必须有组织、有计划地进行;严禁在未清楚事故情况下,盲目救援,以免造成更大的伤害。

(4) 事故应急救援的基本任务:

1) 立即组织营救受害人员,组织撤离或者采取其他措施保护危害区域内的其他人员。

2) 迅速控制事态,并对事故造成的危害进行检测、监测,测定事故的危害区域、危害性质及危害程度。

3) 消除危害后果,做好现场恢复。

4) 查清事故原因,评估危害程度。

14.2 触电急救知识

触电者的生命能否获救,在绝大多数情况下取决于能否迅速脱离电源和正确地实行人工呼吸和心脏按压。拖延时间、动作迟缓或救护不当,都可能造成人员伤亡。

1. 脱离电源的方法

(1) 发生触电事故时,附近有电源开关和电流插销的,可立即将电源开关断开或拔出插销;但普通开关(如拉线开关、单极按钮开关等)只能断一根线,有时不一定关断的是相线,所以不能认为是切断了电源。

(2) 当有电的电线触及人体引起触电,不能采用其他方法脱离电源时,可用绝缘的物体(如干燥的木棒、竹竿、绝缘手套等)将电线移开,使人体脱离电源。

(3) 必要时可用绝缘工具(如带绝缘柄的电工钳、木柄斧头等)切断电线,以切断电源。

(4) 应防止人体脱离电源后造成的二次伤害,如高处坠落、摔伤等。

(5) 对于高压触电,应立即通知有关部门停电。

(6) 高压断电时,应戴上绝缘手套,穿上绝缘鞋,用相应电压等级的绝缘工具切断开关。

2. 紧急救护基本常识

根据触电者的情况,进行简单的诊断,并分别处理:

(1) 病人神志清醒,但感到乏力、头昏、心悸、出冷汗,甚至有恶心或呕吐症状。此类病人应使其就地安静休息,减轻心脏负担,加快恢复;情况严重时,应立即小心送往医院检查治疗。

(2) 病人呼吸、心跳尚存在,但神志昏迷。此时,应将病人仰卧,周围空气要流通,并注意保暖;除了要严密观察外,还要做好人工呼吸和心脏按压的准备工作。

(3) 如经检查发现,病人处于"假死"状态,则应立即针对不同类型的"假死"进行对症处理:如果呼吸停止,应用口对口的人工呼吸法来维持气体交换;如心脏停止跳动,应用体外人工心脏挤压法来维持血液循环。

1) 口对口人工呼吸法:病人仰卧、松开衣物→清理病人口腔阻塞物→病人鼻孔朝天,头后仰→捏住病人鼻子贴嘴吹气→放开嘴鼻换气,如此反复进行,每分钟吹气12次,即每5s吹气1次。

2) 体外心脏挤压法:病人仰卧硬板上→抢救者用手掌对病人胸口凹膛→掌根用力向下压→慢慢向下→突然放开,连续操作,每分钟进行60次,即每秒一次。

3) 有时病人心跳、呼吸停止,而急救者只有一人时,必须同时进行口对口人工呼吸和体外心脏按压,此时,可先吹两次气,立即进行挤压15次,然后再吹两次气,再挤压,反复交替进行。

14.3　创伤救护知识

创伤分为开放性创伤和闭合性创伤。开放性创伤是指皮肤或黏膜的破损,常见的有擦伤、切割伤、撕裂伤、刺伤、撕脱、烧伤;闭合性创伤是指人体内部组织损伤,而皮肤黏膜没有破损,常见的有挫伤、挤压伤。

1. 开放性创伤的处理

(1) 对伤口进行清洗消毒可用生理盐水和酒精棉球,将伤口和周围皮肤上沾染的泥沙、污物等清理干净,并用干净的纱布吸收水分及渗血,再用酒精等药物进行初步消毒。在没有消毒条件的情况下,可用清洁水冲洗伤口,最好用流动的自来水冲洗,然后用干净的布或敷料吸干伤口。

(2) 止血。对于出血不止的伤口,能否做到及时有效地止血,对伤员的生命安危影响较大。在现场处理时,应根据出血类型和部位不同采用不同的止血方法:直接压迫——将手掌通过敷料直接加压在身体表面的开放性伤口的整个区域;抬高肢体——对于手、臂、腿部严重出血的开放性伤口都应抬高,使受伤肢体高于心脏水平线；压迫供血动脉——手臂和腿部伤口的严重出血，如果应用直接压迫和抬高肢体仍不能止血，就需要采用压迫点止血技术；包扎——使用绷带、毛巾、布块等材料压迫止血，保护伤口，减轻疼痛。

（3）烧伤的急救。应先去除烧伤源，将伤员尽快转移到空气流通的地方，用较干净的衣服把伤面包裹起来，防止再次污染；在现场，除了化学烧伤可用大量流动清水冲洗外，对创面一般不做处理，尽量不弄破水泡，保护表皮。

2. 闭合性创伤的处理

（1）较轻的闭合性创伤，如局部挫伤、皮下出血，可在受伤部位进行冷敷，以防止组织继续肿胀，减少皮下出血。

（2）如发现人员从高处坠落或摔伤等意外时，要仔细检查其头部、颈部、胸部、腹部、四肢、背部和脊椎，看看是否有肿胀、青紫、局部压疼、骨摩擦声等其他内部损伤。假如出现上述情况，不能对患者随意搬动，需按照正确的搬运方法进行搬运；否则，可能造成患者神经、血管损伤并加重病情。

现场常用的搬运方法有：担架搬运法——用担架搬运时，要使伤员头部向后，以便后面抬担架的人可随时观察其变化；单人徒手搬运法——轻伤者可扶着走，重伤者可让其伏在急救者背上，双手绕颈交叉垂下，急救者用双手自伤员大腿下抱住伤员大腿。

（3）如怀疑有内伤，应尽早使伤员得到医疗处理；运送伤员时要采取卧位，小心搬运，注意保持呼吸道畅通，注意防止休克。

（4）运送过程中，如突然出现呼吸、心跳骤停时，应立即进行人工呼吸和体外心脏挤压法等急救措施。

14.4　火灾急救知识

一般地说，起火要有三个条件，即可燃物（木材、汽油等）、助燃物（氧气等）和点火源（明火、烟火、电焊花等）。扑灭初起火灾的一切措施，都是为了破坏已经产生的燃烧条件。

1. 火灾急救的基本要点

（1）施工现场应有经过训练的义务消防队，发生火灾时，应由义务消防队急救，其他人员应迅速撤离。及时报警，组织扑救。全体员工在任何时间、地点，一旦发现起火都要立即报警，并在确保安全前提下参与和组织群众扑灭火灾。

（2）集中力量，主要利用灭火器材，控制火势，集中灭火力量在火势蔓延的主要方向进行扑救，以控制火势蔓延。

（3）消灭飞火，组织人力监视火场周围的建筑物、露天物资堆放场所的未尽飞火，并及时扑灭。

（4）疏散物资，安排人力和设备，将受到火势威胁的物资转移到安全地带，阻止火势蔓延。

（5）积极抢救被困人员。人员集中的场所发生火灾，要有熟悉情况的人做向导,积极寻找和抢救被困的人员。

2. 火灾急救的基本方法

(1) 先控制,后消灭。对于不可能立即扑灭的火灾,要先控制火势,具备灭火条件时再展开全面进攻,一举消灭。

(2) 救人重于救火。灭火的目的是打开救人通道,使被困的人员得到救援。

(3) 先重点,后一般。重要物资和一般物资相比,先保护和抢救重要物资;火势蔓延猛烈方面和其他方面相比,控制火势蔓延的方面是重点。

(4) 正确使用灭火器材。水是最常用的灭火剂,取用方便,资源丰富,但要注意水不能用于扑救带电设备的火灾。各种灭火器的用途和使用方法如下:

酸碱灭火器:倒过来稍加摇动或打开开关,药剂喷出。适用于扑救油类火灾。

泡沫灭火器:把灭火器筒身倒过来,打开保险销,把喷管口对准火源,拉出拉环,即可喷出。适合于扑救木材、棉花、纸张等火灾,不能扑救电气油类火灾。

二氧化碳灭火器:一手拿好喇叭筒对准火源,另一手打开开关既可。适合于扑救贵重仪器和设备,不能扑救金属钾、钠、镁、铝等物质的火灾。

干粉灭火器:打开保险销,把喷管口对准火源,拉出拉环,即可喷出。适用于扑救石油产品、油漆、有机溶剂和电气设备等火灾。

(5) 人员撤离火场途中被浓烟围困时,应采取低姿势行走或匍匐穿过浓烟,有条件时可用湿毛巾等捂住嘴鼻,以便顺利撤出烟雾区;如无法进行逃生,可向建筑物外伸出衣物或抛出小物件,发出求救信号引起注意。

(6) 进行物资疏散时应将参加疏散的员工编成组,指定负责人首先疏散通道,其次疏散物资,疏散的物资应堆放在上风向的安全地带,不得堵塞通道,并要派人看护。

14.5 中毒及中暑急救知识

施工现场发生的中毒主要有食物中毒、燃气中毒及毒气中毒;中暑是指人员因处于高温高热的环境而引起的疾病。

1. 食物中毒的救护

(1) 发现饭后有多人呕吐,腹泻等不正常症状时,尽量让病人大量饮水,刺激喉部使其呕吐。

(2) 立即将病人送往就近医院或打 120 急救电话。

(3) 及时报告工地负责人和当地卫生防疫部门,并保留剩余食品以备检验。

2. 燃气中毒的救护

(1) 发现有人煤气中毒时,要迅速打开门窗,使空气流通。

(2) 将中毒者转移到室外实行现场急救。

(3) 立即拨打 120 急救电话或将中毒者送往就近医院。

(4) 及时报告有关负责人。

3. 毒气中毒的救护

(1) 在井（地）下施工中有人发生毒气中毒时，井（地）上人员绝对不要盲目下去救助；必须先向出事点送风，救助人员装备齐全安全保护用具，才能下去救人。

(2) 立即报告工地负责人及有关部门，现场不具备抢救条件时，应及时拨打110或120电话求救。

4. 中暑的救护

(1) 迅速转移。将中暑者迅速转移至阴凉通风的地方，解开衣服，脱掉鞋子，让其平卧，头部不要垫高。

(2) 降温。用凉水或50%酒精擦其全身，直到皮肤发红、血管扩张以促进散热。

(3) 补充水分和无机盐类。能饮水的患者应鼓励其喝足量盐开水或其他饮料，不能饮水者，应予静脉补液。

(4) 及时处理呼吸、循环衰竭。呼吸衰竭时，可注射尼可刹明或山梗茶碱；循环衰竭时，可注射鲁明那钠等镇静药。

(5) 医疗条件不完善时，应对患者严密观察，精心护理，送往附近医院进行抢救。

14.6 传染病急救措施

由于施工现场的人员较多，如果控制不当，容易造成集体感染传染病。因此需要采取正确的措施加以处理，防止大面积人员感染传染病。

(1) 如发现员工有集体发烧、咳嗽等不良症状，应立即报告现场负责人和有关主管部门，对患者进行隔离加以控制，同时启动应急救援方案。

(2) 立即把患者送往医院进行诊治，陪同人员必须做好防护隔离措施。

(3) 对可能出现病因的场所进行隔离、消毒，严格控制疾病的再次传播。

(4) 加强现场员工的教育和管理，落实各级责任制，严格履行员工进出现场登记手续，做好病情的监测工作。